YINGKE® 盈科

盈科全国业务指导委员会系列丛书

建设工程法律服务产品

典型问题解决之道

盈科律师事务所 / 编

林镥海　郦煜超　曹红光 / 主编

法律出版社 LAW PRESS · CHINA

本书撰写人员名单

顾 问 陶慧泉 朱圣传 盖春香 顾龙祥

主 编 林镥海 郦煜超 曹红光

副主编 张 涛 杜玉明 何映波 周 军 王明芝 胡玉芳
应旭升 魏新瑞 魏存仪 裴德伟 李 胜 张锋平

编 委（按姓氏笔画排序）

王文升	王志强	王秀娟	王明芝	王洪武	王乾應	王骐江
王曦阳	戈凤婷	石小倩	史明红	付喜桂	付新玫	代 伟
邝晓君	成 奕	吕辉木	刘健伟	刘雪莲	刘琬琳	许 东
杜玉明	李 胜	李 浩	李佳英	李宗贤	李海宁	李鹤州
李烨樱子	杨 雨	杨 玲	杨 辉	杨小明	吴圣斌	邱艳平
何拥军	何映波	余 康	余水清	邹高铃	应旭升	汪晓迅
沈佩勇	张伶娟	张 炜	张 涛	张谷泉	张其勇	张培锋
张锋平	张瑾红	张佳明奇	陆 雷	陈 微	陈 蕾	陈永飞
陈会军	陈丽萍	陈思远	范云平	范兆峰	林镥海	罗 杨
罗 珊	罗槟兰	季天智	金 科	金 敏	周 军	周美春
周晓红	周朝阳	郑信奇	孟 霞	孟凡晓	赵远庆	赵诗博
赵晓玲	郝 啸	郝秀凤	荆智杰	胡 陵	胡玉芳	胡东浩
郦煜超	钟燕平	侯莉丹	顾龙祥	钱志锋	郭昌亮	郭艳华
堵尊琪	黄永超	黄锡亮	曹红光	龚发登	龚贺胜	蒋 辉
蒋德华	韩亚菲	程美姗	焦乔乔	裴德伟	薛 飞	魏存仪
魏新瑞						

前　言

法律服务应当与时俱进，在紧跟时代步伐的同时，要逐步向专业化、规范化、标准化、产品化的方向发展。眼下，最重要的课题之一就是法律服务产品化，这需要所有律师事务所、所有律师的共同努力。

为什么要将法律服务产品化？我们认为，法律服务经过产品化之后，一方面可以规范整个法律服务市场；另一方面，新入行律师可以通过学习、使用法律服务产品来提升自己法律服务的专业度，从而提高整个法律服务市场整体的专业化水平和服务质量。

北京市盈科律师事务所作为一家大型律师事务所，秉持着社会责任感和使命感，也希望能为法律服务的专业化、规范化、标准化、产品化做出努力。因此，多年以来，我们一直在为法律服务的产品化工作努力，也希望能够回馈社会、“反哺”社会，为法律服务市场的规范化发展贡献绵薄之力，践行盈科律师的使命担当。

在法律服务产品化的这个过程中，我们不断发现，建筑领域的法律服务具有极强的特殊性和专业性，其同时涉及《民法典》《招标投标法》《建筑法》等多部法律及相关司法解释的理解与适用，对专业化的要求也尤为突出。因此，建筑领域的法律服务产品化一直是我们近几年工作中的难点、重点。

自2020年以来，在本所建设工程与房地产法律服务运管中心主任林镥海律师的主持下，我们开始着手撰写《建设工程法律服务产品——典型问题解决之道》一书，希望能通过撰写本书在建筑领域的法律服务产品化工作上有所突破。在此期间，《民法典》正式颁布，建设工程相关司法解释也进行了修订；我们时刻跟进法律法规的变化，不断对本书进行完善。经历了一年多的案例收集与整理、撰稿、修订，本书最终于2021年年初完稿。

本书是对林镥海律师著及主编的建筑房地产实务指导丛书“建筑商之孙子兵法”一、二、三的总结。与此同时，我们在总结的基础上也有了新的发展，对内容也进行了丰富。首先，本书紧跟法律的变化，以最新的《民法典》及建设工程相关司法解释为法律依据，解读新法适用、剖析立法本意；其次，本书贴合实务、绝不纸上谈兵，以本所律师承办过的具体案例为实务基础，分析司法导向、解构实务操作。因此，本书是盈科律师事务所几百名专业从事建筑领域法律服务的律师共同努力的成果及智慧结晶，也体现盈科律师对法律服务产品市场规范化的奉献。

我们也希望通过出版本书，向社会展示我们的法律服务产品，以此来检验我们的法律服务产品是不是符合社会需求的。我们认为，衡量法律服务产品好与坏的关键就在于使用该法律服务产品的客户、律师如何评价该产品。优秀的法律服务产品应当获得业内律师及企业高管、法务的一致认可，经得起实践的考验。

最后，我们要在这里感谢在本书撰写过程中为本书贡献观点、提供案例的所有建筑企业、建筑律师，感谢所有曾为本书出版提供过帮助的人。同时，本书难免有所疏漏，也欢迎所有读者批评指正，与我们互相交流、共同进步！

北京市盈科律师事务所

2021 年 2 月 24 日

目　　录

1. 建筑商如何以送审价为准进行工程价款结算

一、产品的重要性、作用及适用范围

（一）重要性及作用

工程价款结算是支付工程价款的前置条件，是建设工程施工合同履行过程中最重要的内容之一。在工程价款结算过程中，建筑商处于劣势地位，发包人往往利用其优势地位拖延工程价款的结算，其冠冕堂皇的理由是工程未完成结算故工程价款总额未确定。除非工程结算价款数额达到了发包人的心理预期价位，否则发包人将一直拖延工程结算，少则一年半载，多则两三年；建筑商为此筋疲力尽。为和发包人达成结算协议，建筑商常常不得不做出重大让步。"以送审价为准"是破解发包人拖延结算的良药，若建筑商能够巧妙地运用"以送审价为准"进行工程价款结算，建筑商就有可能避免发包人的恶意拖延，从而按照合同约定的结算周期和付款周期实现工程价款的最终结算和支付，可谓"一本万利"，真正实现工程价款结算时，在为建筑商预防风险的同时为其创造效益。

（二）适用范围

1. 适用内容：建设工程施工合同价款结算。
2. 适用主体：建设工程施工合同中的建筑商。

二、产品典型案例

原告（反诉被告）：浙江××有限公司（建筑商）
被告（反诉原告）：上海××有限公司（发包人）

（一）基本案情

2003 年 3 月 24 日，建筑商与发包人签订《工程总承包合同》，约定合同价款暂定为7000万元,合同工期为270天;合同还对结算依据、工程价款支付等作了约定。2003年6月28日工程正式开工,施工过程中由于发包人拖延支付工程进度款,且迟迟不能提供有关图纸、签证单、确认单的回复,建筑商被迫停工。2005年7月,由于发包人资金紧缺,且拖欠大量工程价款,建筑商拟起诉发包人,但考虑到工期已经大量延误,而工期违约金为14万元/天,即违约金已经达到近6300万元,故建筑商委托笔者团队提供法律服务。

(二)非诉服务

笔者团队在接受委托后,通过事中介入提供非诉讼法律服务解决了工期问题,并通过团队的服务产品进行了充足的前期准备,同时与发包人就工程价款支付和工程结算达成了《补充协议二》,约定:"发包人在收到承包人的竣工结算书后45日历天内审核完毕。若逾期未能审核完毕,则按照财建〔2004〕369号《建设工程价款结算暂行办法》执行。"

此后,笔者团队指导建筑商全面履行"以送审价为准"条款适用的全部义务,并在审价期限届满后,立即协助建筑商向发包人发出要求支付工程款函,明确本工程应以建筑商的送审价70,278,107元作为结算造价,并要求发包人按照送审价支付剩余工程价款。

(三)诉讼服务

1.笔者团队在诉讼过程中明确向法院提出:

(1)《补充协议二》对"以送审价为准"条款有完整的书面约定。

(2)对于本次工程价款审核,建筑商唯一的义务就是将已完工程结算书提交发包人;而发包人唯一义务就是在收到建筑商的已完工程结算书后45日历天内审核完毕。

2.判决结果

法院经审理认为,双方已就本案系争工程价款结算的审核期限达成了一致意见,但发包人在45日历天约定期限内并未审核完毕,因此采纳建筑商意见将已完工程计算书上的造价70,278,107元作为本案工程造价。

产品说明书

（一）法律依据

《建设工程司法解释一》第21条

（二）实务操作要点

1. 对“以送审价为准”进行约定，即“发包人在收到竣工结算文件后，在约定期限内不予答复的，视为认可竣工结算文件”，必须是明确的和书面的。

2. 对答复期限进行明确约定，即使通用条款中对答复期限已有约定，仍应当在专用条款中重新约定。

3. 在合同约定的期限内提交工程结算资料和竣工结算申请单。

4. 提交完整竣工结算文件。若使用2013年版、2017年版《建设工程施工合同（示范文本）》，应当同时提交竣工结算申请单，并明确竣工结算文件和竣工结算申请单已经齐全、合法、完整、有效。

5. 在竣工结算文件和竣工结算申请单上反映总造价，或在签收簿上写明总造价。

6. 完成竣工结算文件和竣工结算申请单的签收工作。必须是发包人和监理同时签收，并且必须是有权签收的人签收；如果发包人或监理不签收，则需要公证邮寄。

7. 在审核期限届满后，协助建筑商向发包人发出“以送审价为准进行工程结算”的函件。

三、产品内容

（一）法律依据

《建设工程司法解释一》

第21条 当事人约定，发包人收到竣工结算文件后，在约定期限内不予答复，视为认可竣工结算文件的，按照约定处理。承包人请求按照竣工结算文件结算工程价款的，人民法院应予支持。

（二）实务操作

1. 指导建筑商对“以送审价为准”进行约定，该约定必须是明确的和书面的

根据《建设工程司法解释一》第21条的规定，适用“以送审价为准”的前提条件是当事人双方有明确的约定，约定内容包括答复期限和在该期限内不予答复的后果。

如2013年版、2017年版的《建设工程施工合同(示范文本)》通用条款第14.2款约定："(1)除专用合同条款另有约定外，监理人应在收到竣工结算申请单后14天内完成核查并报送发包人。发包人应在收到监理人提交的经审核的竣工结算申请单后14天内完成审批，并由监理人向承包人签发经发包人签认的竣工付款证书。监理人或发包人对竣工结算申请单有异议的，有权要求承包人进行修正和提供补充资料，承包人应提交修正后的竣工结算申请单。发包人在收到承包人提交竣工结算申请书后28天内未完成审批且未提出异议的，视为发包人认可承包人提交的竣工结算申请单，并自发包人收到承包人提交的竣工结算申请单后第29天起视为已签发竣工付款证书。"

▶ 延伸问题1　使用1999年版、2013年版、2017年版《建设工程施工合同(示范文本)》的通用条款是否能够视为明确约定了"以送审价为准"？

司法实践中对此问题存在争议。

首先，1999年版《建设工程施工合同(示范文本)》通用条款第33.3款约定，"发包人收到竣工结算报告及结算资料后28天内无正当理由不支付工程竣工结算价款，从第29天起按承包人同期向银行贷款利率支付拖欠工程价款的利息，并承担违约责任"。根据最高人民法院民事审判庭《关于发包人收到承包人竣工结算文件后，在约定期限内不予答复，是否视为认可竣工结算文件的复函》，适用《建设工程司法解释》(已失效)第20条①的前提条件是"当事人之间约定了发包人收到竣工结算文件后，在约定期限内不予答复，则视为认可竣工结算文件。承包人提交的竣工结算文件可以作为工程款结算的依据。建设部制定的建设工程施工合同格式文本中的通用条款第33条第3款的规定，不能简单地推论出，双方当事人具有发包人收到竣工结算文件一定期限内不予答复，则视为认可承包人提交的竣工结算文件的一致意思表示，承包人提交的竣工结算文件不能作为工程款结算的依据"。

因此，若建筑商采用1999年版《建设工程施工合同(示范文本)》，则建筑商不能仅以该示范文本第33.3款约定主张"以送审价为准"。

---

① 《建设工程司法解释》(已失效)第20条规定，"当事人约定，发包人收到竣工结算文件后，在约定期限内不予答复，视为认可竣工结算文件的，按照约定处理。承包人请求按照竣工结算文件结算工程价款的，应予支持"。

其次,2013 年版、2017 年版《建设工程施工合同(示范文本)》通用条款14.2款约定,“发包人在收到承包人提交竣工结算申请书后 28 天内未完成审批且未提出异议的,视为发包人认可承包人提交的竣工结算申请单,并自发包人收到承包人提交的竣工结算申请单后第 29 天起视为已签发竣工付款证书”。

《江苏高院解答》指出,“建设工程施工合同专用条款中未明确约定,当事人要求按照竣工结算文件进行工程价款结算的,不予支持”。

《四川高院解答》指出,“当事人在建设工程施工合同专用条款中未明确约定发包人应在收到承包人提交竣工结算文件后一定期限内予以答复,也未另行签订协议约定,承包人仅以原建设部《建筑工程施工发包与承包计价管理办法》第十六条的规定,或者《建设工程施工合同(示范文本)》通用条款约定为依据,诉请依照《建设工程司法解释》第二十条的规定按照竣工结算文件结算工程价款的,不予支持”。

从法理上讲,2013 年版、2017 年版《建设工程施工合同(示范文本)》的通用条款不仅是合同文本的一部分,而且是住房和城乡建设部出台的示范性文本,故应当适用“以送审价为准”的约定。但因现实中存在承发包人之间的利益博弈,送审价与司法鉴定结果往往相差较大,法院出于谨慎起见,会要求在专用条款中有明确的“以送审价为准”的约定。

在实践中,考虑到发包人专业水平参差不齐,对 2013 年版、2017 年版《建设工程施工合同(示范文本)》的通用条款没有详细的了解,也没有专业的人员对合同条款进行细致的审核,因此法院对“以送审价为准”作出严格的限定也属于自由裁量权的范围。

综上所述,无论是否适用《建设工程施工合同(示范文本)》,笔者都建议建设工程施工双方当事人在专用条款中明确约定“以送审价为准”的相关内容。

▶ 延伸问题 2　若建筑商在专用条款中约定适用《建筑工程施工发包与承包计价管理办法》,是否能够视为对“以送审价为准”进行了明确约定?

对此种情况,主流观点认为可以视为约定了“以送审价为准”,但是在诉讼过程中,若发包人申请司法鉴定,则法院考虑承发包方的利益博弈,出于谨慎起见,也可能支持启动司法鉴定。因此,笔者建议建筑商在专用条款中明确约定“发包人在收到承包人提交竣工结算文件后 28 天内未完成审批且未提出异议的,视为发包人认可承包人提交的竣工结算文件”。

因此,就约定的形式而言,首先应当在建设工程施工合同的专用条款中进行约定,建筑商可以将主要内容表述为:“发包人收到竣工结算文件后,在约定期限内不予答复的,视为认可竣工结算文件。”除了建设工程施工合同的专用条款,还可在补充协议及其他单独的结算协议中体现“以送审价为准结算”。

最佳的约定时期是:(1)发包人违约、建筑商按合同约定停工的,复工时在复工协议中明确约定以送审价为准的条款;(2)发包人违约、建筑商按合同约定解除合同的,在解除合同协议中约定以送审价为准的条款;(3)发包人违约、建筑商按照合同约定解除合同并退场的,在退场协议中约定以送审价为准的条款。

2. 指导建筑商对答复期限进行明确约定,即使《建设工程施工合同(示范文本)》通用条款中对答复期限已有约定,仍应当在专用条款中重新约定,或在专用条款中写明适用通用条款第几条;注意通用条款和专用条款不一致时,要力求与通用条款保持一致

各种版本的通用条款对期限的约定如下:1999 年版《建设工程施工合同(示范文本)》通用条款第 33.2 款约定的答复期限是 28 天;2013 年版、2017 年版《建设工程施工合同(示范文本)》中的通用条款第 14.2 款约定的答复期限也是 28 天。

建筑商应当在专用条款中约定具体的答复期限,若发包人要求与上述通用条款不同的答复期限,一般而言,在专用条款中约定的从接到竣工结算文件之日起的答复期限可按以下标准约定:500 万元以下的工程答复期限为 20 天,500 万~2000 万元的工程答复期限为 30 天,2000 万~5000 万元工程的答复期限为 45 天,5000 万元以上工程答复期限为 60 天,最长不超过 90 天。

▶ 延伸问题 3　若建筑商在专用条款中约定了逾期答复后以送审价结算的条款,却未明确答复期限,该如何处理?

若双方未约定答复期限,除非省、自治区、直辖市的高级人民法院有特殊规定,否则一般不适用以送审价为准的条款。

比如,根据《浙江高院解答》的规定,“建设工程施工合同约定发包人在承包人提交竣工结算文件后未答复则视为认可竣工结算文件,但未约定答复期限,且经承包人催告后,发包人仍不予答复的,人民法院可根据实际情况确定合理的答复期限,但答复期限不应超过 60 天”。

又如,根据《四川高院解答》的规定,“当事人在建设工程施工合同专用条款或另行签订的协议中明确约定发包人应在承包人提交竣工结算文件后未答复则视为认可竣工结算文件,但未约定答复期限,经承包人催告后,发包人仍不予答复的,人民法院可根据实际情况确定合理的答复期限,但答复期限不应超过60日"。

另外,2013年《建筑工程施工发包与承包计价管理办法》虽然规定,双方在合同中答复期限没有明确约定的,应当按照国家有关规定执行;国家没有规定的,可认为其约定期限均为28日。但部分法院在实践中认为,因该文件效力层级仅是部门规章,当事人未约定答复期限的,不应当按照该文件推定其答复期限。

3. 指导建筑商在合同约定的期限内提交工程结算资料和竣工结算申请单

(1)建筑商应当按照合同约定提交竣工结算文件和竣工结算申请单。

1999年版《建设工程施工合同(示范文本)》通用条款第33.1款约定,"工程竣工验收报告经发包人认可后28天内,承包人向发包人递交竣工结算报告及完整的结算资料"。若建筑商采用1999年版《建设工程施工合同(示范文本)》,则需要提交的文件是竣工结算报告和完整的竣工结算文件,不包括竣工结算申请单。

2013年版、2017年版《建设工程施工合同(示范文本)》通用条款第14.1款约定,"除专用合同条款另有约定外,承包人应在工程竣工验收合格后28天内向发包人和监理人提交竣工结算申请单,并提交完整的结算资料,有关竣工结算申请单的资料清单和份数等要求由合同当事人在专用合同条款中约定"。若建筑商采用2013年版、2017年版《建设工程施工合同(示范文本)》,则需要提交的文件是竣工结算申请单和竣工结算文件。

(2)除合同专用条款另有约定外,建筑商应当在工程验收合格后的28天内提交竣工结算文件。若专用条款中另有约定,则建筑商应当严格按照专用条款的约定提交竣工结算文件和竣工结算申请单。

▶ 延伸问题4　竣工结算文件或竣工结算申请单逾期提交的如何处理?

根据先履行抗辩权,建筑商延期提交竣工结算文件或竣工结算申请单,发包人可以顺延答复期限;发包人可以主张不适用"以送审价为准"的约定。

4. 指导建筑商提交完整竣工结算文件。若适用2013年版、2017年版《建筑工程施工合同(示范文本)》,应当同时提交竣工结算申请单,并明确竣工结算文件和竣工结算申请单已经齐全、合法、完整、有效

(1)指导建筑商提交完整的结算资料。

一般而言,完整的竣工结算资料包括:①招投标文件有关资料;②施工总、分包合同、补充合同或施工协议书;③工程图纸(全套:土建、安装)及图纸会审纪要;④设计变更图纸、设计变更签证单及技术核定单;⑤施工组织设计;⑥施工过程中双方签证资料及对方相关签收文件;⑦地质勘察报告;⑧工程预(结)算书(加盖编制单位公章、预算员签章);⑨甲供材料清单;⑩主要材料分析表;⑪主要材料差价的证明材料;⑫工程形象进度月报表;⑬建设单位预付工程价款、垫付款明细表;⑭其他相关资料。

(2)指导建筑商提交完整的竣工结算申请单。

一般而言,竣工结算申请单上应符合的条件是:

①根据2013年版、2017年版《建设工程施工合同(示范文本)》通用条款第14.1款约定,除专用合同条款另有约定外,竣工结算申请单应包括以下内容:竣工结算合同价格;发包人已支付建筑商的款项;应扣留的质量保证金;发包人应支付建筑商的合同价款。

②明确建筑商提交的竣工结算文件是齐全、合法、完整、有效的。

针对建筑商未提供完整竣工结算文件的情况,各地法院的做法存在差异。部分法院认为,若发包人在约定的期限内要求建筑商补充资料,则自建筑商提交补充资料之日起计算审核期限;若发包人未在约定的期限告知建筑商资料未完备或未要求建筑商补充资料,则视为发包人在约定的期限内不予答复。

因此需要律师对竣工结算文件和竣工结算申请单进行书面的审核,在签收文件上写明竣工结算文件已经齐全、合法、完整、有效。

5. 指导建筑商在竣工结算文件和竣工结算申请单上反映总造价,或在签收簿上写明总造价

竣工结算文件和竣工结算申请单应当明确反映出总造价的内容,以便向发包人主张"以送审价为准"进行工程价款结算。

6. 指导建筑商完成竣工结算文件和竣工结算申请单的签收工作,且必须是发包人委托的有权代表人进行签收

竣工结算文件和竣工结算申请单的签收时间点决定审核期限的起算点,因此应当引起建筑商的重视。施工合同中有约定的送达流程的，应当严格按照合同的要求进行送达。若发包人或监理拒绝签收，则可以采用公证邮寄的方式；同时注意不能以律师事务所名义寄送，而要以当事人名义寄送。

7. 在审核期限届满后，指导建筑商向发包人发出“以送审价为准进行工程结算”的函件

建筑商向发包人提交竣工结算文件和竣工结算申请单后，约定的答复期限届满且发包人未在答复期限内完成审批或未在答复期限内提出异议的，视为发包人认可送审的工程总造价。

因此建筑商不应在答复期限届满后向发包人发出催促其尽快结算审价的相关文件，而应当立即向发包人发出工程造价以送审价为准的函件。同时，建筑商应根据合同中支付工程价款的相关约定，向发包人发出支付工程价款的催款函。

四、风险提示

1. 在以送审价为准进行工程价款结算的案件中，若法院释明需启动司法鉴定，建筑商应积极配合法院进行司法鉴定，但须向法院明确表示保留以送审价为准的权利。若在法院释明须启动司法鉴定时，建筑商不同意司法鉴定或不积极配合法院的司法鉴定，则建筑商须承担其诉讼请求被法院驳回的诉讼风险。

2. 建筑商应当本着诚实信用原则提交竣工结算文件和竣工结算申请单。建筑商应当充分知晓并理解其主张的工程总造价应当是基于真实、有效、齐全、完整的竣工结算文件，其可以在竣工结算文件中列入有争议但有相关证据证明的内容，但不得列入建筑商未实际施工的工程价款，也不能通过提供虚假的竣工结算文件或伪造、变造竣工结算文件，虚增工程结算价款。若建筑商提交的送审价与司法鉴定结果相差过大，可能面临被认定为诈骗及虚假诉讼的法律风险。

3. 建筑商应当充分知晓并理解不同建设工程施工合同纠纷涉及的具体情况不同，且在进入诉讼程序时存在法院不支持“以送审价为准进行工程价款结算”的客观风险。律师不承诺建设工程施工合同纠纷在进入诉讼程序后的判决结果，但将通过提供非诉和诉讼法律服务为建筑商尽可能争取以送审价进行工程价款结算。

4. 建筑商应当在签订“以送审价为准进行工程价款结算”的合同时，杜绝一切行贿行为。

2. 建筑商如何要求发包人按时足额支付工程进度款

一、产品的重要性、作用及适用范围

(一)重要性及作用

对建筑商来说,工程进度款的支付是十分重要的。建筑商只有力争工程进度款申报到位、审核到位、支付到位,力争各类变更费用和合同外增加费用得到有效调整与计价,并能够与进度款同时支付,才能切实掌控项目风险,确保项目的最终收益。

工程进度款的支付问题也是建设工程施工合同履行中的核心问题,工程进度款能否及时支付到位,不仅关系建筑商的切身利益,也直接关系施工过程中人工、材料、机械的流转与安排,还直接关系施工成本和质量的把握与控制,以及建筑市场的健康有序发展。

但由于目前建筑市场仍是“僧多粥少”,建筑商基本处于弱势地位,不掌握话语权,因此发包人长期拖欠工程进度款的现象屡见不鲜,建筑商相应的变更费用(如工程量漏项、材料价差、设计变更等)也无法得到有效支付。同时,由于建筑商的法律意识相对薄弱,为尽早获得工程款,建筑商往往被迫同意诸多不合理的付款条件,导致其合法权益难以得到保障,本应盈利的项目最终落得亏损收场。为此,建筑商需要专业律师团队的介入,有效把握工程进度款支付的相关法律风险,并且在工程进度款支付上占据先机。

(二)适用范围

1. 适用内容:建设工程施工过程中工程进度款支付的法律风险控制。

2. 适用主体:建设工程施工合同中的建筑商。

二、产品典型案例

案例1:单价合同的典型案例

原告:×××股份有限公司(建筑商)

被告:浙江×××集团有限公司(发包人)

(一)基本案情

工程名称:××××中心项目

工程地点:浙江省绍兴市某新城B2地块

工程概况:本工程为一大型办公、商业、酒店建筑,由两栋42层超高层塔楼(双塔)和裙房(五层)组成,双塔楼高161.8米,有地下三层。地上建筑面积134,500平方米,地下建筑面积42,794平方米,总建筑面积约177,294平方米。

承包范围:包括地下基坑围护及全套施工图范围内的建设施工总承包(不包括酒店精装修、电梯、幕墙、弱电智能化系统等)。合同总工期48个月,合同价款暂定4.7亿元。

幕墙(玻璃、石材、窗、栏杆、百叶及收口)、弱电工程、精装修工程(包括空调系统、热水、新风、锅炉等二次配套安装工程)、电梯设备供应及安装等分包工程由甲方与分包单位单独结算,分包工程价款由甲方直接支付给分包单位,分包工程不纳入总承包工程的结算。

2010年9月21日,发包人向建筑商发送《中标通知书》;9月26日,建筑商与发包人签订《建设工程施工合同》(采用1999年版示范文本);9月28日,建筑商与发包人签订《建设工程补充协议》;10月,涉案工程正式开工。其中:

1. 关于工程进度款支付时间的约定

《建设工程施工合同》通用条款第26.3款约定:"发包人超过约定的支付时间不支付工程款(进度款),承包人可向发包人发出要求付款的通知,发包人收到承包人通知后仍不能按要求付款,可与承包人协商签订延期付款协议,经承包人同意后可延期支付。协议应明确延期支付的时间和计量结果确认后第15天起计算应付款的贷款利息。"

专用条款约定的付款方式为:(1) ±0.000以下地下室部分:地下室主体结构完成(施工完成至±0.000时)7天内,支付地下室主体结构已完工程量的50%工程款(扣除第四节点中的500万元工程款);施工完成至主体结构20层时,支付地下室主体结构已完工程量的12.5%工程款(扣除第四节点中的500万元工程款);主体结构结顶后7天内,支付地下室主体结构已完工程量的75%(支付已完工作量的12.5%)。余款25%参照±0.000以上部分执行。(2)±0.000以上部分:按每月施工单位上报完成的工程款(当月25日前)经发包方审核后,在次月10日前支付乙方已完工程量的75%的工程进度款。(3)乙方完成承包范围内工程,经五方责任主体验收,办理移交手续后7天内甲方支付乙方工程进度款至已完工程量总额88%的款项。(4)工程竣工验收合格后(以竣工验收报告为准),乙方工程技术资料移交甲方,由甲方办理移交质监站及档案馆手续。经档案馆负责人审核后,出具工程技术资料移交证明,即可办理工程结算手续,经甲方工程审计完成双方均签字盖章后15天内付至审计总价的97%,余下3%作为工程保修金。

2. 关于进度款支付程序的约定

《建设工程施工合同》通用条款第25.1款约定:"承包人应按专用条款约定的时间,向工程师提交已完工程量的报告。工程师接到报告后7天内按设计图纸核实已完工程量(以下称计量),并在计量前24小时通知承包人,承包人为计量提供便利条件并派人参加。承包人收到通知后不参加计量,计量结果有效,作为工程价款支付的依据。"第25.2款约定:"工程师收到承包人报告后7天内未进行计量,从第8天起,承包人报告中开列的工程量即视为被确认,作为工程价款支付的依据。"第26.4款约定:"发包人不按合同约定支付工程款(进度款),双方又未达成延期付款协议,导致施工无法进行,承包人可停止施工,由发包人承担违约责任。"

专用条款第25.1款约定:"承包人向工程师提交已完工程量报告的时间:每月25日经监理审核后报发包人审查。"第25.2款约定:"工程量申报应以已完工程项目的自然层节点划分,数量应得到监理工程师和发包人的认定。"第35条约定:"发包人逾期支付工程进度款的,应向承包人支付应付款项逾期支付期间按中国人民银行发布的同期同类贷款基准利率计算的利息,同时每天支付应付价款万分之一的违约金,并承担违约责任,且工期相应顺延。"

补充协议第7.3.2项约定:"甲方不能按照约定时间、额度支付工程款(含进度款、结算款、奖金等)或不能按约定提交有关银行保函的,甲方应同意工期予以顺延;逾期支付或提交时间超过15天,乙方可以自行暂停施工,并可要求甲方承担由此给乙方造成的直接经济损失。双方另行达成延期付款协议的除外。但无论何种原因造成工程停工,承包方均有责任和义务派专人看护工程,保护工程已完设施。"

(二)非诉服务

应建筑商要求,由笔者团队为该工程提供全过程的法律服务。在拿到涉案工程资料之初,笔者团队首先为该工程做了法律体检,并出具了法律意见书。

笔者团队考虑到工程支付时间采用了月形象进度和节点支付相结合的方式,对工程进度款的付款时间、申报程序和支付时间进行了详尽的梳理,并在施工期间,严格按照合同约定的程序对申请工程进度款提供了以下服务:

(1)由于合同约定,±0.000 以下地下室部分是按节点支付的,笔者团队协助建筑商根据支付节点向发包人提交地下室主体结构已完工程量表提交给监理。

同时,根据合同约定,±0.000 以上部分支付进度款的依据是月形象进度报表,故笔者团队按照合同约定,协助建筑商在每月 25 日前将已完工程量月报表提交监理,以争取主动权。

(2)根据合同约定,工程师应在收到建筑商的工程量报告 7 天内应完成计量。若工程师未在约定期限内进行计量及审核,则笔者团队可以协助建筑商发出确认计量的函件,明确开列的工程量即视为确认的工程量并作为工程价款支付的依据。

(3)根据合同约定,提醒建筑商应当在发包人支付工程进度款之前开具相应的发票。

(4)对于 ±0.000 以上部分,发包人应在次月 10 日前支付乙方已完成工程的 75% 的工程进度款,一旦发包人逾期支付工程进度款,则笔者团队立即协助建筑商向发包人发出催告函,催告其在一定期限内支付工程价款并相应顺延工期,同时赔偿建筑商的损失。同时,笔者团队协助建筑商保留对方收到该催告函的凭证,以便日后在诉讼中用作有力的证据。

(5)经建筑商催收未果,根据合同约定,笔者团队协助建筑商发出停工报告并保留了签收凭证,要求工期顺延,主张停工期间的损失也应当由发包人承担。

(三)诉讼服务

1. 进度款诉讼

本工程主体结构于 2014 年 4 月 26 日完成,但直至 2014 年 12 月,因发包人直接发包的施工单位工期延误等问题,本工程仍未竣工。同时,经建筑商多次催讨,发包人仍欠付 2014 年 3 月至 12 月工程进度款 57,063,227 元,导致建筑商垫资严重,难以继续施工,随后建筑商委托本律师团队向法院提起工程进度款诉讼。诉讼请求如下:(1)请求发包人支付 2014 年 3 月至 12 月欠付的工程进度款暂计 57,063,227 元,并支付逾期付款利息暂计人民币 1,155,674.84 元。(后因 2014 年 10 月至 12 月的工程进度款发包人未进行确认,为了便于诉讼,笔者团队与承包人进行协商,将诉请变更为支付 2014 年 3 月至 9 月欠付的工程进度款暂计人民币 34,449,000

元。)(2)请求发包人赔偿承包人停窝工损失暂计人民币27,685,000元(后因停窝工损失的争议较大,为了便于诉讼,笔者团队撤回了该项请求)。(3)请求法院对承包人承建的涉案工程进行拍卖或变卖折价,并确认承包人对拍卖或变卖折价款享有优先受偿权。(4)本案诉讼费、财产保全费、财产保全担保费由发包人承担。

在本工程的进度款诉讼中,笔者团队"步步为营":

首先,笔者团队在第一时间对发包人的财产进行了保全,查封了发包人名下的账户及房产,保障建筑商的权益。

其次,因笔者团队提供了全过程的非诉法律服务,严格按照合同约定协助建筑商完成各项进度款的申报工作,因此在诉讼阶段建筑商能够游刃有余,且证据扎实、理论充分。

最后,由于2014年3月至9月的欠付工程进度款34,449,000元已经取得了监理确认,而10月至12月的进度款未取得监理确认,为使建筑商尽快获得工程进度款,减轻建筑商的资金压力,本团队与建筑商协商后,变更了诉请:第一项中仅主张没有争议的2014年3月至9月欠付工程进度款34,449,000元及由此产生的利息,同时撤回了第二项停窝工损失的诉请。

法院在审理过后,支持了建筑商的全部诉请。

2. 工程结算款诉讼

因工程自停工后已逾56日,发包人一直未支付工程进度款,导致系争工程合同目的无法实现,符合法定解除的条件,为保障建筑商的利益,建筑商委托笔者团队向发包人发出《合同解除通知函》,要求解除与发包人签订的关于系争工程的相关协议,并要求退还履约保证金、支付工程价款。同时,笔者团队还协助建筑商向发包人提交了结算书,并及时向法院提起了结算款诉讼。诉讼请求如下:(1)依法确认原、被告之间签订的所有关于涉案工程的相关协议于2015年4月9日解除。(2)依法判令被告向原告支付欠付的工程价款人民币14,094.36万元,并向原告支付逾期付款利息(按年利率11%计算,自2014年5月4日起算,要求判决至实际履行之日止)。(3)依法判令被告支付欠付1000万元工程价款的违约金(按每日万分之五计算,自2015年8月31日起算,要求判决至实际履行之日止)。(4)依法判令被告退还履约保证金人民币1000万元,并支付逾期退还履约保证金的利息暂计5.68万元(按银行同期贷款利率计算,自2015年2月23日起暂算至起诉之日,要求判决至实际履行之日止)。(5)依法判令被告赔偿原告停、窝工损失暂计人民币3001.39万元。(6)请求法院对原告承建的涉案工程进行拍卖或变卖折价,并确认原告对拍卖或变卖折价款享有优先受偿权。(7)依法判令本案诉讼费用(包括但不限于诉讼费、财产保全费用、财产保全的担保费用等)由被告承担。

法院经审理认为:

(1)发包人在合理期间内未履行相应付款义务,导致建筑商无法继续施工,故建筑商解除合同符合法律规定。(2)根据司法鉴定的已完工程造价为353,720,674元,扣除建筑商认可支付的231,586,000元以及进度款诉讼中确认的34,449,000元,法院判决发包人应支付87,685,674元工程价款,同时支持了建筑商关于工程结算款逾期付款利息。(3)1000万元的工程价款违约金虽系最后签订的协议书约定的恢复施工的启动前提,但鉴于该协议书并未实际履行,且该1000万元的违约金与前述工程价款的逾期利息同属违约金性质,属于重复计算,故未支持该项诉请。(4)因发包人逾期支付工程价款导致涉案工程无法竣工,因此发包人应退还履约保证金,但由于合同已约定了履约保证金不计息,故未支持利息部分。(5)停窝工损失部分,法院根据鉴定报告,酌情认定了发包人因工期延误给建筑商造成的停窝工损失合计550万元。(6)法院确认建筑商的工程价款可就其承建的工程折价或者拍卖后的价款享有优先受偿权。

案例2:总价合同的典型案例①

原告:浙江×××集团有限公司(建筑商)

被告:上海××××有限公司(发包人)

(一)基本案情

工程名称:上海某某中心项目

工程地点:上海市

工程概况:建筑面积117,840平方米,地上四层、地下三层。

根据相关规定,本工程不属于强制招投标范围,发包人采用私下招投标的方式发包给建筑商。2014年,建筑商与发包人签订《施工总承包合同》,合同第23.2款约定,"合同价款采用固定总价计价方式闭口包干,该合同价款包括了材料、人工(包括社保费用)、机械、水电费、利润、管理费、规费、税金、安全防护及文明措施费、施工措施费、施工总承包服务费、保护环境所需费用等承包人履行本合同的所有费用。合同总价及单价除专用条款另有约定外,均不予调整"。第23.2.2项约定,

---

① 本项目是非强制招标的项目,发包人自己组织招标投标选择建筑商,此类招标投标不受《招标投标法》调整。

“若合同清单已包括的项目，则：(a)工程的品质以合同图纸或合同规范为准，清单说明只作为解释或补充之用；(b)竣工结算时，合同图纸范围内固定总价不变，仅计算设计图纸变更部分的价格”。第23.2.3项约定，“若合同清单未包括的项目，则：(a)工程的品质和数量仍以图纸所表述或合同规范所表述的为准，其未报的费用视为已包含在其他项目的单价内。(b)合同文件要求的措施费项目若在工程量清单内没有显示，则其费用视为已包含在其他项目的单价内”。第25.1.1项约定，“招标文件工程量清单中所列的工程量是根据施工图估算的工程量，不能作为承包人按合同履行其责任所应当完成工程的实际工程量。实际完成工程量以合同图纸为准”。

同时招标文件规定，建筑商自行审核图纸中的工程量，如工程量清单中有遗漏则作为让利，发包人提供的工程量不作为结算的依据，结算时以发包人提供的图纸为准进行结算。

（二）争议焦点

《施工总承包合同》约定了涉案工程合同是总价合同，在合同图纸范围内固定总价不变，但施工过程中发现招投标文件的工程量清单中存在缺项、漏项，建筑商面临巨大亏损，能否主张调整工程价款。

（三）案件分析

本案中，《施工总承包合同》已经明确了其为总价合同。招标文件和合同约定，建筑商自行审核图纸中的工程量，如工程量清单中有遗漏的项目则作为让利，发包人提供的工程量不作为结算的依据，结算时以发包人提供的图纸为准进行结算。

因此，如果在诉讼过程中，建筑商以招投标时工程量清单存在缺项、漏项为由主张调整工程价款，法院不予支持。

产品说明书

（一）法律依据

《民法典》第509条第1款、第526条、第527条、第528条

《建设工程司法解释一》第19条、第20条、第26条

（二）实务操作要点

1. 招投标和合同签订阶段

(1)根据工程特点、合同价格形式合理确定风险范围。

(2)根据工程工期、工程施工难度和复杂程度以及自身的资金实力合理确定

工程进度款的支付时间或支付节点。

(3)在施工合同中明确约定逾期审核进度款的不利后果。

(4)在施工合同中明确约定逾期支付进度款的违约责任。

2. 合同履行阶段

(1)合同约定按照月形象进度支付工程进度款的,建筑商应按照合同约定向发包人上报已完工程量并根据合同约定编制和提交进度付款申请单;合同约定按照节点支付进度款的,建筑商应向发包人按照合同约定申报节点进度工作量,并根据合同约定编制和提交进度付款申请单。

(2)要求发包人在合同约定的期限内进行审核,发包人逾期审核的,根据合同约定,协助建筑商发出已完工程量视为确认的函件。

(3)发包人没有按照合同约定支付工程进度款的,律师应协助建筑商向发包人发出催款函,要求支付进度款、逾期付款的违约金和利息。

(4)经过催讨以后,仍未支付工程价款的,律师应提醒建筑商可以停工。

(5)停工以后仍未支付工程价款的,律师应当提醒建筑商可以发出书面通知解除合同,并及时提起诉讼或采取其他必要手段,维护自己的合法权益。

(6)律师提醒建筑商根据《民法典》的规定,解除合同的除斥期间是1年,建筑商应当及时行使其权利,否则就会丧失合同的解除权。

3. 诉讼阶段

(1)帮助建筑商确定诉讼请求。

(2)帮助建筑商整理和梳理诉讼证据,包括施工合同、招投标文件、开工报告、签证单、联系单等。

(3)帮助建筑商梳理和分析主张诉讼中的争议焦点和确定诉讼策略。

三、产品内容

(一)法律依据

《民法典》

第509条第1款 当事人应当按照约定全面履行自己的义务。

第526条 当事人互负债务,有先后履行顺序,应当先履行债务一方未履行的,后履行一方有权拒绝其履行请求。先履行一方履行债务不符合约定的,后履行一方有权拒绝其相应的履行请求。

第527条 应当先履行债务的当事人,有确切证据证明对方有下列情形之一

的,可以中止履行:

(一)经营状况严重恶化;

(二)转移财产、抽逃资金,以逃避债务;

(三)丧失商业信誉;

(四)有丧失或者可能丧失履行债务能力的其他情形。

当事人没有确切证据中止履行的,应当承担违约责任。

第528条 当事人依据前条规定中止履行的,应当及时通知对方。对方提供适当担保的,应当恢复履行。中止履行后,对方在合理期限内未恢复履行能力且未提供适当担保的,视为以自己的行为表明不履行主要债务,中止履行的一方可以解除合同并可以请求对方承担违约责任。

《建设工程司法解释一》

第19条 当事人对建设工程的计价标准或者计价方法有约定的,按照约定结算工程价款。

因设计变更导致建设工程的工程量或者质量标准发生变化,当事人对该部分工程价款不能协商一致的,可以参照签订建设工程施工合同时当地建设行政主管部门发布的计价方法或者计价标准结算工程价款。

建设工程施工合同有效,但建设工程经竣工验收不合格的,依照民法典第五百七十七条规定处理。

第20条 当事人对工程量有争议的,按照施工过程中形成的签证等书面文件确认。承包人能够证明发包人同意其施工,但未能提供签证文件证明工程量发生的,可以按照当事人提供的其他证据确认实际发生的工程量。

第26条 当事人对欠付工程价款利息计付标准有约定的,按照约定处理。没有约定的,按照同期同类贷款利率或者同期贷款市场报价利率计息。

(二)实务操作要点

1. 招投标和合同签订阶段

(1)帮助建筑商根据工程特点、合同价格形式合理确定风险范围。

1999年版《建设工程施工合同(示范文本)》将合同价格形式分为固定价合同、可调价合同、成本加酬金合同三种;2013年版《建设工程施工合同(示范文本)》对合同价款形式进行了修改,将合同价格分为单价合同、总价合同和其他价格形式合同,并被2017年版《建设工程施工合同(示范文本)》沿用。

①单价合同约定风险范围的注意事项。

单价合同,是指合同当事人约定以工程量清单及其综合单价进行合同价格计算、调整和确认的建设工程合同。在约定的风险范围内,合同单价不作调整,而工程量按实结算。一般而言,合同双方应在合同中约定综合单价包含的风险范围和风险费用的计算方法,并约定风险范围以外的合同价格的调整方法。

单价合同常见的问题:一是综合单价包括的风险范围约定过大,将国家政策性调整及市场风险纳入风险范围,导致建筑商在材料、人工大幅上涨的情况下失去调价的主动权;二是对风险范围外的合同价格调整的范围或方法约定不清,导致调价过程中出现争议。建议建筑商在单价合同的专用条款中,明确综合单价包含的风险范围,并且明确指出风险范围外的合同价格调整范围和调整方式。

▶ 延伸案例1　合同约定风险范围内的案例

原告:连云港×××安装工程公司(建筑商)

被告:连云×××置业发展有限公司(发包人)

(一)基本案情

2007年5月,发包人与建筑商经过招投标签订《建设工程施工合同》,合同约定,“本合同价款采用固定综合单价合同方式确定,合同价款中包括的风险范围为施工期间的政策性调整及市场风险(包括自报工程量的误差及漏项),该风险费用已考虑在综合单价中。对于风险范围之外合同价款的调整:(一)调整范围为甲方提供的清单工程量误差、设计变更及发包方要求增加的工程量按实调整……”

由于发包人将桩基、土方等工程发包给案外人施工,且施工缓慢,导致建筑商推迟4个月开工,开工后钢材价格大幅上涨,建筑商要求依据连云港市建筑工程材料指导价据实调整钢材价格。

(二)争议焦点

钢材价格大幅上涨是否属于单价合同的风险范围。

(三)法院判决

法院认为,江苏省建设厅苏建价[2008]67号《关于加强建筑材料价格风险控制的指导意见》第3条规定,如果合同中未约定材料价格风险控制条款的,可依据该意见协商调整工程造价。现承包人、发包人已在招投标文件以及合同约定中明确排除了因材料上涨而进行合同价款调整的可能,双方就应遵守合同约定;承包人现提出的按该文件对钢材进行调价的主张,不能成立。

(四)案例分析

建议在合同专用条款中约定,主要材料价格(包括钢材、商品砼、混凝土)和人工在一定期间内价格波动超过幅度正负5%的,可以就超过幅度的部分调整合同价格。一般调整的期间有合同工期、实际履行期、合同开工到竣工前80%的月份这三种。

▶ 延伸案例2　合同风险外调整范围约定不明

原告:××××公司(建筑商)

被告:×××公司(发包人)

(一)基本案情

在某施工合同第23.2款中,关于合同价款及调整双方约定:"采用固定单价计价方式的,除专用条款另有约定外,在约定的风险范围内,单价不作调整。在约定的风险范围以外实际数量变化超过该项目工程量清单数量10%以上,且该项目数量变化的金额超过合同金额0.01%时,单价可作调整。"

(二)争议焦点

该条款仅约定了单价调整的条件(实际数量变化超过该项目工程量清单数量10%),但对"单价可作调整"中的单价范围并未明确是超出10%部分的单价还是超出工程量清单部分的单价,又或者是所有工程量的单价。

诉讼中,根据鉴定机构东方公司审价鉴定报告中钢筋、多孔砖部分造价为3,567,749元(其中钢筋工程量超过投标工程量部分已调价,多孔砖单价没有调整);如钢筋与多孔砖工程量超出投标工程量,超出部分均调价,该部分总造价为3,596,405元,比鉴定报告多28,656元;如钢筋与多孔砖工程量超出投标工程量,超出10%以上部分调价,该部分总造价为3,522,546元,比鉴定报告少45,203元;如钢筋与多孔砖工程量超出投标工程量,该部分所有工程量均调价,总价为4,334,956元,比鉴定报告多767,207元。

(三)法院判决

从双方约定的条款看,双方约定了单价调整的条件为在约定风险范围以外实际数量变化超过该项目工程量清单数量10%以上,且该项目数量变化的金额超过合同金额0.01%,而对单价调整的范围并未明确。以通常方式理解,单价调整的范围应为在约定风险范围以外实际数量变化超过该项目工程量清单数量

10%以上的部分才予调整,即钢筋与多孔砖工程量超出投标工程量10%以上的部分调价,该部分总造价为3,522,546元,比工程造价司法鉴定报告中确定的金额少45,203元,故应在总造价中扣减45,203元。

(四)案例分析

合同中应明确约定调整的范围,即是对全部单价调整还是对超出幅度的部分价格调整。

②总价合同约定风险范围的注意事项。

总价合同,是指当事人约定以图纸、工程量清单等进行合同价格计算,图纸、清单不变的,除了合同特别约定以外,竣工结算时合同总价不予调整。但以下情况除外:(1)设计变更变化的可以调整;(2)合同约定工程量浮动比例,未超过调整比例的不予调整,超过部分予以调整,如工程量超过1%予以调整,不超过1%的就不予调整;(3)合同约定价格浮动比例,人工、材料、机械价格在一定调整比例内不予调整,超过部分予以调整。

总价合同中常见的问题:一是总价所包含的风险范围不清或范围过大,将缺项、漏项、政策风险和市场价格波动作为合同不予调整的风险范围,导致建筑商处于不利地位。二是发包人一般在招标文件中要求,以发包人提供的图纸自行计算工程量,工程量当中漏报的视为让利,这对建筑商很不公平。在实践中,由于投标时间紧,投标人的工程量往往小于图纸的工程量1% ~3%,故建议:能以发包人提供的清单作为参照物的,尽量以清单为准,而不要以图纸为准;如果要以图纸为准,最好约定清单报价当中的漏项应当按实调整;其他情况参照单价合同。

▶ 延伸案例3　总价合同的风险范围约定

原告:上海×××有限公司(建筑商)

被告:江苏×××有限公司(发包人)

(一)基本案情

2011年4月,发包人与建筑商就"×××酒店精装修工程"签订《建设工程施工合同》,约定:"本合同价款采用固定总价合同计价方式确定。(1)装饰工程采用固定总价计价方式的,合同价款中包括的风险范围:无。(2)水电工程采用固定总价计价方式的,合同价款中包括的风险范围:无。(3)采用其他计价方式的。合同价款的调整方式:对于乙方报价中,工程量的缺项与漏项,合同价款不作调整,除签证的增减项外,一次性包死。”因工期延误,2011 年 10 月,发包人在工程未经竣工验收的情况下先行试运营使用涉案工程。

(二)争议焦点

涉案工程 12 层中庭木饰面是否属于合同外增项。

(三)法院判决

法院认为,双方对于合同价款调整在施工合同中有明确约定,对于建筑商在报价中工程量的缺项与漏项,合同价款不作调整,除签证的增减项外,一次性“包死”。建筑商如认为 12 层中庭木饰面为合同外增项工程且应增加工程价款,应及时向发包人报送相关签证;因其未提供签证,依据双方的约定,合同价款不作调整。

③其他价格形式合同(主要是定额计价)约定风险范围的注意事项。

这里的其他价格形式,一般认为包括按照定额计价和成本加酬金的合同形式,实践中比较常见的是定额计价合同。

定额计价常见的问题:一是建筑商对各定额规范认识不全面,导致未选用有利于自身的定额;二是建筑商在定额基础上约定的下浮率过高,导致工程亏损,入不敷出。建议建筑商聘请专业人员对工程进行测算,合理选用定额,并且制定下浮或上浮率。

(2)帮助建筑商根据工程工期、工程施工难度和复杂程度以及自身的资金实力合理确定工程进度款的支付时间或支付节点。

根据行业惯例,工程进度款的支付一般分为按期支付、节点支付两类。

①工程进度款的按期支付方法。

所谓按期支付进度款,是指合同约定以固定期限为作为支付节点,并在固定期限内完成一定工程量,按照完成工程量的比例支付工程价款。实践中比较常见的是以月为单位,本月完成有效工程量后,在下月按照完成工程量的一定比例支付进度款,因此又称月形象支付方法。

总价合同中对月形象支付的约定主要有:

1999 年版《建设工程施工合同(示范文本)》通用条款第 26.1 款约定:在确认计量结果后 14 天内,发包人应向承包人支付工程价款(进度款)。按约定时间发包人应扣回的预付款,与工程价款(进度款)同期结算。

2013 年版、2017 年版《建设工程施工合同(示范文本)》通用条款第 12.4.3 项第 2 段约定："总价合同按月计量支付的，承包人按照第 12.3.4 项[总价合同的计量]约定的时间按月向监理人提交进度付款申请单，并附上已完成工程量报表和有关资料。总价合同按支付分解表支付的，承包人应按照第 12.4.6 项[支付分解表]及第 12.4.2 项[进度付款申请单的编制]的约定向监理人提交进度付款申请单。"

FIDIC《设计采购施工合同条件》第 14.4 款约定，"若合同包括支付表，其中规定了合同价格的分期付款数额，除非在此支付表中另有规定，否则：(a)在此支付表中所报的分期支付额即为第 14.3 款[期中支付证书的申请](a)段所述的合同价值；(b)如果分期支付额不是参照工程实施所达到的实际进度制定的，且如果实际进度落后于支付表中分期支付所依据的进度状况，则工程师可通过考虑所达到的实际进度落后于分期支付所依据的进度的情况，根据第 3.5 款[决定]来商定或决定修正分期支付额。如果在合同中没有支付表，则每个季度承包商应就其到期应得的款额向雇主提交一份不具约束力的估价单。第一份估价单应在开工日期后 42 天之内提交，修正的估价单应按季度提交，直到工程的接收证书已经颁发"。

就国内工程而言，建议尽量采用 2013 年版、2017 年版《建设工程施工合同(示范文本)》。对国外工程采用 FIDIC《设计采购施工合同条件》文本的，建议明确按月支付工程进度款。

单价合同中对月形象支付的约定有：

1999 年版《建设工程施工合同(示范文本)》没有特别约定，适用其第 26.1 款。

2013 年版、2017 年版《建设工程施工合同(示范文本)》第 12.4.3 项约定，"单价合同的进度付款申请单，按照第 12.3.3 项[单价合同的计量]约定的时间按月向监理人提交，并附上已完成工程量报表和有关资料。单价合同中的总价项目按月进行支付分解，并汇总列入当期进度付款申请单"。

FIDIC《施工合同条件》第 14.3 款约定："承包商应在每个月末后，按工程师批准的格式向工程师提交报表，一式六份，详细说明承包商自己认为有权得到的款项，同时提交包括按第 4.21 款[进度报告]的规定编制的相关进度报告在内的证明文件。"

建议尽量采用 2013 年版、2017 年版《建设工程施工合同(示范文本)》。

其他价格形式合同约定有：

1999 年版《建设工程施工合同(示范文本)》中没有特别约定，适用其第 26.1 款。

2013 年版、2017 年版《建设工程施工合同(示范文本)》第 12.4.3 项约定，"合同当事人可在专用合同条款中约定其他价格形式合同的进度付款申请单的编制和提交程序”。

建议尽量采用2013年版、2017年版《建设工程施工合同(示范文本)》。

②工程进度款的节点支付方法。

所谓分段支付进度款,通常是指将施工关键路径划分为不同施工阶段,并将每个阶段的完成视为一个支付节点,发包人按照各个支付节点支付相应的进度款。对此,《建设工程施工合同(示范文本)》中没有具体的相关约定,但就土木工程而言,通常关键的支付节点为土方开挖、基坑完成、达到正负零标高、主体结构封顶以及工程竣工验收等。

按工程施工节点支付工程进度款常见的问题:一是合同约定的支付节点明显不合理,造成施工企业大量垫资;二是合同约定支付节点不明确,导致双方对是否达到支付节点产生争议。实践中,经常出现建筑商为能够承揽工程,在发包人的付款时间节点明显不合理的情况下,仍然承揽该工程。前期工程大量垫资,导致自身资金链紧张,一旦工程延误或出现其他问题,建筑商往往因工程进度款尚未达到支付时间节点而处于被动地位。

1999年版、2013年版、2017年版《建设工程施工合同(示范文本)》约定了按照支付分解表的方式进行支付,如2013年版、2017年版《建设工程施工合同(示范文本)》通用条款第12.4.3项约定:“总价合同按支付分解表支付的,承包人应按照第12.4.6项[支付分解表]及第12.4.2项[进度付款申请单的编制]的约定向监理人提交进度付款申请单。”

节点支付工程价款一定要写得明确,建议:节点支付必须是已完工程的节点,合同应当约定每一幢结构封顶支付工程价款的比例;由于发包人的原因导致结构延期的,应提前支付,按月支付进度款;结构封顶、基础完成等都应当按照实际完成的节点支付,而不是按结构、基础验收完成的时间。

(3)帮助建筑商在施工合同中明确约定逾期审核进度款的不利后果,如逾期审核视为认可建筑商的付款申请单。

为了防止发包人无限期地拖延工程进度款和结算款的审核,从而拖延工程价款的支付,建筑商应在施工合同中明确约定工程进度款和结算款的审核期限,通常进度款的审核期限应当少于14天。同时,建筑商应注意在施工合同中明确发包人逾期审核的不利后果,如约定“逾期审核的,视为认可建筑商提交的进度付款申请单”。

对此,各示范文本中也有相应参照内容。

1999 年版《建设工程施工合同(示范文本)》通用条款第 26.1 款约定,“在确认计量结果后 14 天内,发包人应向承包人支付工程款(进度款)”。需要注意的是,1999 年版《建设工程施工合同(示范文本)》没有明确约定审核期限,但约定了支付期限为 14 天,且 1999 年版文本未明确区分逾期审核的不利后果,而是直接约定了逾期支付的不利后果。因此,如果采用 1999 年版《建设工程施工合同(示范文本)》,施工企业应在专用条款中明确审核期限以及逾期审核的不利后果。

2013 年版、2017 年版《建设工程施工合同(示范文本)》通用条款第 12.4.4 项约定,“(1)除专用合同条款另有约定外,监理人应在收到承包人进度付款申请单以及相关资料后 7 天内完成审查并报送发包人,发包人应在收到后 7 天内完成审批并签发进度款支付证书。发包人逾期未完成审批且未提出异议的,视为已签发进度款支付证书”。

FIDIC《施工合同条件》第 14.6 款约定,“……在收到承包商的报表和证明文件后 28 天内,工程师应向雇主签发期中支付证书,列出他认为应支付承包商的金额,并提交详细证明资料”。

建议使用 2013 年版、2017 年版《建设工程施工合同(示范文本)》或在专用条款中明确约定逾期审核的不利后果。

(4)帮助建筑商应在施工合同中明确约定逾期支付进度款的违约责任,包括逾期利息(或逾期付款违约金)、建筑商可以解除承包合同、暂停施工等。

①明确约定逾期付款利息。

为保障发包人按期支付工程进度款,建筑商应在施工合同专用条款中明确约定工程进度款的逾期支付利息。一般来说,2019 年 8 月 20 日以后,根据 2019 年《全国法院民商事审判工作会议纪要》和最高人民法院《关于审理民间借贷案件适用法律若干问题》的规定,施工合同中约定逾期支付利息应高于全国银行间同业拆借中心公布的贷款市场报价利率(LPR),最高不超过贷款市场报价利率的 4 倍。

对此,《建设工程司法解释一》第 26 条规定:“当事人对欠付工程价款利息计付标准有约定的,按照约定处理。没有约定的,按照同期同类贷款利率或者同期贷款市场报价利率计息。”

1999 年版《建设工程施工合同(示范文本)》通用条款第 26.3 款约定,“……协议应明确延期支付的时间和从计量结果确认后第 15 天起计算应付款的贷款利息”。

2013 年版、2017 年版《建设工程施工合同(示范文本)》通用条款第 12.4.4 项约定，“……发包人逾期支付进度款的，应按照中国人民银行发布的同期同类贷款基准利率支付违约金”。

FIDIC《施工合同条件》第14.8款约定，“如果承包商没有收到根据第14.7款[支付]应获得的任何款额，承包商应有权就未付款额按月所计复利收取延误期的融资费”。

建议对国内工程，建筑商使用2013年版、2017年版《建设工程施工合同(示范文本)》，并在专用条款中明确约定LPR 4倍的利息，在专用条款中将表述改为利息，而不要使用违约金，因为在合同无效的情况，法院将不予支持相应的违约金条款。

建筑领域中，约定逾期付款利息常见的问题：一是未约定工程进度款的逾期付款利息，导致诉讼中对工程结算款的逾期付款利息标准出现争议；二是逾期付款利息约定过低，发包人违约成本较低；三是逾期付款利息约定过高，在诉讼中难以得到支持。

▶ 延伸案例4

上诉人(原审原告)：浙江某某建设有限公司(建筑商)

被上诉人(原审被告)：江苏某某置业有限公司(发包人)

(一)基本案情

工程名称：××住宅楼工程

工程类型：商品房

工程地址：江苏省

承包范围：桩基、土建、水电安装工程

工程工期：2010年3月26日至2014年4月28日

工程面积：85,000平方米

工程造价：21,379.94万元

工程质量标准：一次性验收合格

2009年12月8日，承发包双方签订《建设工程施工合同》，约定由建筑商承建系争工程的桩基、土建、水电安装工程。该合同对工程概况、承包范围、合同工期、质量标准、合同价款、各自的权利义务、价款支付、违约责任等均作了约定。

2009年12月12日，承发包双方又签订《建设工程施工合同补充协议书》，对付款方式等进行了约定。

上述合同签订后，双方又于2010年3月26日至2013年1月28日就具体的工程施工分别签订了六份《建设工程施工合同》,该六份合同均约定:发包人逾期支付工程价款时,每逾期1天应支付拖欠工程价款总额的3‰作为违约金。

前述合同签订后,建筑商按发包人发出的开工通知,于2010年3月10日进场开工,系争工程一期、二期、三期分别于2012年9月8日、2013年6月7日、2014年3月31日竣工验收。

工程完工后,建筑商向发包人提交了各期工程的决算文件,但双方对二期工程造价产生争议,建筑商于2013年11月20日向人民法院提起诉讼,诉讼请求如下:

(1)判令发包人支付拖欠建筑商的工程价款5381.82万元(具体的欠款金额以司法鉴定为准)以及违约金(从2014年4月1日起计算至付清全部款项之日止,按照每日3‰计算)。

(2)确认建筑商对其承建的系争工程拍卖、变卖或折价款享有优先受偿权。

(3)本案全部诉讼费用由发包人承担。

(二)争议焦点

诉讼过程中,承、发包双方对合同效力及逾期违约金计算标准存在较大争议,发包人认为合同无效,逾期付款违约金应按同期银行贷款利率计算,约为896万元;而建筑商认为合同有效,逾期付款违约金至少应按年利率24%计算,约为4344万元。二者仅违约金金额差距即约3448万元,差距巨大。

故本案主要的争议焦点为:涉案合同效力如何认定;是否存在挂靠情形;逾期付款违约金计算标准如何认定。

发包人代理律师认为,相关付款凭证证明工程价款支付至项目部账户而非建筑商账户,且城建档案资料上有项目经理个人签字,故据此要求法院审查项目部收取工程价款后的款项去向及项目经理个人与建筑商有无劳动关系,并主张上述证据可以证明涉案工程是由项目经理个人挂靠建筑商,借用建筑商资质组织施工的,涉案合同应认定无效,关于逾期付款违约金的约定也无效。逾期付款违约金应按照银行同期贷款利率计算。

建筑商代理律师则提交项目经理个人的建筑施工企业项目负责人安全生产考核合格证书、二级建造师临时执业证书、二级临时建造师注册证书、党组织关系证明等,以证明自2008年起,该项目经理即为建筑商聘用的注册建造师并担任项目负责人职务,其党组织关系一直在建筑商,现也仍在建筑商处担任项目经理职务。此与发包人主张的项目经理挂靠建筑商,系临时为承建涉案工程而借用建筑商资质不符。涉案工程不存在挂靠行为,涉案合同有效。而关于逾期付款违约金的计算标准,建筑商认为即使法院认定违约金标准过高,也应调整至年利率 24%。

(三)法院判决

一审法院作出判决,认定涉案合同有效,并依据自由裁量权将逾期付款违约金标准调整至年利率 18%。一审判决作出后,承发包双方均提起上诉。二审法院作出判决,认定:涉案合同及补充协议有效,违约金计算标准应调整至年利率 24%,支持了建筑商的上诉请求,驳回了发包人的上诉请求。

(四)律师点评

本案是 2018 年《建设工程司法解释二》(已失效)实施后北京盈科律师事务所代理的又一起经典案例,该案涉及建设工程施工合同纠纷司法实践中一处重要的难点,即挂靠情形的认定;此外,本案还涉及另一个影响施工企业重大利益的问题,即逾期付款违约金计算标准如何认定。

②明确约定建筑商有权暂停施工,并解除合同。

建筑商为维护自身权益,避免在欠付工程价款的情况下进一步扩大损失,应当在合同中明确约定在发包人逾期支付工程进度款的情况下,发包人可以暂停施工,并解除施工合同。

对此各示范文本中也进行了相应的约定:

1999 年版《建设工程施工合同(示范文本)》通用条款第 26.4 款约定,“发包人不按合同约定支付工程价款(进度款),双方又未达成延期付款协议,导致施工无法进行,承包人可停止施工,由发包人承担违约责任。”第 44.2 款约定,“发生本通用条款第 26.4 款情况,停止施工超过 56 天,发包人仍不支付工程款(进度款),承包人有权解除合同”。

2013 年版、2017 年版《建设工程施工合同(示范文本)》通用条款第 16.1.1 项约定,“在合同履行过程中发生的下列情形,属于发包人违约:……(2)因发包人原因未能按合同约定支付合同价款的……发包人发生除本项第(7)目以外的违约情况时,承包人可向发包人发出通知,要求发包人采取有效措施纠正违约行为。发包人收到承包人通知后 28 天内仍不纠正违约行为的,承包人有权暂停相应部位工程施工,并通知监理人”。第 16.1.3 项约定,“除专用合同条款另有约定外,承包人按第 16.1.1 项[发包人违约的情形]约定暂停施工满 28 天后,发包人仍不纠正其违约行为并致使合同目的不能实现的,或出现第 16.1.1 项[发包人违约的情形]第(7)目约定的违约情况,承包人有权解除合同,发包人应承担由此增加的费用,并支付承包人合理的利润”。

FIDIC 合同第 16.1 款约定,“如果工程师未能按照第 14.6 款期中支付证书的颁发《设计采购施工合同条件》开具支付证书,或者雇主未能按照第 2.4 款[雇主的资金安排]或第 14.7 款[支付]的规定执行,则承包商可在提前 21 天以上通知雇主,暂停工作(或降低工作速度),除非并且直到承包商收到了支付证书,合理的证明或支付(视情况而定并且遵守通知的指示)。”第 16.2 款约定,“如出现下列情况,承包商应有权终止合同:(a)承包商在根据 16.1 款[承包商暂停工作的权利]的规定,就未能遵循第 2.4 款[雇主的资金安排]规定的事项发出通知后 42 天内,仍未收到合理的证据;(b)工程师未能收到报表和证明文件后 56 天内发出有关的付款证书;(c)在第 14.7 款[付款]规定的付款时间到期后 42 天内,承包商仍未收到根据其中付款证书的应付款额(按照第 2.5 款[雇主的索赔]规定的扣减部分除外)……”

建议国内工程,建筑商采用 2013 年版、2017 年版《建设工程施工合同(示范文本)》。

2. 合同履行阶段的法律服务

(1)合同约定按照月形象进度支付工程进度款的,建筑商应按照合同约定向发包人上报已完工程量并根据合同约定编制和提交进度付款申请单;合同约定按照节点支付进度款的,建筑商应向发包人按照合同约定申报节点进度工作量,并根据合同约定编制和提交进度付款申请单。

建设工程施工合同作为特殊的承揽合同,完成一定的工程量是建筑商请求发包人支付进度款的前提。工程量计量的原则是按照合同约定的工程量计算规则、图纸及变更指示等进行计量,其中除非当事人有特别约定,否则工程量计算规则应以相关的国家标准、行业标准等为依据。因此,建筑商应当根据合同的约定及时提交工程量报告,并要求发包人或监理单位及时确认当月或已完成工作量,并根据合同约定编制和提交进度付款申请单。

对此,各示范文本进行了约定:

1999 年版《建设工程施工合同(示范文本)》第 25.1 款约定,“承包人应按专用条款约定的时间,向工程师提交已完工程量的报告”。

2013 年版、2017 年版《建设工程施工合同(示范文本)》约定,“(1)承包人应于每月 25 日向监理人报送上月 20 日至当月 19 日已完成的工程量报告,并附具进度付款申请单、已完成工程量报表和有关资料”。

建筑商上报的工程量不仅是发包人确认已完工程量的依据，也是支付工程进度款的必要依据，如果建筑商未按照合同约定按期上报工程量，则发包人的进度款支付时间将无从确定，建筑商也将不能向发包人主张承担逾期支付工程进度款的违约责任。

▶ 延伸案例5

（一）基本案情

工程名称：××花园×期×标工程

工程地点：上海市

工程情况：工程建筑面积约65,000平方米，合同暂估价为28,600万元

2012年，建筑商与发包人就涉案工程签订《建设工程施工合同》，合同第21.2款约定工程价款（进度款）支付的方式和时间：“（1）本工程进度款将按以下方式进行审批、支付：承包人应在工程进行的每个月下旬（25日）之前按实际完成工作量的金额，编制‘已完工作量报表’（附进度预算）呈交发包人，次月5日前发包人审核完毕，核对过程中通知承包人参与计量，经发包人核准认可后备案，逾期不予核定以承包人申报的工程量为准，作为按约定支付的工程价款。工程缺陷保修期届满前，业主预留总造价的3%作为缺陷保修期内的保证金。有关月进度付款、垫资款返还期及竣工结算款均为承包人上报资料后的7天内予以确认，发包人在7天内未确认的视为已经认可。（2）本工程承包人垫资到工程的±0.000后，发包人1个月内向承包人支付已完工程量70%的工程价款，±0.000以下的工程价款，发包人须向承包人支付6.5%的利息。（3）以后工程进度款发包人按照已完成工程量的70%按月向承包人支付，发包人在双方约定日期内未向承包人支付工程款的，工程款延付的宽限期为15日历天，发包人须向工程承包人支付应付而未付工程价款年20%的违约金，不足1个月的按1个月计取。”

施工过程中，发包人已委托上海某公司就系争工程进行全过程造价控制及结算审核并出具产值报表，因而建筑商未向发包人履行工程进度款的申报手续。

（二）争议焦点

建筑商能否主张工程进度款的逾期付款违约金。

（三）法院判决

法院经审理，认为对建筑商主张的进度款的逾期付款违约金不予支持，主要

基于以下几点理由：

(1)建筑商未举证其在实际施工期间已按照合同约定的方式向发包人申请过工程进度款。

(2)虽然发包人已委托上海某公司就系争工程全过程造价控制及结算审核进行服务，但上海某公司系发包人委托，故该公司受托出具的产值报表并不能证明建筑商完成了进度款的请款申请；况且，以产值报表作为进度款申请方式与上述施工合同约定的进度款支付方式不相符。

(3)发包人已支付约1.3亿元进度款，而建筑商在施工过程中对于发包人逾期支付工程进度款未提出过异议，故在建筑商先行存在未能按约进行工程进度款请款的情况下，其要求发包人承担逾期支付工程进度款的违约责任，于法无据。

(四)案件分析

本案中，根据《建设工程施工合同》的约定，工程进度款的支付应满足三个条件：(1)工程达到±0.000；(2)建筑商按实际完成工作量的金额编制"已完工作量报表"(附进度预算)呈交发包人；(3)发包人审核完毕，若逾期审核的情况下以建筑商申报的工程量为准计算工程进度款。

然而在施工过程中，由于建筑商没有重视合同中约定的工程进度款付款程序，将由发包人委托的上海某公司出具的产值报表作为建筑商申报进度款的证据，自身未及时进行已完工程量的申报，导致工程进度款的支付程序存在严重瑕疵，应由建筑商承担相应的不利后果。

若监理单位在收到工程量报告后未在合同约定的期限内及时确认，建筑商可以要求发包人承担延迟确认的不利后果，即以建筑商提交的工程量作为实际的已完成工程量。

对此，1999年版《建设工程施工合同(示范文本)》通用条款第25.2款约定，"工程师收到承包人报告后7天内未进行计量，第8天起，承包人报告中开列的工程量即视为被确认，作为工程价款支付的依据。工程师不按约定时间通知承包人，致使承包人未能参加计量，计量结果无效"。

2013年版、2017年版《建设工程施工合同(示范文本)》约定，"监理人未在收到承包人提交的工程量报表后的7天内完成复核的，承包人提交的工程量报告中的工程量视为承包人实际完成的工程量"。

一般而言，在提交工程量报表时应当一并上报进度付款申请单和相关证明文件，虽然1999年版《建设工程施工合同（示范文本）》中未明确建筑商在上报工程量表时需要提交进度款付款申请单，但建筑商也应当主动提交申请单，避免出现争议。

2013年版、2017年版《建设工程施工合同（示范文本）》则明确约定，“承包人应于每月25日向监理人报送上月20日至当月19日已完成的工程量报告，并附具进度付款申请单、已完成工程量报表和有关资料”。

FIDIC《施工合同条件》第14.3款也约定，“承包商应按工程师批准的格式在每个月末之后向工程师提交一式六份报表，详细说明承包商认为自己有权得到的款额，同时提交各证明文件，包括根据第4.21款［进度报告］，提交当月进度情况的详细报告”。

关于进度付款申请单的制作方式和制作内容，参照2013年版、2017年版《建设工程施工合同（示范文本）》通用条款第12.4.2项的约定，进度付款申请单应包括下列内容：截至本次付款周期已完成工作对应的金额；应增加和扣减的变更金额；约定应支付的预付款和扣减的返还预付款；约定应扣减的质量保证金；应增加和扣减的索赔金额；对已签发的进度款支付证书中出现错误的修正，应在本次进度付款中支付或扣除的金额；根据合同约定应增加和扣减的其他金额。

如果采用FIDIC《施工合同条件》，则根据FIDIC《施工合同条件》第14.3款第2段的约定，“该报表应包括下列项目（如适用），这些项目应以应付合同价格的各种货币表示，并按下列顺序排列：（a）截至当月末已实施的工程及承包商的文件的估算合同价值［包括变更，但不包括以下（b）段至（g）段中所列项目］；（b）根据第13.7款［法规变化引起的调整］和第13.8款［费用变化引起的调整］，由于立法和费用变化应增加和减扣的任何款额；（c）作为保留金减扣的任何款额，保留金按投标函附录中标明的保留金百分率乘以上述款额的总额计算得出，减扣直至雇主保留的款额达到投标函附录中规定的保留金限额（如有时）为止；（d）根据第14.2款［预付款］，为预付款的支付和偿还应增加和减扣的任何款额；（e）根据第14.5款［用于永久工程的永久设备和材料］，为永久设备和材料应增加和减扣的款额；（f）根据合同或其他规定（包括第20条［索赔、争端和仲裁］的规定），应付的任何其他的增加和减扣的款额；（g）对所有以前的支付证书中证明的款额的扣除”。

对于已完成工作量对应的金额，需要与已完工程量一致，施工合同一般会约定按照已完成工程量的一定比例支付工程进度款，此时建筑商需要分别写明已完成工程量、对应的实际工程进度款金额和本次应支付的工程价款进度款金额。发包人对应支付的工程价款进度款有争议的,应当将有争议的部分和无争议的部分在付款申请单上列明,分别处理:对于无争议的部分,应当详细列明工程数量、对应的实际工程进度款金额、本次应支付的工程进度款金额,并敦促监理进行审核并及时支付无争议部分的进度款;对于有争议的部分,建筑商应要求监理写明异议理由、对应的工程进度款金额,并且在一定期间内协商解决。但无论如何,建筑商应当向发包人明确对部分进度款的争议不能影响无争议部分进度款的支付,否则,发包人应承担违约责任。

对于停窝工损失的申报,建筑商应保留相关的凭证,并在合同约定的期限内进行申报,如果是与进度款一并申报的,应当付款申请单中单独列明应增加和扣减的索赔金额,并附相关的证据凭证。

需要特别提醒的是,1999 年版、2017 年版《建设工程施工合同(示范文本)》存在不同:2017 年版增加了工程进度款申请单。

(2)要求发包人在合同约定的期限内进行审核;发包人逾期审核的,根据合同约定,律师应协助建筑商发出已完工程量视为确认的函件。

发包人逾期审核,建筑商应根据合同约定要求发包人承担不利后果,如约定"逾期审核的,视为认可建筑商提交的进度付款申请单"。

1999 年版《建设工程施工合同(示范文本)》通用条款第 26.1 款约定,"在确认计量结果后 14 天内,发包人应向承包人支付工程款(进度款)"。需要注意的是,1999 年版《建设工程施工合同(示范文本)》没有明确约定审核期限,但约定了支付期限为 14 天,且 1999 年版《建设工程施工合同(示范文本)》未明确区分逾期审核的不利后果,而是直接约定了逾期支付的不利后果。因此如果采用 1999 年版《建设工程施工合同(示范文本)》,施工企业应在专用条款中明确审核期限以及逾期审核的不利后果。

2013 年版、2017 年版《建设工程施工合同(示范文本)》通用条款第 12.4.4 项约定,"除专用合同条款另有约定外,监理人应在收到承包人进度付款申请单以及相关资料后 7 天内完成审查并报送发包人,发包人应在收到后 7 天内完成审批并签发进度款支付证书。发包人逾期未完成审批且未提出异议的,视为已签发进度款支付证书"。

(3)发包人没有按照合同约定支付工程进度款的,律师应协助建筑商向发包人发出催款函,要求支付进度款、逾期付款的违约金和利息。

建筑商应在合同中明确支付期限，并且在合同履行过程中着重关注各支付节点，通常情况下，对于支付日期的推算应按照以下公式：提交付款申请单的时间节点＋审核期限＋支付期限＝支付时间节点，比如2013年版、2017年版《建设工程施工合同（示范文本）》通用条款第12.4.4项约定，“……（2）除专用合同条款另有约定外，发包人应在进度款支付证书或临时进度款支付证书签发后14天内完成支付”。因此，如果建筑商采用2013年版、2017年版《建设工程施工合同（示范文本）》，则审核期限14天加上支付期限14天共计28天。

FIDIC《设计、采购施工合同条件》第14.7款约定，“雇主应向承包商支付：（b）期中支付证书中开具的款额，时间是在工程师收到报表及证明文件之日起56天内……”因此，如果是国际工程并采用FIDIC《设计、采购施工合同条件》文本，则审核期限28天加上支付期限56天，整个付款期限可以长达84天。

建筑商应当要求发包人在合同约定的期限内完成支付，逾期支付工程进度款的，建筑商可以向发包人发出催款函，在催款中列明欠付的进度款、逾期付款的利息以及可能涉及的违约金和其他违约责任。

（4）经过催讨以后，仍未支付工程价款的，律师应提醒建筑商可以停工。

若发包人仍然拒不支付工程进度款，则建筑商可以在合同允许停工的情况下暂停施工，并要求发包人承担违约责任，支付停工期间的停工费用。如果合同明确约定不得擅自停工，则建筑商应尽早聘请律师团队，对相应的停工风险进行评估。

（5）停工后发包人仍未支付工程价款的，律师应当提醒建筑商可以发出书面通知解除合同，并及时提起诉讼或采取其他必要手段，维护自己的合法权益。

（6）律师应提醒建筑商根据《民法典》的规定，解除合同的除斥期间是1年，建筑商应当及时行使其权利，否则就会丧失合同的解除权。

3. 诉讼阶段

诉讼阶段，律师应帮助建筑商确定诉讼请求。

进度款诉讼涉及的诉讼请求主要包括：催讨进度款以及利息、违约金；停窝工损失；优先受偿权；诉讼费、财产保全费、财产保全的担保费由发包人承担。相关证据材料包括但不限于：招投标文件、合同、开工报告、月形象进度报表和申报表、已完工程的验收合格证明，已付款清单、工程量增加的设计变更、停窝工损失。

施工过程中解除合同的诉讼涉及的诉讼请求主要包括：解除合同；工程价款进行结算；支付结算款、利息及违约金；停窝工损失；优先受偿权；诉讼费、财产保全费、财产保全的担保费由发包人承担。相关证据材料包括但不限于：招标文件、月形象进度报告、催告程序文件、工程进度款的催告函、解除合同的通知(不能超过1年除斥期间),"烂尾楼"诉讼发解除合同的通知。

如果进度款经发包人全部确认,先对进度款进行诉讼,合同解除后的结算款另行起诉。确认部分进度款的,先对已确认部分的进度款进行诉讼,对有争议的部分进度款另行起诉;进度款诉讼完成后,再进行结算款诉讼。

如果建筑商认为继续施工已经不能实现合同目的,建筑商可以选择依据法定解除和约定解除条件发函解除合同,进而直接对工程结算款进行起诉,同时明确主张停窝工的损失(详见本书关于工期签证与索赔的法律服务产品)以及在发函解除合同后的18个月内及时主张涉案工程的优先受偿权。

实践中,比较常见的问题是当事人对未完工程主张工程价款时没有明确该款项是进度款还是结算款,也未明确向法院主张解除合同,对此法院将要求建筑商事先明确合同是否解除,从而确定其所主张工程价款的性质。

▶ 技巧1 帮助建筑商计算工程进度款利息(包括利息的起算时间和数额)

就利息的起算时间而言,《建设工程司法解释一》第27条规定,"利息从应付工程价款之日开始计付。当事人对付款时间没有约定或者约定不明的,下列时间视为应付款时间:(一)建设工程已实际交付的,为交付之日;(二)建设工程没有交付的,为提交竣工结算文件之日;(三)建设工程未交付,工程价款也未结算的,为当事人起诉之日"。

该条主要针对的是工程结算款的利息支付方式,对于工程进度款中的利息起算时间未予以明确。根据实务中的裁判规则,承包、发包双方在《施工承包合同》中明确约定工程价款支付时间的,利息从应付之日起计付;承包、发包双方仅约定每月进度款支付按完成量比例支付,但未明确约定付款时间的,应理解为每月支付,发包人延迟支付进度款的,建筑商可以分段计算工程价款利息;无法确定每月具体完成工程量或分段计算困难的,可按照最后一笔到期工程进度款或发包人收到建筑商催款函件之日起计算工程价款利息。①

需要注意的是,如果施工合同约定了建筑商的"开票义务",并将"开具足额发票"作为支付工程进度款前提,如约定"建筑商未按时足额提供发票的,当期付款时间顺

① 参见最高人民法院民事判决书,(2017)最高法民终358号。法院认为:"现已无法区分隆盛公司每月具体完成的工程量,原审基于实际情况,判定从晟盛公司收到隆盛公司发出的请求支付工程款联系函的时间,即2013年12月30日起作为利息起算日,并无不妥。"

延，发包人无须承担违约责任”等类似条款，此时虽然“开票义务”作为从合同义务并不影响建筑商向发包人主张给付工程进度款，但有可能导致以开票时间作为计算工程进度款逾期利息的起算时间。

▶ **技巧2　帮助建筑商整理和梳理诉讼证据，并写明要证明的诉讼请求和请求权基础**

证据资料的整理是确定诉讼风险和诉讼策略的重要前提，通常情况下涉及的证据资料有：(1)招标文件、投标文件、中标通知书(如有)；(2)备案合同、补充协议；(3)施工许可证；(4)进场通知书；(5)开工报告；(6)单项工程验收报告；(7)工程分部分项验收报告；(8)施工组织设计，包括施工进度计划表；(9)每月月形象进度报表、进度款付款申请单；(10)甲方每月的审核报表；(11)会议纪要、例会纪要；(12)承发包双方的往来函件；(13)签证索赔资料；(14)已付工程款清单；(15)内部承包协议(如有)。

▶ **技巧3　提醒建筑商在节点工程验收合格的基础上起诉**

由于质量合格是发包人支付工程进度款的前提，因此发包人对已施工工程的质量和已完工程的应付款提出抗辩的，建筑商应积极回应，提交相应的质量合格证明；在必要的情况下，还需要提出司法鉴定申请，对已完工程的质量或工程量进行鉴定。但是由于司法鉴定的耗时较长，建筑商应谨慎启动进度款的司法鉴定，根据涉案工程的进度款的具体情况，制定合理的诉讼策略。

四、风险提示

1. 注意申报资料签收人的权限问题。建筑商向发包人或监理单位提交的所有资料、与发包人或监理单位签订的所有协议，必须由合同约定或具有发包人、监理单位授权的签收人进行签收，并且加盖发包人、监理单位的公章。同时，建筑商应当妥善保存相关签收原件。

2. 在发包人欠付进度款的情况下，建筑商应当充分知晓并理解建筑商擅自中途停工、退场的相关法律风险，并且根据实际情况注意起诉工程进度款或解除合同起诉工程结算款的路径选择。

3. 建筑商应当严格按照合同约定办理设计变更的相关手续。

4. 注意变更估价的申报与审核期限问题。

3. 建筑商如何要求发包人按时进行工程款结算

一、产品的重要性、作用及适用范围

(一)重要性及作用

对建筑商来说,工程结算款的支付和调整问题是建设工程施工合同履行中的核心问题,直接关系项目是否亏损,以及建筑商是否有能力支付农民工工资及供应商的货款。

工程结算款的争议通常发生在两种情形下:一种是工程虽然已经竣工验收,但双方当事人对工程造价存在争议或双方确定工程造价后发包人迟延支付工程结算款;另一种是工程虽然未竣工验收,但已经无法实际履行或一方提前解除合同,导致对已完工程量提前进行结算,当事人对已完工程造价存在争议或双方确定工程造价后发包人迟延支付工程结算款。前一种涉及合同对工程结算的相应条款,只有正确运用结算条款实现工程款的支付和调整,才能在实现建筑商利益的最大化;后一种涉及合同解除后的相应条款和履行。

(二)适用范围

1. 适用内容:建设工程竣工结算价款。

2. 适用主体:建设工程施工合同中的建筑商。

二、产品典型案例

原告(反诉被告):×××建设工程集团有限公司(建筑商)

被告(反诉原告):上海×××房地产有限公司(发包人)

(一)基本案情

工程名称:×××3 期项目工程

工程地点:上海市松江区

工程内容:新建别墅工程

合同价款:28,600万元

合同工期:636日历天(不含装修工程和绿化景观工程工期)

承包范围:发包人提供的本工程施工图建筑红线范围内所表示的建筑、结构、装饰、安装、机电、室外总体、停车场、道路、绿化景观、设备采购等工程的施工和工程采购

承包方式:包工包料,甲方不指定分包和供应材料及设备

2012年7月5日、9日、11日,经过招投标过程,发包人分别就涉案工程A、B、C三个标段向建筑商发出书面中标通知书。2012年7月13日,建筑商与发包人签订《建设工程施工合同》,专用条款第26.4款约定:"发包人超过约定时间一个月仍未提交审价结束,承包人有权向发包人申请支付上报结算金额97%的工程款。"

2015年1月25日,发包人(甲方)、建筑商(乙方)和第三人上海××安装工程有限公司(丙方)签订《分包变更协议》,约定:"除乙方施工完成至主体结构以内的室内工程、消防通风水电、防火门窗等工程外的所有工程均由乙方分包给第三人施工,乙方承包范围内实际施工的工程须在2015年8月31日(宽限期15天)前完成,并及时验收移交。甲方须在乙方提交工程结算资料60天内审计完结,审计完结30天内支付至所有工程款的85%,其余12%工程款及预留3%工程款作为工程保修金按照双方原合同及备忘录的约定支付,甲方不得因丙方分包工程延期而影响对乙方已完工程款的结算审计及支付。"后双方签订《分包变更补充协议》。

2015年9月21日,建筑商实际施工的工程验收合格,并于2015年10月21日向发包人提交相应的结算资料,送审价为306,068,129.45元。但发包人迟迟未完成审价且未按约定支付工程款。根据合同约定,发包人应于60天内即2015年12月20日前审计完结,否则应在超过约定时间1个月内即2016年1月19日前向原告支付上报结算总额的97%的工程款即296,886,086元,发包人实际支付工程款仅为133,613,000元,被告尚欠付163,273,086元。

经建筑商多次催讨,发包人仍未支付欠付工程款。故建筑商诉至法院。

建筑商诉讼请求:(1)发包人向建筑商支付工程款163,273,086元;(2)发包人向建筑商支付±0.00以下的工程款的利息计14,833,354元(以228,205,453元为本金,按6.5%计算);(3)发包人向建筑商支付逾期付款违约金(包括工程预付款、进度款及结算款)暂计42,486,160.4元(按照逾期未付款年利率结算,要求支付至

判决生效之日止);(4)确认建筑商对涉案工程享有法定优先受偿权;(5)本案诉讼费、保全费、财产保全费或保险费由发包人承担。

(二)法院观点

1. 本诉

(1)关于付款条件是否成就。

法院认为,建筑商已经根据《分包变更协议》完成了施工内容并提交了竣工结算资料,且《分包变更补充协议》约定建筑商施工部分验收合格后视为建筑商施工部分已完工。根据相关司法解释的精神,在已完工程质量合格的情况下,发包人应当支付工程,故本案的付款条件已经成就。

(2)关于工程款数额的争议。

关于工程款是否应当上浮12%,法院认为,虽然建筑商现未能完成《建设工程施工合同》约定施工范围内的全部施工内容,但双方签订的《分包变更补充协议》约定建筑商施工部分验收合格后视为建筑商施工部分已完工,双方按以往签订的有关文件进行结算。现建筑商要求工程结算总价上浮12%,符合双方约定,应当予以支持。

关于社保缴纳费用630万元是否应当全额支付,法院认为,承发包人确认该630万元社会保障费系一次性包干费用,故该费用应针对建筑商工程承包范围内所有施工项目设定。现因建筑商系中途停止施工,未能实际完成其承包范围内的全部施工内容,故其要求发包人全额支付该笔社会保障费,依据不足。至于发包人应付的具体数额,发包人要求按照建筑商实际完成施工的比例来计取,而鉴定单位认为在本次鉴定范围内无法确定建筑商的实际施工的工程量占整个工程的比例,故法院综合双方施工合同情况酌情认定支付建筑商社会保障费504万元。

关于对±0.00以下工程款是否应当支付6.5%的利息,法院认为,根据《建设工程施工合同》专用条款第21.2款的约定,本工程建筑商垫资到工程的±0.00后,发包人一个月内向建筑商支付已完工程量70%的工程款,±0.00以下的工程款,发包人须向建筑商支付6.5%的利息。现建筑商据此要求发包人支付±0.00工程款的利息符合双方约定。

关于进度款的逾期付款违约责任,法院认为,《建设工程施工合同》专用条款第21.2款对工程款(进度款)支付的方式和时间作出了明确的约定。根据该约定,建筑商应在工程进行的每个月下旬(25日)之前按实际完成的工程量金额编制已完工作量报表(附进度预算)呈交发包人,次月5日前发包人审核完毕。现目前尚无证据显示,建筑商在其实际施工期间以按照上述合同约定的方式向发包人申请过工程进度款。虽然本案工程发包人已委托上海沪港建设咨询有限公司就系争工程全过程造价控制及结算审核进行服务,该公司出具相应的产值报告,但法院认为该产值报表不能证明建筑商完成了进度款的请款申请,且建筑商在施工过程中也未对逾期支付工程进度款提出过异议,故法院认为建筑商要求发包人承担进度款逾期的违约责任,于法无据。

关于结算款的逾期付款违约责任。法院认为,首先,《建设工程施工合同》对于延期支付工程结算款未约定违约金。其次,建筑商 2015 年 10 月 21 日提交结算资料,但当时双方对于承包人实际施工界面尚存在争议,2016 年 8 月 8 日双方才达成一致,并确定送审资料,故建筑商据此主张该笔逾期付款违约金依据不足。但考虑到建筑商确实于 2015 年 3 月 17 日向发包人移交了工程,并由案外人进场施工,且根据鉴定结论,发包人欠付工程款已超过 1 亿元,故建筑商确实存在利息损失。基于公平合理之原则,依据《分包变更协议》《建设工程施工合同》关于结算方式之约定,参照中国人民银行同期同类贷款利率,法院酌情认定由发包人向建筑商支付工程款的利息损失,其中本金 110,812,495.25 元(应付工程款总价的 97% - 已付工程款),自 2016 年 11 月 6 日起计算至实际支付之日止;本金 5,139,041.6 元(应付工程款总价的 1%),自 2017 年 11 月 13 日起计算至实际支付之日止。

根据 2018 年《建设工程司法解释二》(已失效)第 20 条①的规定:"未竣工的建设工程质量合格,承包人请求其承建工程的价款就其承建部分折价或者拍卖的价款优先受偿的,人民法院应予支持。"本案中,虽然承包人承包范围内剩余工程交由案外人继续施工,但鉴于承包人就其已完工部分提供了分部分项验收手续,且发包人对此予以认可,故可以认定承包人实际施工部分工程质量合格。依据上述司法解释,法院认为,建筑商有权主张其承建工程的价款就其承建部分折价或者拍卖的价款优先受偿。

2. 反诉

法院认为,发包人主张建筑商未能在 2015 年 8 月 31 日前完工,存在工期延误,故要求建筑商承担逾期竣工的违约责任并赔偿损失。对此,由于双方于 2014 年 11 月 30 日签署《备忘录》,将施工合同涉及的总工期分为三个标段分别执行,并约定每个标段均应在 2015 年 8 月 31 日前(宽限期 15 天)具备竣工验收条件,且明确约

---

① 可参考《建设工程司法解释一》第 39 条:"未竣工的建设工程质量合格,承包人请求其承建工程的价款就其承建工程部分折价或者拍卖的价款优先受偿的,人民法院应予支持。"

定该《备忘录》签署前因发包人和建筑商原因导致工期延误的，双方互不追究对方责任。且就发包人提出建筑商施工不当导致施工完成后出现大面积较严重的裂缝，施工人员不够等问题，发包人未能提供相关证据予以佐证，建筑商就其施工部分工程已提交分部分项验收合格的相关证据。故法院认为对发包人的反诉请求不予支持。

（三）判决结果

本案经司法审价，最终法院判决如下：(1)发包人应于本判决生效之日起15日内支付建筑商工程款人民币118,521,057.65元；(2)发包人应于本判决生效之日起15日内支付建筑商±0.00以下工程款利息人民币12,466,044.18元；(3)发包人应于本判决生效之日起15日内支付建筑商以人民币118,521,057.65元为本金自2016年11月6日起、以5,139,041.6元为本金自2016年11月13日起、以人民币2,569,520.8元为本金自2017年11月13日起，均计至实际支付之日止的按中国人民银行同期同类贷款利率计算的利息；(4)发包人逾期不支付上述第一项工程款的建筑商有权就该款项在涉案九洲大唐花园三期项目其实际施工部分工程折价或者拍卖的价款中优先受偿；(5)驳回建筑商的其余本诉请求。

产品说明书

（一）法律依据

《民法典》第509条第1款、第799条、第807条

《建设工程司法解释一》第9条、第26条、第27条

（二）实务操作要点

1. 工程的竣工验收程序

(1)提醒建筑商竣工验收的前提是工程验收合格。

(2)帮助建筑商督促发包人组织竣工验收，并提出修改意见，逾期竣工验收或提出修改意见的，视为已经竣工验收。

(3)对竣工日期有争议的，帮助承包认定竣工日期。

2. 工程结算款的支付程序

(1)建筑商应在竣工验收合格后根据合同约定，及时提交竣工结算资料和竣工结算申请单（或竣工结算报告）。

(2)建筑商应注意竣工结算款审核期限，发包人逾期审核的，及时要求发包人承担逾期审核的不利后果。

(3)建筑商对发包人审核的结算价格有异议的,应当根据合同该约定及时提出书面异议。

(4)建筑商应注意合同约定的竣工结算款的支付期限,发包人逾期支付工程结算的,建筑商应根据合同约定及时向发包人主张逾期支付的不利后果。

3. 工程结算款的调整

(1)设计变更导致对价格的调整。

(2)市场价格变化引起大幅度人工、材料价格变化导致对价格的调整。

4. 诉讼阶段

(1)帮助建筑商确定诉讼的对象。

(2)帮助建筑商确定诉讼请求。

(3)帮助建筑商整理和梳理诉讼证据。

(4)帮助建筑商制定诉讼策略。

三、产品内容

(一)法律依据

《民法典》

第509条第1款 当事人应当按照约定全面履行自己的义务。

第799条 建设工程竣工后,发包人应当根据施工图纸及说明书、国家颁发的施工验收规范和质量检验标准及时进行验收。验收合格的,发包人应当按照约定支付价款,并接收该建设工程。

建设工程竣工经验收合格后,方可交付使用;未经验收或者验收不合格的,不得交付使用。

第807条 发包人未按照约定支付价款的,承包人可以催告发包人在合理期限内支付价款。发包人逾期不支付的,除根据建设工程的性质不宜折价、拍卖外,承包人可以与发包人协议将该工程折价,也可以请求人民法院将该工程依法拍卖。建设工程的价款就该工程折价或者拍卖的价款优先受偿。

《建设工程司法解释一》

第9条 当事人对建设工程实际竣工日期有争议的,人民法院应当分别按照以下情形予以认定:

(一)建设工程经竣工验收合格的,以竣工验收合格之日为竣工日期;

（二）承包人已经提交竣工验收报告，发包人拖延验收的，以承包人提交验收报告之日为竣工日期；

（三）建设工程未经竣工验收，发包人擅自使用的，以转移占有建设工程之日为竣工日期。

第 26 条 当事人对欠付工程价款利息计付标准有约定的，按照约定处理。没有约定的，按照同期同类贷款利率或者同期贷款市场报价利率计息。

第 27 条 利息从应付工程价款之日开始计付。当事人对付款时间没有约定或者约定不明的，下列时间视为应付款时间：

（一）建设工程已实际交付的，为交付之日；

（二）建设工程没有交付的，为提交竣工结算文件之日；

（三）建设工程未交付，工程价款也未结算的，为当事人起诉之日。

（二）实务操作要点

1. 工程的竣工验收程序阶段

（1）提醒建筑商承建工程应符合竣工验收条件，并提交竣工验收申请。

1999 年版《建设工程施工合同（示范文本）》通用条款第 32.1 款约定，“工程具备竣工验收条件，承包人按国家工程竣工验收有关规定，向发包人提供完整竣工资料及竣工验收报告。双方约定由承包人提供竣工图的，应当在专用条款内约定提供的日期和份数”。1999 年版《建设工程施工合同（示范文本）》虽未明确竣工验收的具体条件，但明确应按照国家工程竣工验收有关规定进行竣工验收。

2013 年版、2017 年版《建设工程施工合同（示范文本）》通用条款第 13.2.1 项在 1999 年版的基础上细化了竣工验收的具体条件：“工程具备以下条件的，承包人可以申请竣工验收：（1）除发包人同意的甩项工作和缺陷修补工作外，合同范围内的全部工程以及有关工作，包括合同要求的试验、试运行以及检验均已完成，并符合合同要求；（2）已按合同约定编制了甩项工作和缺陷修补工作清单以及相应的施工计划；（3）已按合同约定的内容和份数备齐竣工资料。”

（2）帮助建筑商督促发包人组织竣工验收，并提出修改意见，逾期竣工验收或提出修改意见的，视为已经竣工验收。

根据 1999 年版《建设工程施工合同（示范文本）》的约定，“承包人按国家工程竣工验收有关规定，向发包人提供完整竣工资料及竣工验收报告。双方约定由承包人提供竣工图的，应当在专用条款内约定提供的日期和份数……发包人收到竣工验收报告后28天内组织有关单位验收,并在验收后14天内给予认可或提出修改意见。承包人按要求修改,并承担由自身原因造成修改的费用……发包人收到承包人送交的竣工验收报告后28天内不组织验收,或验收后14天内不提出修改意见,视为竣工验收报告已被认可”。

2013年版、2017年版《建设工程施工合同(示范文本)》通用条款第13.2.2项约定:“除专用合同条款另有约定外,承包人申请竣工验收的,应当按照以下程序进行:(1)承包人向监理人报送竣工验收申请报告,监理人应在收到竣工验收申请报告后14天内完成审查并报送发包人。监理人审查后认为尚不具备验收条件的,应通知承包人在竣工验收前承包人还需完成的工作内容,承包人应在完成监理人通知的全部工作内容后,再次提交竣工验收申请报告。(2)监理人审查后认为已具备竣工验收条件的,应将竣工验收申请报告提交发包人,发包人应在收到经监理人审核的竣工验收申请报告后28天内审批完毕并组织监理人、承包人、设计人等相关单位完成竣工验收。(3)竣工验收合格的,发包人应在验收合格后14天内向承包人签发工程接收证书。发包人无正当理由逾期不颁发工程接收证书的,自验收合格后第15天起视为已颁发工程接收证书。(4)竣工验收不合格的,监理人应按照验收意见发出指示,要求承包人对不合格工程返工、修复或采取其他补救措施,由此增加的费用和(或)延误的工期由承包人承担。承包人在完成不合格工程的返工、修复或采取其他补救措施后,应重新提交竣工验收申请报告,并按本项约定的程序重新进行验收。(5)工程未经验收或验收不合格,发包人擅自使用的,应在转移占有工程后7天内向承包人颁发工程接收证书;发包人无正当理由逾期不颁发工程接收证书的,自转移占有后第15天起视为已颁发工程接收证书。除专用合同条款另有约定外,发包人不按照本项约定组织竣工验收、颁发工程接收证书的,每逾期一天,应以签约合同价为基数,按照中国人民银行发布的同期同类贷款基准利率支付违约金。”

(3)对竣工日期有争议的,帮助承包认定竣工日期。

1999年版《建设工程施工合同(示范文本)》通用条款第32.4款约定,“工程竣工验收通过,承包人送交竣工验收报告的日期为实际竣工日期。工程按发包人要求修改后通过竣工验收的,实际竣工日期为承包人修改后提请发包人验收的日期”。

2013年版、2017年版《建设工程施工合同(示范文本)》通用条款第13.2.3项约定:“工程经竣工验收合格的,以承包人提交竣工验收申请报告之日为实际竣工日期,并在工程接收证书中载明;因发包人原因,未在监理人收到承包人提交的竣工验收申请报告42天内完成竣工验收,或完成竣工验收不予签发工程接收证书的,以提交竣工验收申请报告的日期为实际竣工日期;工程未经竣工验收,发包人擅自使用的,以转移占有工程之日为实际竣工日期。”

▶ 律师建议

如建筑商部分工程完工,则建筑商应当保证对已完工程已经验收且验收合格;在停工时,建筑商就应当与发包人达成协议,确认已完工程已经合格。对未能验收合格的已完工程,律师建议建筑商谨慎诉讼,以免诉讼后发包人对质量问题提起反诉。

2. 工程结算款的支付程序

(1)建筑商应在竣工验收合格后根据合同约定,及时提交竣工结算资料和竣工结算申请单(或竣工结算报告)。

建筑商应在工程竣工验收合格后及时向发包人提交竣工结算报告或竣工结算申请单,以及完整的竣工结算资料。

关于提交竣工资料的时间,1999年版、2013年版、2017年版《建设工程施工合同(示范文本)》通用条款中约定的提交时间都是竣工验收后的28天。

1999年版《建设工程施工合同(示范文本)》通用条款第33.1款约定,“工程竣工验收报告经发包人认可后28天内,承包人向发包人递交竣工结算报告及完整的结算资料,双方按照协议书约定的合同价款及专用条款约定的合同价款调整内容,进行工程竣工结算”。第33.5款约定,“工程竣工验收报告经发包人认可后28天内,承包人未能向发包人递交竣工结算报告及完整的结算资料,造成工程竣工结算不能正常进行或工程竣工结算价款不能及时支付,发包人要求交付工程的,承包人应当交付;发包人不要求交付工程的,承包人承担保管责任”。

2013年版、2017年版《建设工程施工合同(示范文本)》通用条款第14.1款约定,“除专用合同条款另有约定外,承包人应在工程竣工验收合格后28天内向发包人和监理人提交竣工结算申请单,并提交完整的结算资料,有关竣工结算申请单的资料清单和份数等要求由合同当事人在专用合同条款中约定”。

(2)建议建筑商提交的竣工结算资料,并且在竣工结算资料清单上注明清单上的资料是完整、真实、有效的,并且在签收时应要求发包人或监理在竣工结算资料清单的签收单上写明发包人已收到全部、完整的竣工资料。

一般而言,完整的竣工结算资料包括:招投标文件有关资料;施工总、分包合同、补充合同或施工协议书;工程图纸(全套:土建、安装)及图纸会审纪要;设计变更图纸、设计变更签证单及技术核定单;施工组织设计;施工过程中双方签证资料及对方相关签收文件;地质勘察报告;工程预(结)算书(加盖编制单位公章、预算员签章);甲供材料清单;主要材料分析表;主要材料差价的证明材料;工程形象进度月报表;建设单位预付工程款、垫付款明细表;其他相关资料。

除专用合同条款另有约定外,竣工结算申请单应包括以下内容:竣工结算合同价格;发包人已支付建筑商的款项;应扣留的质量保证金(已缴纳履约保证金的或提供其他工程质量担保方式的除外);发包人应支付建筑商的合同价款。

应注意,1999 年版《建设工程施工合同(示范文本)》中没有竣工结算申请单,而是竣工结算报告。

▶ 延伸问题　如果建筑商未提交完整的竣工结算资料,发包人能否以未提供竣工资料为由拒绝支付工程款?

对此,司法实践中存在争议。

第一种观点认为,在工程已经竣工验收合格且实际交付给发包人的情况下,发包人以建筑商交付竣工资料的次要义务抗辩其支付工程款的主要义务,与权利义务对等的公平原则不符,不具有合理性。

第二种观点认为,如果合同明确以提交完整的竣工结算资料作为支付工程结算款的前提,应当尊重当事人的意思自治,发包人能够以此为由免除逾期结算的不利后果,并且拒绝支付工程款。

第三种观点认为,如果建筑商提交的竣工结算资料不完整,发包人同样负有在一定期限内告知建筑商的义务,若发包人未在约定的期限内告知建筑商,仍应当视为发包人在约定的期限内不予答复,其应承担逾期答复的不利后果。

由于上述观点司法实践中均存在,因此求人不如求己,建筑商应注意提交完整的竣工结算资料。

(3)发包人收到建筑商提交的竣工结算资料和竣工结算报告(竣工结算申请单)后,应在合同该约定的期限内予以审核,逾期审核的,应承担相应不利的后果。

对此,各示范文本约定如下:

1999 年版《建设工程施工合同(示范文本)》通用条款第 33.2 款约定,“发包人收到承包人递交的竣工结算报告及结算资料后 28 天内进行核实,给予确认或者提出修改意见。发包人确认竣工结算报告后通知经办银行向承包人支付工程竣工结算价款……”

2013 年版、2017 年版《建设工程施工合同(示范文本)》通用条款第 14.2 款约定,“(1)除专用合同条款另有约定外,监理人应在收到竣工结算申请单后 14 天内完成核查并报送发包人。发包人应在收到监理人提交的经审核的竣工结算申请单后 14 天内完成审批,并由监理人向承包人签发经发包人签认的竣工付款证书……发包人在收到承包人提交竣工结算申请书后 28 天内未完成审批且未提出异议的,视为发包人认可承包人提交的竣工结算申请单,并自发包人收到承包人提交的竣工结算申请单后第 29 天起视为已签发竣工付款证书”。

需要注意的是,虽然 1999 年版、2013 年版、2017 年版《建设工程施工合同(示范文本)》都约定了 28 天的审核期限,但在逾期审核的后果方面有所不同。如果是采用 1999 年版《建设工程施工合同(示范文本)》,则因通用条款第 33.2 款未约定发包人逾期审核的后果,故建筑商应当在专用条款中明确约定逾期审核的,以送审价作为结算价款。如果采用 2013 年版、2017 年版《建设工程施工合同(示范文本)》,虽然在通用条款中已经明确约定了逾期审核以送审价为准的条款,但建筑商可以在专用条款中再次予以明确,尤其是发包人在专用条款中对相应结算条款进行修改时,建筑商坚持发包人逾期审核的,则视为发包人认可建筑商提交的竣工结算申请单(详见本书送审价相关法律服务产品)。

(4)建筑商对发包人审核的结算价格有异议的,应当根据合同约定及时提出书面异议。

1999 年版《建设工程施工合同(示范文本)》通用条款第 33.6 款约定,“发包人承包人对工程竣工结算价款发生争议时,按本通用条款第 37 条关于争议的约定处理”。

2013 年版、2017 年版《建设工程施工合同(示范文本)》通用条款第 14.2 款约定,“……(3)承包人对发包人签认的竣工付款证书有异议的,对于有异议部分应在收到发包人签认的竣工付款证书后 7 天内提出异议,并由合同当事人按照专用合同条款约定的方式和程序进行复核,或按照第 20 条[争议解决]约定处理。对于无异议部分,发包人应签发临时竣工付款证书,并按本款第(2)项完成付款。承包人逾期未提出异议的,视为认可发包人的审批结果”。

(5)建筑商应注意合同约定的竣工结算款的支付期限,发包人逾期支付工程结算款的,建筑商应根据合同约定及时向发包人主张逾期支付的利息、违约金。

发包人应在合同约定的期限内支付工程结算款,1999 年版《建设工程施工合同

(示范文本)》约定的期限是“收到竣工结算报告及结算资料后28天”;2013年版、2017年版《建设工程施工合同(示范文本)》约定的期限是发包人“在签发竣工付款证书后的14天内”,考虑2013年版、2017年版《建设工程施工合同(示范文本)》已经约定了28天的审核期限,因此建筑商应在收到竣工结算报告及结算资料后42天内支付工程结算款。

1999年版《建设工程施工合同(示范文本)》通用条款第33.3款约定,“发包人收到竣工结算报告及结算资料后28天内无正当理由不支付工程竣工结算价款,从第29天起按建筑商同期向银行贷款利率支付拖欠工程价款的利息,并承担违约责任。”第33.4款约定,“发包人收到竣工结算报告及结算资料后28天内不支付工程竣工结算价款,建筑商可以催告发包人支付结算价款。发包人在收到竣工结算报告及结算资料后56天内仍不支付的,建筑商可以与发包人协议将该工程折价,也可以由建筑商申请人民法院将该工程依法拍卖,建筑商就该工程折价或者拍卖的价款优先受偿”。

2013年版、2017年版《建设工程施工合同(示范文本)》通用条款第14.2款第2段约定,除专用合同条款另有约定外,发包人应在签发竣工付款证书后的14天内,完成对建筑商的竣工付款。发包人逾期支付的,按照中国人民银行发布的同期同类贷款基准利率支付违约金;逾期支付超过56天的,按照中国人民银行发布的同期同类贷款基准利率的2倍支付违约金。

3. 工程结算款的调整

(1)设计变更导致对价格的调整。

设计变更,是指建设工程在建设过程中对审查批准后的施工图设计文件的修改。

根据《建设工程司法解释一》第19条第2款的规定:“因设计变更导致建设工程的工程量或者质量标准发生变化,当事人对该部分工程价款不能协商一致的,可以参照签订建设工程施工合同时当地建设行政主管部门发布的计价方法或者计价标准结算工程价款。”

根据上述条文,在合同履行过程中对于设计变更和工程量增加的如何计价,即合同有约定的,从约定;没有约定的,按照当地建设行政主管部门发布的计价方法或者计价标准结算工程价款。

无论是总价合同,还是单价合同,1999年版、2013年版、2017年版《建设工程施工合同(示范文本)》都有以下类似约定:

第一,有相同项目的,按相同项目单价认定。

第二,无相同但有类似项目的,参照类似项目单价认定。

第三,没有相同或类似项目的,按照市场价或建筑商的采购价,价格组成按照投标报价中的组成,投标报价中的费率不变(税金、管理费、利润),按照合理成本与利润构成原则商定价格;无法协商认定的,参照签订建设工程施工合同时当地建设行政主管部门发布的计价方法或者计价标准结算工程价款。

第四,变更导致工程量变化幅度超过15%的,建筑商可以争取按照合理成本与利润构成的原则商定。

律师应指导建筑商在合同专用条款中约定"在合同履行过程中,因设计变更和工程量增加,工程价款的结算双方重新协商计价原则;协商不成的,按照国家法律法规、司法解释调整"。如果发包人不同意此约定,律师应建议建筑商在专用条款中约定合同履行过程中设计变更和工程量增加的计价原则为:按照建筑商的经验,如果信息价对建筑商有利,则以信息价为准;如果实际采购价有利,则以实际采购价为准;综合单价的组成按照投标报价的组价方式确定。

(2)市场价格变化引起大幅度人工、材料价格变化导致对价格的调整。

市场价格出现大幅波动时,在合同约定的风险范围内不作调整,在风险范围外进行调整,同时建筑商可以利用情势变更原则积极争取调整合同价款(详见本书人工、材料价格大幅上涨相关法律服务产品)。

4. 诉讼阶段

(1)帮助建筑商确定诉讼的对象。

诉讼对象的选择不仅关系建筑商主张权利的方式,还关系主张的权利能否最终执行到位。实践中,有些发包人本身资金困难,资不抵债,导致建筑商面临胜诉的情况下也无法取得工程款的窘境,为此建筑商应根据工程情况,在法律允许的框架内合理确定诉讼对象,最大限度地维护自身利益,在诉讼中追加工程款的担保人、工程的投资人或者其他适格的被告,要求其承担共同责任或连带责任。

(2)帮助建筑商确定诉讼请求,包括欠付结算款金额、欠付工程款利息和违约金、停窝工损失、优先受偿权。

对于符合送审价条件的,详见本书送审价相关法律服务产品。

关于涉案工程已经完工的,涉及的诉讼请求包括:

确认工程结算价;主张欠付工程结算款金额和利息及/或违约金;主张停窝工损失;优先受偿权;诉讼费、财产保全费、财产保全担保费由发包人承担。

关于工程未完工解除合同的，涉及的诉讼请求包括：

确认合同解除、已完工程的结算价格；主张欠付已完工程款的工程结算款和利息及/或违约金；主张停窝工损失；优先受偿权；诉讼费、财产保全费、财产保全担保费由发包人承担。

(3)帮助建筑商整理和梳理诉讼证据，包括招投标文件、开工报告、竣工报告、竣工验收文件、竣工结算资料、竣工结算申请单、签证单、联系单等。

证据资料的整理是确定诉讼风险和诉讼策略的重要前提，通常情况下涉及的证据资料有：招标文件、投标文件、中标通知书（如有）；备案合同、补充协议；施工许可证；进场通知书；开工报告；竣工验收报告及其备案证书（包括基础部分的验收报告、主体结构的验收报告）；工程分部分项验收报告；施工组织设计，包括施工进度计划表；结算资料签收单；每月月形象进度报表；甲方每月的审核报表；会议纪要、例会纪要；承发包双方的往来函件；签证索赔资料；已付工程款清单；交钥匙的签收凭证（如有）；内部承包协议（如有）；结算单、结算表。

(4)帮助建筑商梳理和分析主张诉讼中的争议焦点和确定诉讼策略。

①关于工程价款的确定。

约定固定总价，即当事人约定以图纸、工程量清单等进行合同价格计算，图纸、清单不变的，除了合同特别约定以外，竣工结算时合同总价不予调整，但以下情况除外：1)设计变更变化的可以调整。2)合同约定工程量浮动比例，未超过调整比例的不予调整，超过部分予以调整。3)合同约定价格浮动比例，人工、材料、机械价格在一定调整比例内不予调整，超过部分予以调整。

约定固定单价，即合同当事人约定以工程量清单及其综合单价进行合同价格计算、调整和确认的建设工程合同，在约定的风险范围内合同单价不作调整，而工程量按时结算。

约定可调价，即当事人约定按照某定额进行计算，并且在定额基础上进行工程价款的上浮或下浮的，一般需要聘请专业人员对工程进行测算。

②利息、违约金数额的确定。

根据《建设工程司法解释一》第26条的规定："当事人对欠付工程价款利息计付标准有约定的，按照约定处理。没有约定的，按照同期同类贷款利率或者同期贷款市场报价利率计息。"第27条规定："利息从应付工程价款之日开始计付。当事人对付款时间没有约定或者约定不明的，下列时间视为应付款时间：（一）建设工程已实际交付的，为交付之日；（二）建设工程没有交付的，为提交竣工结算文件之日；

(三)建设工程未交付,工程价款也未结算的,为当事人起诉之日。"

③关于如何主张停窝工损失。

在诉讼中,建筑商主张停窝工损失一般分为四个步骤:

第一个步骤:确定主张停窝工损失的合同依据和事实依据(包括施工组织设计、施工方案、施工日志、进度计划、现场管理记录、机械台班进出场记录、租赁合同、人员工资单等资料)。通常发包人和建筑商会在工程施工合同中约定可以索赔的事项,常见事项有:发包人未能按照合同约定提供施工条件,发包人未及时交付正式设计图纸、技术资料,发包人拖延付款,发包人指令停工及其他不可抗力事件等,此时建筑商可以根据合同约定,向发包人主张赔偿停窝工损失。

第二个步骤:确定停窝工损失的范围。建筑商在主张停窝工损失时,需要对其遭受的实际损失以及产生的原因承担举证责任。停窝工损失的范围,包括但不限于:人工停窝工费用,举证材料包括停工人员及待遇明细,工资支付清单及流水等;机械停窝工费,举证材料包括机械租赁合同、付款凭证、发票或收据、机械台班进出场记录等;物资设备照管费用,举证材料包括场地租赁合同、付款凭证、人工费用明细等;赶工费,举证材料包括发包人书面的赶工指令或签证、相关费用计价的凭证、付款凭证等;在疫情期间还可以考虑因物资紧缺造成的材料价格上涨、疫情防控措施费用等损失;其他给建筑商造成的损失。

第三个步骤:确定停窝工损失的责任分配。如果停窝工损失均由非建筑商原因引起,即因发包人原因,发包人指定分包人、监理人等其他第三人原因以及不可抗力、不利物质条件等非人为原因导致的工期延误,建筑商可以向发包人提起工期索赔。如果停窝工损失是由建筑商、发包人双方的责任引起的,则法院将依据双方责任的大小,合理分配损失。

第四个步骤:确定索赔的期限。

1999 年版《建设工程施工合同(示范文本)》通用条款约定了工期延长是 14 天,费用索赔是 28 天的期限,但 2013 年版、2017 年版都规定了 28 天的索赔期限,逾期视为放弃。

建议承包人在合同约定的期限内按照约定方式积极提出索赔,并保留相应证据,以免丧失索赔的权利(其他具体内容详见本书工期签证与索赔相关法律服务产品)。

④关于中途退场、解除合同时,主张工程结算款的注意事项。

建筑商应当在退场前或解除合同前要求发包人完成验收手续,并确保已完工程能够验收合格，由五方盖章。

建筑商应在退场前或解除合同前向发包人上报已完成工程量，要求发包人对已完工程量进行确认，并作为结算的依据。发包人不予确认或双方当事人对已完工程量有争议的，建筑商可以请公证单位对工作界面和已完工程量进行公证，保留相关的文字、影像、视音频证据。

建筑商在退场前或解除合同前应向发包人主张相关的停窝工损失，并要求发包人签订退场协议，对停窝工损失的金额和付款时间进行确认。

四、风险提示

1. 建筑商应注意申报资料签收人的权限问题。建筑商向发包人或监理单位提交的所有资料、与发包人或监理单位签订的所有协议，必须由合同约定或具有发包人、监理单位授权的签收人进行签收，并且加盖发包人、监理单位的公章。同时，建筑商应当妥善保存相关签收原件。

2. 建筑商应注意发包人在结算审核中提出的补充提交结算资料问题。实践中，发包人往往为了拖延审价或拖延支付工程款，以建筑商提交的结算资料不全为由要求建筑商补充提交结算资料。对此，建筑商应当根据实际情况谨慎应对。若建筑商提交的结算资料确实不完整，应当及时补充资料。

3. 在发包人欠付结算款的情况下，建筑商应当提前了解发包人的相关资产情况和工程产证的办理情况，及时查封发包人的财产以及工程的产证。这既是维护自己的切身利益，也是为了争取诉讼中的主动权。

4. 建筑商应当严格按照合同约定办理设计变更的相关手续。

5. 注意变更估价、索赔的申报与审核期限问题。

6. 律师应提醒建筑商在查封财产时不能超额查封。

4. 中标有效但招投标文件与中标合同不一致时，建筑商如何以招投标文件为准进行结算

一、产品的重要性、作用及适用范围

（一）重要性和作用

目前的招投标市场是发包人市场，建筑商通常处于较为弱势的地位。实践中经常出现一种情形：中标以后，由于招标人处于优势地位并认为中标的价格高于他的心理价位或者高于市场价，或者出于其他种种原因，其在中标价的基础上再次与投标人进行议价，最终导致最后签订的中标合同价格低于招投标文件。如果按照再次议价后的结算方式进行工程价款结算，显然对建筑商十分不利，也扰乱了招投标市场的秩序。故《建设工程司法解释一》第22条明确规定，此时应当以招投标文件为准进行工程价款结算。

当然，实践中也存在投标人认为中标价格过低，如果继续履行合同将要造成亏损，故投标人利用其某些优势地位要求在签订中标合同时提高合同价格，否则就要求解除合同的情况。此时也会出现招投标文件与中标合同不一致的情形，同样应当以招投标文件为准进行工程价款结算。但由于现在的建设工程市场是发包人市场，故这种情形十分少见。

本法律服务产品旨在出现中标有效但招投标文件与中标合同不一致的情况时，指导建筑商以招投标文件为准进行工程价款的结算。同时，本法律服务产品可指导建筑商投标报价，为建筑商预防风险的同时助其创造效益。

（二）适用范围

1. 适用的前提条件：经过强制招标投标，或者非强制招标投标项目经过行政主管部门监督下的招标投标的，且中标有效。

2. 适用内容：招投标文件与中标合同不一致时，建设工程施工合同价款的结算。

3. 适用主体:建设工程施工合同中的建筑商。

二、产品典型案例

案例1:

原告:中国××工程公司上海公司(建筑商)

被告:上海×××置业有限公司(发包人)

(一)基本案情

工程情况:该项目位于上海市××区

承包范围:桩基工程

发包种类:邀请招标

2008年12月2日,发包人向建筑商发出《投标邀请函》和招标文件,明确发包人将通过邀请招标的形式选定"××广场项目桩基工程"的承包单位。招标文件对本工程的施工技术要求和商务要求均进行了详细规定,同时明确:"本文件是各投标人编制投标文件的依据,也是招标人和中标人签订施工合同的依据,并将作为施工合同的附件之一,具有法律约束效力。"

根据招标文件的规定,本工程施工工期为390天,计划开工日期为2008年12月30日,工程采用综合单价和实际工程数量进行结算,综合单价闭口包干。

2008年12月24日,建筑商向发包人提交《投标书》。26日,发包人向建筑商发出《中标通知书》,确定由建筑商中标承建本工程,中标价为1.72亿元。工期为390天,一次性开工。

2009年1月,签订备案合同。

但是,双方实际履行的《××项目桩基础工程合同文件》将工期约定为分区开工,分段计算,即"本工程应于工程师发出开工指令的次日开始计算工期,整个工程于a.150个日历天内完成办公楼区域桩基,b.150个日历天内完成酒店区域桩基,c.240个日历天内完成裙房区域桩基"。

2009年4月2日,建筑商根据发包人的书面指令,正式进场施工。但在工程施工过程中,发包人的原因导致本工程分区施工,整个工程的工期延长至1600余天,给建筑商造成了巨额的经济损失。

双方遂产生争议,建筑商提起诉讼。

(二)争议焦点

本工程应当以招投标文件还是实际履行的合同为准进行结算。

（三）案件结果

该案例是笔者团队承办的经典案例之一，在笔者团队的努力下，终于认定本案以招投标文件为准结算工程价款，为建筑商争取到了3000万元的利益。

案例2：

原告：浙江××建筑集团股份有限公司（建筑商）

被告：××（上海）有限公司（发包人）

（一）基本案情

项目情况：该工程位于上海××区，“××花园一期A标”工程

承包范围：9#、10#、12#、13#、18#－22#住宅楼、室外总体、地下车库及会所的土建安装工程，建筑面积约61，230平方米

发包种类：本案项目是邀请招标

开工日期：2002年3月20日

竣工日期：2004年1月30日

发包人招标投标文件约定的结算原则为：材料价格按照投标时前1个月的上海信息价下浮3%结算，中标以后，单价不得调整，工程量按实结算。即招标投标文件结算原则为单价闭口，工程量按实结算。

备案合同的工程价款的结算原则为按照“上海93定额”结算，材料价格按照施工期间上海信息价格下浮3%进行结算。即备案合同的结算原则为单价可以调整，工程量也可以调整的全开口合同。

工程竣工以后，双方就结算原则发生争议，后建筑商诉至法院。

法院委托审计单位司法鉴定（审价），鉴定结果为：按照招标投标文件的结算原则，工程造价为1.2366亿元；按照备案合同的“上海93定额”结算原则，工程造价为1.1366亿元；两者造价相差1000万元。

（二）争议焦点

本案是以招标投标文件为准来结算工程价款，还是以备案合同以及之后签订的补充合同为准来结算工程价款。

从上述两个案例可以看出，以招投标文件和以中标合同来进行结算的结果存在非常明显的差距，对于建筑商最终能获得的工程价款及盈利空间有巨大影响。

产品说明书

（一）法律依据

《招标投标法》第46条第1款

《建设工程司法解释一》第22条、第23条

（二）实务操作

1. 指导建筑商确认建设项目是否属于强制招标投标的范围。
2. 指导建筑商在招投标的过程中避免中标无效的情况出现。
3. 指导建筑商审查招标文件。
4. 指导建筑商审查投标文件。
5. 指导建筑商在产生纠纷时进行诉讼。

三、产品内容

（一）法律依据

《招标投标法》

第46条第1款 招标人和中标人应当自中标通知书发出之日起三十日内，按照招标文件和中标人的投标文件订立书面合同。招标人和中标人不得再行订立背离合同实质性内容的其他协议。

《建设工程司法解释一》

第22条 当事人签订的建设工程施工合同与招标文件、投标文件、中标通知书载明的工程范围、建设工期、工程质量、工程价款不一致，一方当事人请求将招标文件、投标文件、中标通知书作为结算工程价款的依据的，人民法院应予支持。

第23条 发包人将依法不属于必须招标的建设工程进行招标后，与承包人另行订立的建设工程施工合同背离中标合同的实质性内容，当事人请求以中标合同作为结算建设工程价款依据的，人民法院应予支持，但发包人与承包人因客观情况发生了在招标投标时难以预见的变化而另行订立建设工程施工合同的除外。

（二）实务操作

1. 指导建筑商确认和审查建设项目是否属于强制招标投标的范围

律师在进行法律服务的时候，首先要准确判断本项目是否属于强制招标投标的范围，并根据项目是否属于强制招标投标的范围来作出不同的法律分析及律师

建议：

如果项目属于强制招标投标的范围，则提示当事人必须要进行招标投标，否则将导致建设工程施工合同无效，且将无法适用本产品。

如果项目不属于强制招标投标的范围，则提示当事人可以选择是否进行招标投标。若不进行招标投标则不适用《招标投标法》，同时也将无法适用本产品；若进行了行政主管部门监督下的招标投标，则也要受到《招标投标法》的约束，同时可以适用本产品。

(1)法律法规规定强制招标投标的范围。

《招标投标法》第3条规定："在中华人民共和国境内进行下列工程建设项目包括项目的勘察、设计、施工、监理以及与工程建设有关的重要设备、材料等的采购，必须进行招标：(一)大型基础设施、公用事业等关系社会公共利益、公众安全的项目；(二)全部或者部分使用国有资金投资或者国家融资的项目；(三)使用国际组织或者外国政府贷款、援助资金的项目。前款所列项目的具体范围和规模标准，由国务院发展计划部门会同国务院有关部门制订，报国务院批准。法律或者国务院对必须进行招标的其他项目的范围有规定的，依照其规定。"

故主要有以下3种必须经过招标的项目：

①大型基础设施、公用事业等关系社会公共利益、公众安全的项目。

根据《必须招标的工程项目规定》第4条、《必须招标的基础设施和公用事业项目范围规定》第2条的规定，大型基础设施、公用事业等关系社会公共利益、公众安全的项目，必须招标的具体范围包括：煤炭、石油、天然气、电力、新能源等能源基础设施项目；铁路、公路、管道、水运，以及公共航空和A1级通用机场等交通运输基础设施项目；电信枢纽、通信信息网络等通信基础设施项目；防洪、灌溉、排涝、引(供)水等水利基础设施项目；城市轨道交通等城建项目。

②全部或者部分使用国有资金投资或者国家融资的项目。

根据《必须招标的工程项目规定》第2条的规定，全部或者部分使用国有资金投资或者国家融资的项目包括：使用预算资金200万元人民币以上，并且该资金占投资额10%以上的项目；使用国有企业事业单位资金，并且该资金占控股或者主导地位的项目。

③使用国际组织或者外国政府贷款、援助资金的项目。

根据《必须招标的工程项目规定》第3条的规定，使用国际组织或者外国政府贷款、援助资金的项目包括：使用世界银行、亚洲开发银行等国际组织贷款、援助资金的项目;使用外国政府及其机构贷款、援助资金的项目。

需要注意的是,根据《必须招标的工程项目规定》第 5 条的规定:“本规定第二条至第四条规定范围内的项目,其勘察、设计、施工、监理以及与工程建设有关的重要设备、材料等的采购达到下列标准之一的,必须招标:(一)施工单项合同估算价在 400 万元人民币以上;(二)重要设备、材料等货物的采购,单项合同估算价在 200 万元人民币以上;(三)勘察、设计、监理等服务的采购,单项合同估算价在 100 万元人民币以上。同一项目中可以合并进行的勘察、设计、施工、监理以及与工程建设有关的重要设备、材料等的采购,合同估算价合计达到前述标准的,必须招标。”

(2)强制招投标范围的最新变化及要点提示。

2018 年 6 月 1 日生效的《必须招标的工程项目规定》以及 2018 年 6 月 6 日生效的《必须招标的基础设施和公用事业项目范围规定》(以下将两个规定简称新规)调整了必须招投标的工程项目范围。

新规与 2000 年 5 月 1 日生效的《工程建设项目招标范围和规模标准规定》(已失效,以下简称旧规)相比有如下变化:

①必须招标的工程建设项目范围缩小。

从资金来源的角度,新规定将“全部或者部分使用国有资金投资或者国家融资的项目”限定在使用预算资金 200 万元人民币以上并且该资金占投资额 10% 以上的项目,或者使用国有企业事业单位资金并且该资金占控股或者主导地位的项目,范围缩小。

对大型基础设施、公用事业等关系社会公共利益、公众安全的项目仅限于涉及国计民生的能源、交通、水利、通信领域基础设施项目,且取消兜底条款。即民营投资的科技、教育、文化、体育、旅游、卫生、社会福利、商品住宅项目均不再属于强制招标的范围。

要点提示:在审查一个建设项目是否属于必须招标的范围时,要分为两步。第一步,要审查其资金来源,若该项目使用的资金部分来自民间资本、部分来自新规所规定资金的(使用预算资金 200 万元人民币以上并且该资金占投资额 10% 以上或者使用国有企业事业单位资金并且该资金占控股或者主导地位),则应当强制招标。若项目所使用的资金全部来源于民间资本的,再到第二步审查项目性质,即审查项目的性质是否属于《招标投标法》《必须招标的基础设施和公用事业项目范围规定》规定的“关系社会公共利益、公众安全的项目”,若属于,则仍应强制招标;若不属于,则无须强制招标。

②提高了必须招标项目的规模标准。

与旧规相比,新规将勘察、设计、施工、监理以及与工程建设有关的重要设备、材料等采购的“必须进行招标项目”的金额分别提高了 1 倍,如将必须招标的施工单项合同的标准从原来的估算价 200 万元修改为 400 万元人民币以上;将必须招标的重要设备、材料等货物的采购的单项合同估算价 100 万元调整为 200 万元人民币以上;将勘察、设计、监理等服务采购单项合同估算价 50 万元调整为 100 万元人民币以上。

新规删除了旧规中“单项合同估算价低于第(一)、(二)、(三)项规定的标准,但项目总投资额在 3000 万元人民币以上的”的规定。

要点提示:本次调整大幅提高了必须招投标的单项合同、采购合同的标准限额。新规还将项目的勘察、设计、施工、监理以及与工程有关的重要设备、材料等的采购必须招标的金额范围,全部翻了 1 倍,包括:将施工单项合同由 200 万元提高到 400 万元人民币;重要设备、材料等货物的采购由 100 万元提高到 200 万元人民币;勘察、设计、监理等服务的采购由 50 万元提高到 100 万元人民币。此外,新规还新增了以下内容:“同一项目中可以合并进行的勘察、设计、施工、监理以及与工程建设有关的重要设备、材料等的采购,合同估算价合计达到前款规定标准的,必须招标。”该规定的目的在于防止发包人肢解发包,规避强制招标范围限制的行为。

另外,新规删除了旧规中规定建设工程项目总投资额在 3000 万元人民币以上的,该项目的勘察、设计、施工、监理以及与工程建设有关的重要设备、材料等的采购都必须招标的内容。按照原条文规定的文义解释,若存在某个建设项目的总投资额超过 3000 万元人民币,那么无论该项目需要采购任何重要设备、材料等均须通过招标方式进行,全无自主选择信赖供应商的自由,实践中也无法操作。对此进行修订,也在情理之中。

③新规明确了全国执行统一的规模标准。

在旧规施行中逐渐出现范围过宽、标准过低的问题。同时,各省区市根据旧规的规定,普遍制定了本地区必须招标项目的具体范围和规模标准,不同程度上扩大了强制招标范围,造成了规则不统一,进一步加重了市场主体负担。新规删除了旧规中“省、自治区、直辖市人民政府根据实际情况,可以规定本地区必须进行招标的具体范围和规模标准,但不得缩小本规定确定的必须进行招标的范围”的条文内容,明确全国适用统一规则,各地不得另行调整。尤其应当注意的是,民营投资的科技、教育、文化、体育、旅游、卫生、社会福利、商品住宅项目均不再属于强制招标的范围。

要点提示：建设项目是否属于必须强制招投标的范围，影响施工合同的效力，进而影响工程价款结算、违约金或损失赔偿主张等关键性问题，对建设工程领域发包人和建筑商双方均具有重要意义。

▶ 延伸问题1　必须公开招标的范围有哪些？

《招标投标法》第10条规定：招标分为公开招标和邀请招标。公开招标，是指招标人以招标公告的方式邀请不特定的法人或者其他组织投标。邀请招标，是指招标人以投标邀请书的方式邀请特定的法人或者其他组织投标。

《招标投标法实施条例》第8条规定："国有资金占控股或者主导地位的依法必须进行招标的项目，应当公开招标；但有下列情形之一的，可以邀请招标：（一）技术复杂、有特殊要求或者受自然环境限制，只有少量潜在投标人可供选择；（二）采用公开招标方式的费用占项目合同金额的比例过大。有前款第二项所列情形，属于本条例第七条规定的项目，由项目审批、核准部门在审批、核准项目时作出认定；其他项目由招标人申请有关行政监督部门作出认定。"

由此可见，必须依法招标的工程项目，如果全部使用国有资金，或国有资金投资占控股或主导地位的，应采用公开招标的形式，但是如果存在技术复杂、有特殊要求或者受自然环境限制，只有少量潜在投标人可供选择，或采用公开招标方式的费用占项目合同金额的比例过大这两种不适宜公开招标的情形，经国家计委或省、自治区、直辖市人民政府依法批准，则可以采取邀请招标的形式。

▶ 延伸问题2　应当公开招标的项目实际进行了邀请招标的法律后果是什么？

《招标投标法实施条例》第64条规定："招标人有下列情形之一的，由有关行政监督部门责令改正，可以处10万元以下的罚款：（一）依法应当公开招标而采用邀请招标……招标人有前款第一项、第三项、第四项所列行为之一的，对单位直接负责的主管人员和其他直接责任人员依法给予处分。"第80条规定，"国家工作人员利用职务便利，以直接或者间接、明示或者暗示等任何方式非法干涉招标投标活动，有下列情形之一的，依法给予记过或者记大过处分；情节严重的，依法给予降级或者撤职处分；情节特别严重的，依法给予开除处分；构成犯罪的，依法追究刑事责任：（一）要求对依法必须进行招标的项目不招标，或者要求对依法应当公开招标的项目不公开招标……"

因此，律师在提供法律服务时，一定要着重对建设项目进行审查并进行风险提示。一旦发现建设项目属于应该公开招标而未公开招标的项目，则应提示当事人存在合同无效的风险。

▶ 延伸问题3　非必须招标的建设工程项目经过招投标的,是否适用本法律服务产品?

可以适用。

笔者认为,对于不属于法律强制招标范围内的项目,发包人既然选择适用《招标投标法》,即选择了在公开、公平、公正的原则约束下选择中标人;投标人既然选择适用《招标投标法》,即选择了在公开、公平、公正的原则约束下进行投标。政府行政主管部门根据发包人的要求按照《招标投标法》规定的公开、公正、公平的原则监督招标投标全过程,并保证招标投标行为的合法性。如果允许招标人和中标人双方在招投标程序结束后另行签订与招投标文件不符的中标合同,或在经过招标投标并签订中标合同后再签订背离招标投标文件的合同,既损害了参加投标的其他第三人的合法利益,又损害了招标投标活动应有的公开、公平、公正和诚实信用原则。

因此,非必须招标的建设工程项目,实际上进行了政府招标投标管理部门监管下的招标投标程序的,其中标合同不得背离招投标文件,否则应当按照招投标文件结算工程价款;中标合同也不得另行签订背离中标合同实质性内容的其他施工合同,否则也应按照中标合同来结算工程价款。只有这样才能最大限度地保障招标投标的市场秩序,以及保障其他未中标的第三人的合法权益,才符合《招标投标法》的立法本意。

《建设工程司法解释一》第23条也已明确规定:"发包人将依法不属于必须招标的建设工程进行招标后,与承包人另行订立的建设工程施工合同背离中标合同的实质性内容,当事人请求以中标合同作为结算建设工程价款依据的,人民法院应予支持……"

因此,非必须招标的建设工程项目经过政府行政主管部门监督下的招投标的,也可以适用本法律服务产品。

2. 指导建筑商在招标投标的过程中避免中标无效的情况出现

本法律服务产品适用的前提是中标有效,故在招投标过程中应帮助建筑商避免中标无效的情况出现。

在建设工程领域,法律规定了许多导致中标无效的情形,主要包括投标人相互串通投标、招标人和投标人串通投标、实质性议价以及其他情形。因此,在确认中标是否有效时,就要严格审查建设项目是否存在《招标投标法》及《招标投标法实施条例》规定的中标无效的情形。

(1)投标人相互串通投标的情形。

《招标投标法》明确禁止投标人相互串通投标,若投标人相互串通投标,可能导致中标无效。除此之外,投标人还要承担罚款、没收违法所得、取消投标资格、吊销营业执照等行政责任,构成犯罪的,甚至要承担刑事责任。① 因此,建筑商在招投标过程中一定要做好风险防范,避免出现投标人相互串通投标的情形。

关于何为投标人相互串通投标,《招标投标法实施条例》第39条、第40条②已经对此作出了较为明确的列举式规定,建筑商在招投标之前应充分了解、予以避免。

(2)招标人和投标人串通投标的情形。

《招标投标法》明确禁止投标人与招标人串通投标,若投标人与招标人串通投标,可能导致中标无效。③ 除此之外,还要承担罚款、没收违法所得、取消投标资格、吊销营业执照等行政责任,构成犯罪的,甚至要承担刑事责任。因此,建筑商在招投标过程中一定要做好风险防范,避免出现投标人与招标人串通投标的情形。

关于何为投标人与招标人串通投标,《招标投标法实施条例》第41条④已经对此作出了较为明确的列举式规定,建筑商在招投标之前应充分了解,予以避免。

---

① 《招标投标法》第32条第1款规定,"投标人不得相互串通投标报价,不得排挤其他投标人的公平竞争,损害招标人或者其他投标人的合法权益"。第53条规定:"投标人相互串通投标或者与招标人串通投标的,投标人以向招标人或者评标委员会成员行贿的手段谋取中标的,中标无效,处中标项目金额千分之五以上千分之十以下的罚款,对单位直接负责的主管人员和其他直接责任人员处单位罚款数额百分之五以上百分之十以下的罚款;有违法所得的,并处没收违法所得;情节严重的,取消其一年至二年内参加依法必须进行招标的项目的投标资格并予以公告,直至由工商行政管理机关吊销营业执照;构成犯罪的,依法追究刑事责任。给他人造成损失的,依法承担赔偿责任。"

② 《招标投标法》第39条规定:"评标委员会可以要求投标人对投标文件中含义不明确的内容作必要的澄清或者说明,但是澄清或者说明不得超出投标文件的范围或者改变投标文件的实质性内容。"第40条规定:"评标委员会应当按照招标文件确定的评标标准和方法,对投标文件进行评审和比较;设有标底的,应当参考标底。评标委员会完成评标后,应当向招标人提出书面评标报告,并推荐合格的中标候选人。招标人根据评标委员会提出的书面评标报告和推荐的中标候选人确定中标人。招标人也可以授权评标委员会直接确定中标人。国务院对特定招标项目的评标有特别规定的,从其规定。"

③ 《招标投标法》第32条第2款规定,"投标人不得与招标人串通投标,损害国家利益、社会公共利益或者他人的合法权益"。

④ 《招标投标法》第41条规定,"中标人的投标应当符合下列条件之一:(一)能够最大限度地满足招标文件中规定的各项综合评价标准;(二)能够满足招标文件的实质性要求,并且经评审的投标价格最低;但是投标价格低于成本的除外"。

(3)实质性议价的情形。

《招标投标法》明确禁止投标人与招标人实质性议价,在确定中标人之前,若投标人与招标人就投标价格、投标方案等实质性内容进行谈判,可能导致中标无效。除此之外,招标人还可能被行政监督部门给予警告、处分等行政处罚。① 因此,建筑商在招投标过程中一定要做好风险防范,避免出现实质性议价的情形。

关于何为"实质性内容",在目前司法实践中存在一定的争议。

《建设工程司法解释一》第 2 条规定:"招标人和中标人另行签订的建设工程施工合同约定的工程范围、建设工期、工程质量、工程价款等实质性内容,与中标合同不一致,一方当事人请求按照中标合同确定权利义务的,人民法院应予支持。"第 22 条规定:"当事人签订的建设工程施工合同与招标文件、投标文件、中标通知书载明的工程范围、建设工期、工程质量、工程价款不一致,一方当事人请求将招标文件、投标文件、中标通知书作为结算工程价款的依据的,人民法院应予支持。"

可见,《建设工程司法解释一》已通过明确列举的方式将工程价款、建设工期、工程范围、工程质量等内容界定为实质性内容。另外,关于违约责任、工程价款支付方式、争议解决方式等是否构成实质性内容则存在一定的争议。

(4)其他情形。

通常来说,实践中最容易出现的三种导致中标无效的情形就是投标人相互串通投标情形、招标人和投标人串通投标情形、实质性议价情形。除此之外,还有一些《招标投标法》中明确规定将导致中标无效的情形需要注意,主要是其第 32 条第 3

① 《招标投标法》第 43 条规定:"在确定中标人前,招标人不得与投标人就投标价格、投标方案等实质性内容进行谈判。"第 55 条规定:"依法必须进行招标的项目,招标人违反本法规定,与投标人就投标价格、投标方案等实质性内容进行谈判的,给予警告,对单位直接负责的主管人员和其他直接责任人员依法给予处分。前款所列行为影响中标结果的,中标无效。"

款、第33条、第50条、第52条、第53条、第54条以及第57条的规定。[①]

关于何为以他人名义投标,以及以其他方式弄虚作假的行为,《招标投标法实施条例》第42条[②]已经对此作出了较为明确的列举式规定,建筑商在招投标之前应充分了解、予以避免。

通过对中标无效情形的分析,可见我国法律法规对招投标程序作出了较为严格的规定,以严厉打击招投标程序中的违法行为以规范招标投标市场的秩序。中标无效对招标人、中标人的实体权益都有重大的影响。因此,对中标效力的判断是至关重要的,律师在提供法律服务的时候,必须准确地提示当事人中标无效的情形和后果。

---

① 《招标投标法》第32条第3款规定,"禁止投标人以向招标人或者评标委员会成员行贿的手段谋取中标"。第33条规定:"投标人不得以低于成本的报价竞标,也不得以他人名义投标或者以其他方式弄虚作假,骗取中标。"第50条规定:"招标代理机构违反本法规定,泄露应当保密的与招标投标活动有关的情况和资料的,或者与招标人、投标人串通损害国家利益、社会公共利益或者他人合法权益的,处五万元以上二十五万元以下的罚款;对单位直接负责的主管人员和其他直接责任人员处单位罚款数额百分之五以上百分之十以下的罚款;有违法所得的,并处没收违法所得;情节严重的,禁止其一年至二年内代理依法必须进行招标的项目并予以公告,直至由工商行政管理机关吊销营业执照;构成犯罪的,依法追究刑事责任。给他人造成损失的,依法承担赔偿责任。前款所列行为影响中标结果的,中标无效。"第52条规定:"依法必须进行招标的项目的招标人向他人透露已获取招标文件的潜在投标人的名称、数量或者可能影响公平竞争的有关招标投标的其他情况的,或者泄露标底的,给予警告,可以并处一万元以上十万元以下的罚款;对单位直接负责的主管人员和其他直接责任人员依法给予处分;构成犯罪的,依法追究刑事责任。前款所列行为影响中标结果的,中标无效。"第53条规定:"投标人相互串通投标或者与招标人串通投标的,投标人以向招标人或者评标委员会成员行贿的手段谋取中标的,中标无效,处中标项目金额千分之五以上千分之十以下的罚款,对单位直接负责的主管人员和其他直接责任人员处单位罚款数额百分之五以上百分之十以下的罚款;有违法所得的,并处没收违法所得;情节严重的,取消其一年至二年内参加依法必须进行招标的项目的投标资格并予以公告,直至由工商行政管理机关吊销营业执照;构成犯罪的,依法追究刑事责任。给他人造成损失的,依法承担赔偿责任。"第54条规定:"投标人以他人名义投标或者以其他方式弄虚作假,骗取中标的,中标无效,给招标人造成损失的,依法承担赔偿责任;构成犯罪的,依法追究刑事责任。依法必须进行招标的项目的投标人有前款所列行为尚未构成犯罪的,处中标项目金额千分之五以上千分之十以下的罚款,对单位直接负责的主管人员和其他直接责任人员处单位罚款数额百分之五以上百分之十以下的罚款;有违法所得的,并处没收违法所得;情节严重的,取消其一年至三年内参加依法必须进行招标的项目的投标资格并予以公告,直至由工商行政管理机关吊销营业执照。"第57条规定:"招标人在评标委员会依法推荐的中标候选人以外确定中标人的,依法必须进行招标的项目在所有投标被评标委员会否决后自行确定中标人的,中标无效,责令改正,可以处中标项目金额千分之五以上千分之十以下的罚款;对单位直接负责的主管人员和其他直接责任人员依法给予处分。"

② 《招标投标法实施条例》第42条规定:"使用通过受让或者租借等方式获取的资格、资质证书投标的,属于招标投标法第三十三条规定的以他人名义投标。投标人有下列情形之一的,属于招标投标法第三十三条规定的以其他方式弄虚作假的行为:(一)使用伪造、变造的许可证件;(二)提供虚假的财务状况或者业绩;(三)提供虚假的项目负责人或者主要技术人员简历、劳动关系证明;(四)提供虚假的信用状况;(五)其他弄虚作假的行为。"

3. 指导建筑商审查招标文件

在招投标程序中，首先面临的问题就是如何审查招标文件。笔者认为，审查招标文件，最重要的就是审查招标文件的实质性内容，而工程价款结算原则就是实质性内容中最重要也是最核心的一项内容，其关联建筑商与发包人之间最重要的权利义务关系，应当重点审查。如果招投标文件和中标合同结算原则不同，显然属于实质性内容不一致，此时应当以招投标文件为准来结算工程价款。

(1)常见的合同价格形式。

2017年版《建设工程施工合同(示范文本)》提到的合同价格形式有以下三种：单价合同、总价合同、其他价格形式。

①单价合同。

单价合同，是指合同当事人约定以工程量清单及其综合单价进行合同价格计算、调整和确认的建设工程合同，在约定的范围内合同单价不作调整，而工程量按实结算。一般而言，合同双方应在合同中约定综合单价包含的风险范围和风险费用的计算方法，并约定风险范围以外的合同价格的调整方法。

②总价合同。

总价合同，是指当事人约定以图纸、工程量清单等进行合同价格计算，图纸、清单不变的，除了合同特别约定以外，竣工结算时合同总价不予调整。

③其他价格形式。

实践中比较常见的是定额计价合同。定额是指在正常施工条件下完成规定计量单位的合格建筑安装工程所消耗的人工、材料、施工机具台班、工期天数及相关费率等的数量基准。一个地区所制定的定额标准标志着该地区建筑安装工程施工的实际水平、平均水平。

(2)对中标合同与招投标文件的结算原则不一致，导致实质性内容不一致的认定。

若中标合同与招投标文件中的结算原则不同，则应认定二者实质性内容不一致。实践中较常见的情况如：

①招投标文件约定合同价格形式为总价合同，中标合同约定合同价格形式为单价合同，或约定为定额计价等其他价格形式；反之亦然。

②招投标文件约定在合同履行过程中，人工、材料涨跌超过±5%范围外可调，中标合同约定在合同履行过程中，人工、材料涨跌超过±8%范围外可调；反之亦然。

③在定额报价时，招投标文件约定了下浮率，中标合同未约定下浮率；反之

亦然。

在审查招标文件时一定要注意:包括但不限于上述种种情况构成结算原则不一致的情形,从实质上影响了最终的工程结算价,均可认定为招投标文件和中标合同实质性内容不一致。

4. 指导建筑商审查投标文件

适用本法律服务产品的前提,就是招投标文件和中标合同存在实质性内容的不同。因此,需要审查投标文件是否对招标文件作出实质响应。就目前而言,工程价款、建设工期、工程范围、工程质量等内容必定构成实质性内容。

(1)法律服务者应从法律意义上指导建筑商制作投标文件,确保对招标文件作出实质响应,防止出现废标。

在制作投标文件时,最重要的就是对招标文件作出实质响应,不能改变招标文件的实质性内容。比如,招标文件中明确合同形式采用总价合同的,投标时就应该采用总价合同报价,而不能在报价时改为单价合同报价或其他合同价格形式。

因此,在为建筑商提供法律服务时,一定要提醒当事人,在投标时对于工程范围、工程质量、建设工期等实质性内容均不能作出改变。一旦投标文件对招标文件的实质性内容作出改变,或未能对招标文件进行实质性响应,就存在被认定为废标的风险,很可能会失去重要的项目竞标机会,给建筑商造成巨大的损失。

(2)法律服务者应从法律意义上指导建筑商投标报价,为建筑商创造效益。

目前较常见也较合理的报价技巧是不平衡报价法。不平衡报价法,是指在一个工程项目的工程量有增有减时,保持项目的总投标报价不变,通过调整内部各个项目的报价以实现更高的经济效益。

一个成熟的建筑商往往能够在工程项目开建后预估出哪些项目的工程量会增加,哪些项目的工程量会减少。此时,将工程量在后续施工过程中会增加的分项工程的单价定得高于常规价,将另一些工程量在后续施工过程中会减少的分项工程的单价定得低于常规价,就能在总价不变的情况下在结算时获得更高的收益,同时也能在投标报价时获得优势。

在实践中常见的不平衡报价法的技巧是在总价不变的前提下,对于有信息价的材料,适当降低报价;对于没有信息价的材料,适当提高报价。例如,安装工程中的大部分材料是没有信息价的,投标人可以根据自己的评估适当提高报价;对于其他有信息价的材料可以适当降低报价,这样在评标的时候,这些项目与信息价对照时,就会取得低价优势。

采用不平衡报价法时应注意：在根据不平衡报价法调整各项报价时，调价的范围不能超过招标的要求。例如，某些招标文件会规定，材料价格不能低于信息价的90%或高于信息价的110%。此时，就要仔细审查招标文件，绝对不能突破招标文件的要求。

5. 指导建筑商在产生纠纷时进行诉讼

建设工程纠纷在涉诉时，由于专业性较强，通常需要专业的建筑领域律师来办理。

(1)关于如何提出诉讼请求。

①请求确认涉案工程以招投标文件结算工程价款的，应先就以何为准结算工程价款，提出一个确认之诉。

②请求判令被告向原告支付工程款的，应当以招投标文件中的结算条款为准计算出工程价款总价(且应当与建筑商自行制作的结算书相对应)，再减去已付款计算应付工程款。

③请求判令原告对涉案工程折价或拍卖的价款享有法定优先受偿权的，在诉讼请求中应当列明。同时，要注意审查涉案项目行使优先受偿权是否有阻碍(详见本书建设工程优先受偿权相关法律服务产品)。

需要特别注意的是，在诉讼中法院可能会要求明确主张优先受偿权的范围。目前实践中认为，优先受偿权的范围只包含工程价款本身，而不包含利息、违约金、停窝工损失等。

④请求判令被告向原告支付逾期利息的，应当注意以下几个要点：一是本金要分阶段计算。由于工程款的支付是分阶段的，每一个阶段的欠付款数额都是动态变化的，故逾期利息的本金应当以每个阶段的欠付款为基数进行计算。二是利率要分阶段计算。《全国法院民商事审判工作会议纪要》明确："自2019年8月20日起，中国人民银行已经授权全国银行间同业拆借中心于每月20日(遇节假日顺延)9时30分公布贷款市场报价利率，中国人民银行贷款基准利率这一标准已经取消。"因此，在2019年8月20日之前，利率应按照中国人民银行同期同贷计算；在2019年8月20日之后，应以全国银行间同业拆借中心公布的贷款市场报价利率，即LPR为标准计息。

当然，如果招投标文件本身对逾期利息计算已经有规定的，则应以规定为准。

关于应当付款的日期，根据《建设工程司法解释一》第27条的规定，利息从应付工程价款之日开始计付。当事人对付款时间没有约定或者约定不明的，下列时间视为应付款时间:建设工程已实际交付的,为交付之日;建设工程没有交付的,为提交竣工结算文件之日;建设工程未交付,工程价款也未结算的,为当事人起诉之日。

⑤请求判令被告向原告支付违约金的,应当及时审查合同中的违约条款,若有明确适用的违约条款,应当在计算出具体违约金数额后作为诉讼请求列明。

需要注意的是,主张违约金的前提是合同有效。并非所有的违约金都会得到认可,尤其在建设工程合同中经常出现天价违约金,此时的违约金可能会因为过分高于实际损失而被认定为过高,法院将根据实际损失情况裁量并予以减少。

另外,关于违约金和利息能否同时主张的问题,在实践中争议较大。例如,根据《浙江高院解答》第21条的规定,违约金和利息不能同时主张;而根据《北京高院解答》第36条的规定,违约金和利息可以同时主张。

⑥请求判令被告向原告支付停窝工损失的,应列明。实践中,建设工程或多或少会存在停工、窝工,尤其是一个建设工程已涉诉的情况下,停工、窝工的情形将更加普遍、严重,造成的经济损失也相当可观。因此,在提起诉请时也应及时整理停窝工相关材料,计算出停窝工损失的数额并作为诉讼请求列明。因发包人原因造成建筑商停工、窝工的,可以依据签证单或工作联系单、监理日志等证据材料,确定延误天数以及发生的人工费、机械、材料费等费用。对于工期延误明确,但是损失无法确定的,可以申请法院就停窝工损失委托司法鉴定。

⑦请求判令被告向原告返还投标保证金或履约保证金的,应一并列明。由于目前的建筑市场是发包人市场。因此,发包人往往会要求建筑商在投标时缴纳投标保证金,或要求建筑商缴纳履约保证金。但是,普遍存在工程竣工验收后,发包人仍迟迟不予退还保证金的情形。一旦涉诉,也应对是否缴纳了投标保证金或履约保证金进行审查,若有,则一并作为诉讼请求列明。

⑧请求判令本案诉讼费用、财产保全费、财产保全担保费或保险费均由被告承担的,应一并主张。为了保障优先受偿权的行使,建设工程案件通常会请求法院对涉案工程进行财产保全,由于建设工程案件标的金额较大,涉及的财产保全费、财产保全担保费或保险费也较高,故应当将相关费用列入诉讼请求一并主张。

(2)关于如何举证。

由于建设工程案件材料多、历时长、专业度高,在准备证据材料时困难较大,需要专业的建设工程律师来办理。

证据清单的范本及要点提示分列如下：

第一组证据	
证明建设工程施工合同法律关系成立（合同效力、招投标效力）	
1	建设工程施工合同
2	招标文件、投标文件、中标通知书
3	建设用地规划许可证、工程规划许可证、施工许可证

①建设工程施工合同。

证明内容：原告是涉案项目的承包人，被告是涉案项目的发包人，双方建设工程施工合同法律关系成立，原告有权主张工程款及优先受偿权；原被告在合同中约定了工程价款结算方式、逾期付款的利息标准、违约责任等。

要点提示：应重点列明其中的结算条款及争议部分。

②招标文件、投标文件、中标通知书。

证明内容：原告是涉案项目的投标人，被告是涉案项目的招标人；证明涉案项目经过合法有效的招投标过程，且招投标文件与中标合同存在实质性不一致。

要点提示：应重点列明其中的结算条款及争议部分，提示招投标文件与中标合同的区别之处。

③建设用地规划许可证、工程规划许可证、施工许可证。

证明内容：原被告双方间的施工合同关系成立。

第二组证据	
证明申请结算的工程价款	
4	工程造价结算书
	结算资料移交凭证

④工程造价结算书、结算资料移交凭证。

证明内容：涉案项目的结算造价，且原告已经向被告提交结算资料，但被告未予答复也未予支付。

要点提示：该结算书的结算造价，应以招投标文件为准计算，并与诉讼请求相对应。需要注意的是，工程最终的结算造价并不一定以单方提供的结算书为准，可能还要经过审价方可确认。对于结算资料的移交凭证，要保留好相应的邮寄凭证或签收凭证。实践中,部分发包人会拒收结算资料,此时要进行公证邮寄并提交公证邮寄的相关资料作为证据。

第三组证据	
证明建设工程的开竣工日期及工程质量	
5	开工报告
6	竣工验收报告、竣工验收备案表、工程交付凭证(如有)

⑤开工报告。

证明内容:涉案项目的开工日期。

要点提示:实践中,往往会出现多份开工报告。对于开工日期有争议的,可以参照《建设工程司法解释一》第8条来认定:“当事人对建设工程开工日期有争议的,人民法院应当分别按照以下情形予以认定:(一)开工日期为发包人或者监理人发出的开工通知载明的开工日期;开工通知发出后,尚不具备开工条件的,以开工条件具备的时间为开工日期;因承包人原因导致开工时间推迟的,以开工通知载明的时间为开工日期。(二)承包人经发包人同意已经实际进场施工的,以实际进场施工时间为开工日期。(三)发包人或者监理人未发出开工通知,亦无相关证据证明实际开工日期的,应当综合考虑开工报告、合同、施工许可证、竣工验收报告或者竣工验收备案表等载明的时间,并结合是否具备开工条件的事实,认定开工日期。”

⑥竣工验收报告、竣工验收备案表、工程交付凭证(如有)。

证明内容:涉案项目已经竣工验收合格,并证明竣工验收合格的日期。

要点提示:工程质量合格是主张工程价款的最重要前提,而竣工验收报告是证明工程质量合格的重要材料,必须确保其有效性、真实性、完整性,尤其要注意各方单位是否都已经进行签章。对于竣工日期若发生争议,可以参照《建设工程司法解释一》第9条来确定:“当事人对建设工程实际竣工日期有争议的,人民法院应当分别按照以下情形予以认定:(一)建设工程经竣工验收合格的,以竣工验收合格之日为竣工日期;(二)承包人已经提交竣工验收报告,发包人拖延验收的,以承包人提交验收报告之日为竣工日期;(三)建设工程未经竣工验收,发包人擅自使用的,以转移占有建设工程之日为竣工日期。”

第四组证据	
证明停窝工损失的原因、损失数额	
7	停窝工损失证明材料（人员考勤表、工资支付记录、机械设备租赁合同及支付凭证、材料采购合同及支付凭证等）
	计算表
	索赔凭证

⑦停窝工损失的证明材料、计算表、索赔凭证。

证明内容：因被告原因，导致原告停工、窝工，其间造成的损失。

要点提示：在实践中，对于停窝工损失的举证较为烦琐、复杂，通常需要提供人员考勤表、工资支付记录、机械设备租赁合同及支付凭证、材料采购合同及支付凭证等，具体的举证内容视停窝工的具体内容而调整。需要注意的是，通常在起诉时计算的停窝工损失并不准确，但至少应做到不漏报、少报。最终，工程的实际停窝工损失可能要经过审价方可确认。

同时，对于工期延误造成的损失，应当举证证明已经依据合同约定履行索赔程序，提交相应的邮寄凭证或者签收凭证。

一般来说，建筑商在施工工程中非常容易忽略对于停窝工材料的整理与收集，经常在涉诉时才匆忙整理，导致停窝工损失的证明材料大量缺失，最终导致相应的损失难以得到补偿。因此，必须在项目施工开始，就做好全过程的风险防范，及时保存、梳理停窝工的相关材料。一旦发生停窝工，就应及时索赔并保留好相应的凭证。

第五组证据	
证明行权费用	
8	财产保全担保费或保险费支付凭证

⑧财产保全担保费或保险费支付凭证。

证明内容：原告已实际支付财产保全担保费或保险费，以及具体金额。

其他证据	
9	投标保证金或履约保证金的支付凭证、催款凭证
10	其他材料

⑨投标保证金或履约保证金的支付凭证、催款凭证。

证明内容:原告曾向被告缴纳投标保证金或履约保证金,且被告经原告多次催讨至今未予以退还。

⑩其他材料。

根据诉讼请求的不同,还可能需要提供相应的证明材料。

四、风险提示

1. 要注意适用本法律服务产品的前提:适用该法律服务产品的前提是,项目是必须招标的建设工程项目,或者是非必须招标的建设工程项目在政府监督下的招投标的,这两种情况均可以适用本法律服务产品。

需要特别注意的是,如果是非必须招标的建设工程项目没有经过政府监督招投标,仅进行了私下招投标、私下议标的,不能适用本法律服务产品。

对于这一点,不仅律师在提供法律服务时要重点审查并作出风险提示,建筑商自身也要充分了解、重点把握。

2. 律师在提供法律服务时,一旦发现建设项目属于强制招投标项目却未进行招投标的,应当及时提示:若建设项目属于强制招投标项目却未进行招投标,必须进行招投标,否则将导致建设工程施工合同无效,且将无法适用本产品。

3. 律师在提供法律服务时,要重点审查建设项目的招投标过程,并确认是否存在串通投标、骗标、行贿等违法情形。一旦涉及前述违法情形,应当即刻作出风险提示,告知当事人将可能承担的民事、行政、刑事责任,并签署风险确认书。

5. 中标有效、中标合同有效，中标合同与补充合同不一致时，建筑商如何以中标合同为准进行结算

一、产品的重要性、作用及适用范围

（一）重要性和作用

在目前的招投标市场中，建筑商通常处于较为弱势的地位。实践中经常出现一种情形，即建筑商、发包人在按政府部门的监管要求实行招标投标程序并签订中标合同后，发包人为降低成本，利用其优势地位与建筑商另行签订价款较低的建设工程施工合同，或者采用签订补充协议的方式（包括以明显高于市场价格购买承建房产、无偿建设住房配套设施、让利、向建设单位捐赠财物等）变相降低工程价款。这种情况属于建设工程领域通常所称的“黑白合同”情形之一。此时，若以另行签订的建设工程施工合同或补充协议（黑合同）来结算工程价款，显然对建筑商十分不利，也扰乱了招投标市场。根据《建设工程司法解释一》第2条的规定，此时应当以中标合同为准进行工程价款结算。

当然，实践中也存在建筑商认为中标合同价格过低，如果继续履行合同将要造成亏损，故建筑商利用其某些优势地位要求在签订补充合同时提高合同价格，否则就要求解除合同的情形。此时也出现了中标合同与补充合同不一致的情况，应当以中标合同为准进行工程价款结算。但由于现在的建设工程市场是发包人市场，故这种情形十分少见。

本法律服务产品旨在在中标有效、中标合同有效，中标合同与补充合同不一致的情况下，指导建筑商以中标合同为准进行工程价款的结算。同时，本法律服务产品可指导建筑商签订中标合同与补充合同，为建筑商预防风险的同时助其创造效益。

（二）适用范围

1. 适用的前提条件：强制招标投标项目，或者非强制招标投标项目经过行政主管部门监督下的招标投标，且中标有效、中标合同有效。

2. 适用内容：中标合同与补充合同不一致时，建设工程施工合同价款的结算。

3. 适用主体：建设工程施工合同中的建筑商。

二、产品典型案例

案例1：

原告：××建设集团股份有限公司（建筑商）

被告：××广场投资有限公司（发包人）

（一）基本案情

项目情况：位于××省××市的××广场项目，系商场、办公综合体

发包范围：××广场一区及地下车库的土建、水电安装，建筑面积14万平方米

发包种类：本案项目系国有投资项目，属于必须招投标的项目

开工日期：2010年11月24日；竣工日期：2012年10月25日

2010年5月6日，案涉工程进行了合法有效的招投标程序，××广场投资有限公司向××建设集团股份有限公司发出中标通知书，确认××建设集团股份有限公司中标。

同年5月6日至6月9日，××建设集团股份有限公司与××广场投资有限公司根据中标通知书签订了备案合同，合同约定结算方式为“四川2009定额”，土建工程下浮5.5%，安装工程下浮8.5%。

6月9日，××广场投资有限公司对本项目进行招标备案；7月12日，××广场投资有限公司与××建设集团股份有限公司签订了实际履行合同，约定土建工程下浮10.5%，安装工程下浮13.5%。

工程竣工验收合格后，原被告双方因结算发生争议而诉至法院。

法院委托工程造价鉴定单位进行司法审价，鉴定结果为：按照备案合同约定的土建工程下浮5.5%，安装工程下浮8.5%结算，工程造价为9.85亿元；按照双方真实意思表示的实际履行合同约定土建工程下浮10.5%，安装工程下浮13.5%进行结算，工程造价为9.35亿元。两者相差5000万元。

（二）争议焦点

本案是以备案合同为准来结算工程价款，还是以双方实际履行的真实意思表示的合同为准来结算工程价款。

案例2：

原告：××建设集团有限公司（建筑商）

被告：××房地产开发有限公司（发包人）

（一）基本案情

项目情况：位于浙江省××市，系属酒店，建筑面积为13.7万平方米，包括1~3号楼、裙房、地下车库

发包种类：本案项目系民营投资的酒店项目，不属于强制招标投标的项目，即属非强制性招标投标项目，但双方经过了招标投标程序

2005年9月28日，发包人通过邀请招标方式，确定建筑商为该项目土建、安装工程的中标单位。双方根据中标通知书签订了一份用于备案的《建设工程施工合同》，约定，"按《2003年浙江省建设工程施工取费定额》规定结算工程价款"。同日，双方又签订了系属双方真实意思表示且已实际履行的《总承包合同补充协议》约定，"工程造价决算依据为《1994年浙江省建筑工程预算定额》"。

工程竣工验收合格后，双方因结算发生争议而诉至法院。

法院委托工程造价鉴定单位进行司法审价，鉴定结果为：按照备案合同约定的"浙江03定额"结算，工程价款为1.2702亿元；按照双方真实意思表示且实际履行的"浙江94定额"结算，工程造价为1.1797亿元。两者相差905万元。

（二）争议焦点

本案工程价款结算是以中标并经备案的合同中约定的"浙江03定额"的1.2702亿元为准，还是以实际履行且意思表示真实的《补充协议》中约定的"浙江94定额"的1.1797亿元为准。

产品说明书

（一）法律依据

《招标投标法》第46条第1款

《建设工程司法解释一》第2条第1款、第23条

（二）实务操作要点

1. 指导建筑商确认建设项目是否属于强制招标投标的范围。

2. 指导建筑商在招投标的过程中避免中标无效的情况出现。
3. 指导建筑商在签订合同时避免合同无效的情况出现。
4. 指导建筑商审查并签订中标合同。
5. 指导建筑商审查并签订补充协议。
6. 指导建筑商在产生纠纷时进行诉讼。

三、产品内容

（一）法律依据

《招标投标法》

第46条第1款　招标人和中标人应当自中标通知书发出之日起三十日内，按照招标文件和中标人的投标文件订立书面合同。招标人和中标人不得再行订立背离合同实质性内容的其他协议。

《建设工程司法解释一》

第2条第1款　当招标人和中标人另行签订的建设工程施工合同约定的工程范围、建设工期、工程质量、工程价款等实质性内容，与中标合同不一致，一方当事人请求按照中标合同确定权利义务的，人民法院应予支持。

第23条　发包人将依法不属于必须招标的建设工程进行招标后，与承包人另行订立的建设工程施工合同背离中标合同的实质性内容，当事人请求以中标合同作为结算建设工程价款依据的，人民法院应予支持，但发包人与承包人因客观情况发生了在招标投标时难以预见的变化而另行订立建设工程施工合同的除外。

（二）实务操作要点

1. 指导建筑商确认建设项目是否属于强制招标投标的范围

律师在进行法律服务时，首先要准确判断本项目是否属于强制招标的范围，并根据项目是否属于强制招标的范围来作出不同的法律分析及律师建议：

如果项目属于强制招标投标的范围，则提示当事人必须要进行招标投标，否则将导致建设工程施工合同无效，且将无法适用本产品。

如果项目不属于强制招标投标的范围，则提示当事人可以选择是否进行招标投标。若不进行招标投标则不适用《招标投标法》，同时也将无法适用本产品；若进行了行政主管部门监督下的招标投标，则也要受到《招标投标法》的约束，同时可以适用本产品。

关于强制招标投标的范围及其最新变化与要点提示等内容，已在本书“以招投标文件为准进行结算”的法律服务产品相关章节中有详细论述，在此不再展开。

需要重点提示的重要变化是，2018 年《必须招标的工程项目规定》发布后，民营投资的科技、教育、文化、体育、旅游、卫生、社会福利、商品住宅项目均不再属于强制招标的范围。

▶ 延伸问题 1　必须公开招标的范围有哪些？

必须依法招标的工程项目，如果全部使用国有资金，或国有资金投资占控股或主导地位，应采用公开招标的形式，但是如果存在技术复杂、有特殊要求或者受自然环境限制，只有少量潜在投标人可供选择，或采用公开招标方式的费用占项目合同金额的比例过大这两种不适宜公开招标的情形，经国家计委或省、自治区、直辖市人民政府依法批准，则可以采取邀请招标的形式。

律师在提供法律服务时，一定要着重对建设项目进行审查并进行风险提示。一旦发现建设项目属于应该公开招标而未公开招标的项目，则应提示当事人存在合同无效的风险。

关于该问题已在本书“以招投标文件为准进行结算”的法律服务产品相关章节中有详细论述，故在此仅作结论性表述，此处不再展开论述。

▶ 延伸问题 2　非必须招标的建设工程项目经过招投标的，是否适用本法律服务产品？

可以适用。

非必须招标的建设工程项目，实际上进行了政府招标投标管理部门监管下的招标投标程序，也应当适用本法律服务产品。

关于该问题的详细论述过程，已在本书“以招投标文件为准进行结算”的法律服务产品相关章节中有详细论述，故在此仅作结论性表述，此处不再展开论述。

2. 指导建筑商在招标投标的过程中避免中标无效的情况出现

本法律服务产品适用的前提是中标有效，故在招投标过程中应帮助建筑商避免中标无效的情况出现。

在建设工程领域，法律规定了许多导致中标无效的情形，主要为投标人相互串通投标情形、招标人和投标人串通投标情形、实质性议价情形以及其他情形。因此，在确认中标是否有效时，就要严格审查建设项目是否存在《招标投标法》及《招标投标法实施条例》中规定的中标无效的情形。

关于建设工程领域中标无效的情形，已在本书“以招投标文件为准进行结算”的法律服务产品相关章节中有详细论述，故此处不再展开论述。

3. 指导建筑商在签订合同时避免合同无效的情况出现

本法律服务产品适用的前提是合同有效，故应首先审查建设工程合同的效力，避免中标合同无效的情况出现。

需要注意的是，建设工程合同的效力，不仅受到《民法典》中对民事法律行为无效情形一般规定的约束，还受到《建设工程司法解释一》相关条款的约束。

(1)《民法典》对民事法律行为无效情形的一般规定。

《民法典》第 144 条规定，“无民事行为能力人实施的民事法律行为无效”。第 146 条规定，“行为人与相对人以虚假的意思表示实施的民事法律行为无效。以虚假的意思表示隐藏的民事法律行为的效力，依照有关法律规定处理”。第 153 条规定，“违反法律、行政法规的强制性规定的民事法律行为无效。但是，该强制性规定不导致该民事法律行为无效的除外。违背公序良俗的民事法律行为无效”。第 154 条规定，“行为人与相对人恶意串通，损害他人合法权益的民事法律行为无效”。第 508 条规定，“本编对合同的效力没有规定的，适用本法第一编第六章的有关规定”。

(2)《建设工程司法解释一》关于合同无效情形的规定。

《建设工程司法解释一》第 1 条规定：“建设工程施工合同具有下列情形之一的，应当依据民法典第一百五十三条第一款的规定，认定无效：(一)承包人未取得建筑业企业资质或者超越资质等级的；(二)没有资质的实际施工人借用有资质的建筑施工企业名义的；(三)建设工程必须进行招标而未招标或者中标无效的。承包人因转包、违法分包建设工程与他人签订的建设工程施工合同，应当依据民法典第一百五十三条第一款及第七百九十一条第二款、第三款的规定，认定无效。”第 3 条规定：“当事人以发包人未取得建设工程规划许可证等规划审批手续为由，请求确认建设工程施工合同无效的，人民法院应予支持，但发包人在起诉前取得建设工程规划许可证等规划审批手续的除外。发包人能够办理审批手续而未办理，并以未办理审批手续为由请求确认建设工程施工合同无效的，人民法院不予支持。”第 4 条规定：“承包人超越资质等级许可的业务范围签订建设工程施工合同，在建设工程竣工前取得相应资质等级，当事人请求按照无效合同处理的，人民法院不予支持。”第5条规定：“具有劳务作业法定资质的承包人与总承包人、分包人签订的劳务分包合同，当事人请求确认无效的，人民法院依法不予支持。”

总的来讲，建设工程领域中，导致建设工程合同无效的特殊情形大致可以分为以下三大类：第一，违反资质管理要求导致中标合同无效；第二，违反《招标投标法》的规定，中标无效导致中标合同无效或必须招标项目未经招标签订的建设工程合同无效；第三，未取得建设工程规划许可等审批手续导致中标合同无效。律师在提供法律服务的时候，必须准确地提示当事人合同无效的情形。

4. 指导建筑商审查并签订中标合同

由于本法律服务产品将以中标合同为准进行工程价款结算，因此在签订中标合同时，必须严格审查、把握中标合同的内容。

（1）审查中标合同的效力。

如前所述，建设工程合同具有特殊性，其合同效力不仅受到《民法典》中对民事法律行为无效情形一般规定的约束，还受到《建设工程司法解释一》相关条款的约束。

以中标合同为准结算工程价款，最基本的一个前提就是要保证中标合同是合法、有效的。因此，在签订中标合同时，首先要为建筑商审查其签订的中标合同的效力。在审查时，可参照前文中合同无效情形的相关情形，严格比照是否存在中标合同无效的情形，若存在合同无效的情形，应当及时补正使合同有效，或及时提示合同无效的风险及相应后果，提早做好应对之策。

（2）指导建筑商签订中标合同。

在实践中，由于发包人在建筑市场中具有较大话语权，在中标合同签订后另行签订的补充合同一般对于建筑商是较为不利的。此时，就要适用本法律服务产品为建筑商争取到更多的利益。因此，要指导建筑商在签订中标合同时，签订对自己更为有利的中标合同，主要是以下几个方面：

①审查中标合同的基本方法。

建筑商中标后，双方会就中标合同的内容展开磋商，建议从以下几点把握中标合同的签订。

第一，签订中标合同时，首先要确保中标合同内容与招投标文件的实质性内容一致。如果中标合同与招投标文件的实质性内容存在不一致，那么将以招投标文件的内容为准进行工程价款的结算。若中标合同的内容仍旧在客观上背离在先形成的招投标文件，则要及时作出风险提示并进行风险防范。

第二，要尽量对工程项目的名称、地址、工程内容、技术要求、施工方案、工程质量要求、工程工期、安全防护措施、双方权利义务、付款方式、违约责任、工程竣工结算、解决争议方式等内容加以明确，真实、清楚地以书面形式进行表述，避免使用容易引起歧义的字句订立中标合同。

第三，考虑到目前实践中工程价款讨要、工程结算都较为困难，在签订合同时应当重点审查工程价款支付时间节点、工程结算时间节点的相关条款，尽量约定较为明确、合理的工程价款支付时间节点（进度款的支付节点、结算价款的支付节点）、工程结算时间节点，避免工程价款支付、工程价款结算被无限期拖延。尤其要注意在政府项目中，尽量不要约定"以政府审计为准"的相关条款，届时发包方可能以政府审计未能完成为由拖延支付与结算。

第四，由于合同签订过程中，发包人是强势方，具有较大的话语权，因此建筑商很难抬高工程价款，且合同条款本身也无法背离在先的招投标程序中形成的招投标文件。此时，建筑商为自身利益考虑，就要重点把握变更和调差的相关条款，统筹考虑后续施工过程可能发生的变更与调差，利用市场经验进行一定的预判，尽量灵活签订变更和调差条款，使之对己方更为有利。

第五，把好合同评审关。建议遵照国家《建设工程施工合同（示范文本）》签订合同，保证条款的齐全、内容的完整，尽量减少苛刻的、单方面的约束性条款。要对专用条款中跟工程相关的一些具体要求和内容加以明确约定，尤其是要约定违约责任的限度，以防风险的扩大化。

②指导建筑商选用示范文本。

如前所述，承发包人签订建设工程施工合同应尽量使用《建设工程施工合同（示范文本）》。在实践中，绝大部分情况下承发包人也确实采用了《建设工程施工合同（示范文本）》，但在示范文本的版本选择上存在差异。

目前最新版本的《建设工程施工合同（示范文本）》是国家住房和城乡建设部、原国家工商行政管理总局印发的指导性示范文本。目前，示范文本共有 3 版，分别是 1999 年版、2013 年版、2017 年版《建设工程施工合同（示范文本）》。

虽然 2017 年版《建设工程施工合同（示范文本）》是最新版本的示范文本，但由于建设工程存在工期长的特点，目前仍旧有许多工程项目由于在很多年前就已经签订了建设工程合同，因此可能仍采用 2013 年版甚至是 1999 年版《建设工程施工合同（示范文本）》。无论采用何种示范文本，均不影响其合同效力。但是，由于旧版本示范文本中的部分约定，可能出现与现行最新的法律法规、计价方式并不匹配的情形，且最新版本的示范文本又是最完善、细致的，因此在签订新的建设工程施工合同时，笔者建议尽量采用2017年版《建设工程施工合同(示范文本)》。

另外，近年来工程总承包兴起，住房和城乡建设部国家市场监督管理总局(原国家工商行政管理总局)也发布了2011年版、2020年版《建设项目工程总承包合同示范文本》。

签订示范文本时，还要注意以下几点：

首先，《建设工程施工合同(示范文本)》并非强制性文本。《建设工程施工合同(示范文本)》主要是为了规范和指导建筑领域的合同签订过程，而其本身并非强制性文本。《建设工程施工合同(示范文本)》的说明部分第二点，明确说明了《建设工程施工合同(示范文本)》为非强制使用文本："二、《示范文本》的性质和适用范围：《示范文本》为非强制性使用文本。《示范文本》适用于房屋建筑工程、土木工程、线路管道和设备安装工程、装修工程等建设工程的施工承发包活动，合同当事人可结合建设工程具体情况，根据《示范文本》订立合同，并按照法律法规规定和合同约定承担相应的法律责任及合同权利义务。"

其次，应注意《建设工程施工合同(示范文本)》的优先顺序。《建设工程施工合同(示范文本)》通常分为三个部分：第一部分合同协议书、第二部分通用合同条款、第三部分专用合同条款。一般来说，若未经另行约定，当合同条款出现矛盾和冲突时，合同协议书优先于专用合同条款，专用合同条款又优先于通用合同条款。这一点在《建设工程施工合同(示范文本)》的合同文件优先顺序条款中通常会作约定，如2017年版《建设工程施工合同(示范文本)》通用合同就合同文件的优先顺序明确约定："组成合同的各项文件应互相解释，互为说明。除专用合同条款另有约定外，解释合同文件的优先顺序如下：(1)合同协议书；(2)中标通知书(如果有)；(3)投标函及其附录(如果有)；(4)专用合同条款及其附件；(5)通用合同条款；(6)技术标准和要求；(7)图纸；(8)已标价工程量清单或预算书；(9)其他合同文件。"上述各项合同文件包括合同当事人就该项合同文件所作出的补充和修改，属于同一类内容的文件，应以最新签署的为准。在合同订立及履行过程中形成的与合同有关的文件均构成合同文件组成部分，并根据其性质确定优先解释顺序。

最后，应注意如何修改《建设工程施工合同(示范文本)》。如前所述，一般来说，若未经另行约定，当合同条款出现矛盾和冲突时，合同协议书优先于专用合同条款，专用合同条款又优先于通用合同条款。在此时，确定适用某一版本的示范文本及合同文件优先顺序后，若要对相关的约定作出调整或修改，则应在专用合同条款及合同协议书中作出相应的调整或修改，并保证专用合同条款与合同协议书的内容尽量不冲突、矛盾，以充分规避纠纷。一般来说，通用条款是框架性的约定，通常不会对通用条款作出大的调整。

(3)注意在签订中标合同时把握机会、创造效益。

有的发包人不重视备案合同，认为这仅仅是走个过场，反而对签订补充协议更为重视，认为补充协议才是双方要实际履行的合同。因此，实践中，有的项目招投标过程全部交由建筑商来操作。这种情况下，建筑商要抓住机遇，签订对自己更有利的中标合同。

5. 指导建筑商审查并签订补充协议

实践中，双方签订的大部分补充协议是不利于建筑商的，因此建筑商往往不希望以补充协议来结算工程价款或确定双方权利义务关系。需要特别注意的是，在建设工程司法解释正式出台前，实践中经常出现招标人和中标人在中标合同之外就明显高于市场价格购买承建房产，无偿建设住房配套设施、让利，向建设单位捐赠财物等另行签订合同，变相降低工程价款的情形，故《建设工程司法解释一》第2条明确将此类变相降低工程价款的协议确定为无效。

但在某些特殊情形下，建筑商可能与发包人通过协商签订有利于建筑商的补充协议。由于补充协议可能被认定为“阴阳合同”而排除适用的风险极高，此时则要从不同的角度考虑补充协议的效力，尽可能使补充协议有效以使建筑商取得更高的经济效益。

若建筑商要与发包人签订补充协议，并要以该补充协议确定双方权利义务，则需要充分考虑：

(1)补充协议本身的效力。即审查补充协议本身是否存在《民法典》及《建设工程司法解释一》规定的合同无效的情形，避免补充协议本身效力出现瑕疵。可参照本章关于合同效力部分的内容进行审查。

(2)补充协议是否背离了中标合同的实质性内容。如前所述，当补充协议的内容背离了中标合同的实质性内容时，仍旧应当以中标合同为准确定承发包双方的权利义务关系。因此，若要以补充协议为准来结算工程价款或确定双方权利义务关系，则要确保补充协议的内容不被认定为背离中标合同的实质性内容。此时，应当把握好实质性内容的范围。

一般来讲，实践中允许变更中标合同内容的情况主要是：在合同履行过程中，客观情况和签订合同时相比发生了重大变化。这些情况下，根据招标投标的理论，双方可以依法另行签订补充协议调整合同价款或计价原则。实践中，常见的情况有以下几种：

①材料、人工价格大幅涨跌。一般来说，在合同中会约定材料、人工价格涨跌的调差方式及调差范围。若合同对材料、人工价格涨跌的调差方式及调差范围未作出约定，此时可以签订补充合同进行变更，这种变更不构成实质性变更。

②设计发生重大变更、工程量发生重大增减。在合同履行过程中，若因设计变更导致工程量增减或其他原因导致工程量增减，可以另行签订补充协议调整工程价款，不构成实质性变更。

③施工方案发生重大变化。在合同履行过程中，如果施工方案发生重大变化，如从先做高层后做低层变更为先做低层后做高层，导致工程价款发生变化，此时可以另行签订补充协议调整工程价款，不构成实质性变更。

6. 指导建筑商在产生纠纷时进行诉讼

（1）关于如何提出诉讼请求。

①请求确认涉案工程以中标合同结算工程价款的，应先就以何为准结算工程价款，提出一个确认之诉。

②请求判令被告向原告支付工程价款的，应当以中标合同中的结算条款为准计算出工程价款总价（且应当与建筑商自行制作的结算书相对应），再减去已付款计算应付工程款。

③请求判令原告对涉案工程折价或拍卖的价款享有法定优先受偿权的，在诉讼请求中应当列明。同时，要注意审查涉案项目行使优先受偿权是否有阻碍（详见本书建设工程优先受偿权相关法律服务产品）。

需要特别注意的是，在诉讼中法庭可能会要求明确主张优先受偿权的范围。目前实践中认为，优先受偿权的范围只包含工程价款本身，而不包含利息、违约金、停窝工损失等。

④请求判令被告向原告支付逾期利息的，应当注意以下几个要点：一是本金要分阶段计算，由于工程价款的支付是分阶段的，每一个阶段的欠付款数额都是动态变化的，故逾期利息的本金应当以每个阶段的欠付款为基数进行计算。二是利率要分阶段计算，《全国法院民商事审判工作会议纪要》明确："自 2019 年 8 月 20 日起，中国人民银行已经授权全国银行间同业拆借中心于每月 20 日（遇节假日顺延）9 时 30 分公布贷款市场报价利率，中国人民银行贷款基准利率这一标准已经取消。"因此，在 2019 年 8 月 20 日之前，利率应按照中国人民银行同期同贷计算；在

2019年8月20日之后,应以全国银行间同业拆借中心公布的贷款市场报价利率,即LPR为标准计息。

当然,如果招投标文件本身对逾期利息计算已经有规定的,则应以规定为准。

关于应当付款的日期,根据《建设工程司法解释一》第27条的规定来确定,利息从应付工程价款之日开始计付。当事人对付款时间没有约定或者约定不明的,下列时间视为应付款时间:建设工程已实际交付的,为交付之日;建设工程没有交付的,为提交竣工结算文件之日;建设工程未交付,工程价款也未结算的,为当事人起诉之日。

⑤请求判令被告向原告支付违约金的,应当及时审查合同中的违约条款,若有明确适用的违约条款,应当在计算出具体违约金数额后作为诉讼请求列明。

需要注意的是,主张违约金的前提是合同有效。并非所有的违约金都会得到认可,尤其在建设工程合同中经常出现天价违约金,此时的违约金可能会因为过分高于实际损失而被认定为过高,法院将根据实际损失情况裁量并予以减少。

另外,关于违约金和利息能否同时主张的问题,在实践中争议较大。例如,根据《浙江高院解答》第21条的规定,违约金和利息不能同时主张;而根据《北京高院解答》第36条的规定,违约金和利息可以同时主张。

⑥请求判令被告向原告支付停窝工损失的,应列明。实践中,建设工程或多或少会存在停工、窝工,尤其是一个建设工程已经诉讼的情况下,停工、窝工的情形将更加普遍、严重,造成的经济损失也相当可观。因此,在提起诉请时也应及时整理停窝工相关材料,计算出停窝工损失的数额并作为诉讼请求列明。因发包人原因造成建筑商停工、窝工的,可以依据签证单或工作联系单、监理日志等证据材料,确定延误天数以及发生的人工费、机械、材料费等费用。对于工期延误明确,但是损失无法确定的,可以申请法院就停窝工损失委托司法鉴定。

⑦请求判令被告向原告返还投标保证金或履约保证金的,应一并列明。由于目前的建筑市场是发包人市场。因此,发包人往往会要求建筑商在投标时缴纳投标保证金,或要求建筑商缴纳履约保证金。但是,普遍存在工程竣工验收后,发包人仍迟迟不予退还保证金的情形。一旦涉诉,也应对是否缴纳了投标保证金或履约保证金进行审查,若有,则一并作为诉讼请求列明。

⑧请求判令本案诉讼费用、财产保全费、财产保全担保费或保险费均由被告承担的,应一并主张。为了保障优先受偿权的行使,建设工程案件通常会请求法院对涉案工程进行财产保全,由于建设工程案件标的金额较大,涉及的财产保全费、财

产保全担保费或保险费也较高，故应当将相关费用列入诉讼请求一并主张。

(2)关于如何举证。

由于建设工程案件材料多、历时长、专业度高，在准备证据材料时困难较大，需要专业的建设工程律师来办理。

证据清单的范本及要点提示分列如下：

第一组证据	
证明建设工程施工合同法律关系成立(合同效力、招投标效力)	
1	建设工程施工合同(中标合同)
2	招标文件、投标文件、中标通知书
3	建设工程施工合同(补充合同)
4	建设用地规划许可证、工程规划许可证、施工许可证

①建设工程施工合同(中标合同)。

证明内容：原告是涉案项目的承包人，被告是涉案项目的发包人，双方建设工程施工合同法律关系成立，原告有权主张工程价款及优先受偿权；原被告签订的建设工程施工合同合法有效。

证明原被告在合同中约定了工程价款结算方式、逾期付款的利息标准、违约责任等。

要点提示：应重点列明其中的结算条款及争议部分。

②招标文件、投标文件、中标通知书。

证明内容：原告是涉案项目的投标人，被告是涉案项目的招标人；涉案项目经过合法有效的招投标过程。

要点提示：为了确保涉案中标合同能作为结算依据，首先要确认招投标文件与中标合同不存在实质性不一致的情况，此为中标合同作为结算依据的基本前提。

③建设工程施工合同(补充合同)。

证明内容：原被告在签订中标合同后，又签订了与中标合同实质性内容不同的补充合同。

要点提示：应当具体列明补充合同与中标合同实质性内容不同的相应条款。

④建设用地规划许可证、工程规划许可证、施工许可证。

证明内容：原被告双方间的施工合同关系成立。

第二组证据	
证明申请结算的工程价款	
5	工程造价结算书
	结算资料移交凭证

⑤工程造价结算书、结算资料移交凭证。

证明内容:涉案项目的结算造价,且原告已经向被告提交结算资料,但被告未予答复也未予支付。

要点提示:该结算书的结算造价,应以中标合同为准计算,并与诉讼请求相对应。需要注意的是,工程最终的结算造价并不一定以单方提供的结算书为准,可能还要经过审价方可确认。对于结算资料的移交凭证,要保留好相应的邮寄凭证或签收凭证。实践中,部分发包人会拒收结算资料,此时要进行公证邮寄并提交公证邮寄的相关资料作为证据。

第三组证据	
证明建设工程的开竣工日期及工程质量	
6	开工报告
7	竣工验收报告、竣工验收备案表、工程交付凭证(如有)

⑥开工报告。

证明内容:涉案项目的开工日期。

要点提示:实践中,往往会出现多份开工报告。对于开工日期有争议的,可以参照《建设工程司法解释一》第8条来认定:"当事人对建设工程开工日期有争议的,人民法院应当分别按照以下情形予以认定:(一)开工日期为发包人或者监理人发出的开工通知载明的开工日期;开工通知发出后,尚不具备开工条件的,以开工条件具备的时间为开工日期;因承包人原因导致开工时间推迟的,以开工通知载明的时间为开工日期。(二)承包人经发包人同意已经实际进场施工的,以实际进场施工时间为开工日期。(三)发包人或者监理人未发出开工通知,亦无相关证据证明实际开工日期的,应当综合考虑开工报告、合同、施工许可证、竣工验收报告或者竣工验收备案表等载明的时间,并结合是否具备开工条件的事实,认定开工日期。"

⑦竣工验收报告、竣工验收备案表、工程交付凭证(如有)。

证明内容:涉案项目已经竣工验收合格,并证明竣工验收合格的日期。

要点提示：工程质量合格是主张工程价款的最重要前提，而竣工验收报告是证明工程质量合格的重要材料，必须确保其有效性、真实性、完整性，尤其要注意各方单位是否都已经进行签章。对于竣工日期若发生争议，可以参照《建设工程司法解释一》第9条来确定："当事人对建设工程实际竣工日期有争议的，人民法院应当分别按照以下情形予以认定：（一）建设工程经竣工验收合格的，以竣工验收合格之日为竣工日期；（二）承包人已经提交竣工验收报告，发包人拖延验收的，以承包人提交验收报告之日为竣工日期；（三）建设工程未经竣工验收，发包人擅自使用的，以转移占有建设工程之日为竣工日期。"

第四组证据	
证明停窝工损失的原因、损失数额	
8	停窝工损失证明材料（人员考勤表、工资支付记录、机械设备租赁合同及支付凭证、材料采购合同及支付凭证等）
	计算表
	索赔凭证

⑧停窝工损失的证明材料、计算表、索赔凭证。

证明内容：因被告原因，导致原告停工、窝工，其间造成的损失。

要点提示：在实践中，对于停窝工损失的举证较为烦琐、复杂，通常需要提供人员考勤表、工资支付记录、机械设备租赁合同及支付凭证、材料采购合同及支付凭证等，具体的举证内容视停窝工的具体内容而调整。需要注意的是，通常在起诉时计算的停窝工损失并不准确，但至少应做到不漏报、少报。最终，工程的实际停窝工损失可能要经过审价方可确认。

同时，对于工期延误造成的损失，应当举证证明已经依据合同约定履行索赔程序，提交相应的邮寄凭证或者签收凭证。

一般来说，建筑商在施工过程中非常容易忽略对于停窝工材料的整理与收集，经常在涉诉时才匆忙整理，导致停窝工损失的证明材料大量缺失，最终导致相应的损失难以得到补偿。因此，必须在项目施工开始，就做好全过程的风险防范，及时保存、梳理停窝工的相关材料。一旦发生停窝工，就应及时索赔并保留好相应的凭证。

第五组证据	
证明行权费用	
9	财产保全担保费或保险费支付凭证

⑨财产保全担保费或保险费支付凭证。

证明内容:原告已实际支付财产保全担保费或保险费,以及具体金额。

其他证据	
10	投标保证金或履约保证金的支付凭证、催款凭证
11	其他材料

⑩投标保证金或履约保证金的支付凭证、催款凭证。

证明内容:原告曾向被告缴纳投标保证金或履约保证金,且被告经原告多次催讨至今未予以退还。

⑪其他材料。

根据诉讼请求的不同,还可能需要提供相应的证明材料。

6. 中标无效、中标合同无效时，建筑商如何以实际履行合同为准进行结算

一、产品的重要性、作用及适用范围

（一）重要性和作用

由于建设工程领域招投标程序及合同效力都受到法律的严格约束，因此在实践中时常会出现中标无效、承发包人签订的多份建设工程施工合同均无效的情形。此时，如何结算工程价款就成了实践中的难题。《建设工程司法解释一》第 24 条明确规定，在多份合同均无效时，若能确定实际履行的合同，应参照实际履行合同关于工程价款的约定结算工程价款；无法确定实际履行的合同的，则参照最后一份合同关于工程价款的约定结算工程价款。

因此，如何确定实际履行合同就成了一个至关重要的问题。若建筑商不对此做好充分准备，导致实际履行的合同无法确定，或经法院或仲裁机构最终认定的实际履行的合同对自身不利，势必会导致工程价款结算脱离可控范围，最终给建筑商带来巨大损失。

本法律服务产品旨在中标无效、中标合同及另行签订的其他多份建设工程施工合同均无效的情况下，帮助建筑商以有利于己方的实际履行的合同为准进行工程价款结算。同时，本法律服务产品可指导建筑商在施工过程中以相对有利的方式实际履行建设工程施工合同，为建筑商预防风险的同时创造效益。

（二）适用范围

1. 适用的前提条件：强制招标投标项目，或者非强制招标投标项目经过行政主管部门监督下的招标投标，中标无效且中标合同无效。

2. 适用内容：中标无效、中标合同及另行签订的其他多份建设工程合同均无效时，建设工程施工合同价款的结算。

3.适用主体:建设工程施工合同中的建筑商。

二、产品典型案例

案例1:

原告:上海××建设集团有限公司(建筑商)

被告:连云港××房地产开发有限公司(发包人)

(一)基本案情

项目位于××省××市,系商品房开发项目,总建筑面积55,000平方米,经过公开招标投标,由建筑商中标总承包,中标价格为7600万元。双方另行签订的补充合同造价为11,000万元。合同工期为2011年7月20日至2014年5月30日。

建筑商与发包人双方经私下确定承发包意向后,建筑商于2011年5月进场,在5月5日召开第一次工程例会,陆续安排施工管理人员到场,采购施工设备及材料,并按被告要求进行相关施工。

2011年6月30日双方签订一份《备忘录》,其内容为:"鉴于,甲方与乙方因工程项目招投标及办理开工前的各项手续需要,故根据甲方的要求,双方按甲方的要求先行招投标并按招投标签署备案合同。现双方一致确认:一、上述招投标及合同仅作为向政府有关部门备案之用,双方均不实际履行。二、双方尽快就该项目的工程建设合同条款达成一致,另行签署正式的建设工程施工合同补充协议,作为双方之间权利和义务的真实依据。三、在签署正式的建设工程施工合同补充协议之前,任何一方无权要求另一方履行按照招投标签订的备案合同。"

2011年7月8日,经招投标,该项目由建筑商中标,双方于2011年7月11日签订备案合同。备案合同对合同价款与结算条款的主要约定内容:(1)采用固定单价合同,工程量清单报价,工程量清单除非出现约定的情形否则结算时不予调整;(2)价格需要调整的项目定额按2004年江苏省计价表执行,材料价格按施工期间连云港市材料信息指导价(其他按现行有关规定计算后下浮10%)。之后,双方签订《××工程施工项目补充合同》。补充合同对合同价款和结算的主要约定内容:(1)双方约定结算依据为:上海市1993年《上海市建筑工程综合预算定额》《上海市建筑工程预算定额》《全国统一安装工程预算定额上海市单位估价汇总表》及相应的取费标准。工程总造价下浮5%(人工费用、核价材料不参与总价下浮)。

工程开工报告日期为:2011年7月20日。竣工验收报告验收日期为:2014年12月21日。

工程完工后，由于各种原因，建筑商于2015年9月15日将结算书提交给发包人，按照补充合同上海定额结算送审造价共计150,112,331元，发包人主张按照备案合同江苏定额审计，双方结算标准不一致导致纠纷，建筑商于2016年10月向发包人提起诉讼。

（二）原告诉讼请求

1. 请求法院对“××工程”依法进行结算并确认工程造价；

2. 请求判令被告向原告支付工程款（包括工程进度款、结算款）65,957,917元（具体以司法审价为准）；

3. 请求判令被告支付逾期付款利息暂计7,538,365.2元；

4. 请求法院确认原告对“××工程”拍卖或变卖折价款享有法定优先受偿权；

5. 请求判令本案诉讼费用、财产保全费及为办理财产保全支付的保险费或财产保全担保费均由被告承担。

（三）争议焦点

涉案工程价款应当以中标合同（备案合同）为准进行结算还是以实际履行的合同（补充合同）为准进行结算。

建筑商主张：由于本项目违反《招标投标法》的规定，当事人之间存在议标、实质性谈判、明标暗定等情况，故本案招投标无效；进而认定备案合同和补充合同均无效。故此，建筑商主张本案工程价款应参照实际履行的补充合同约定进行结算。

本案发包人主张本案备案合同有效，即使本案备案合同和补充合同均无效，也应当参照中标合同（备案合同）进行结算。

后双方分别就自己的主张向法院申请工程造价司法鉴定。经司法审价，按照备案合同审价得出的工程造价为102,744,515.92元；按照补充合同审价得出的工程造价为129,960,859元，两者差价27,216,343元，差距巨大。

（四）判决结果

法院作出一审民事判决认定：根据原告与被告在涉案工程招标投标之前已经进行了实质性接洽，故双方招标投标行为违法，中标无效。因此，原告、被告双方签订的施工合同文件及补充合同均为无效合同。又因双方在《备忘录》中约定以补充合同作为双方实际履行的合同，原告请求参照实际履行的合同即补充合同结算建设工程价款的，人民法院应予支持。

一审判决后，被告提起上诉。

上诉时的争议焦点除了一审争议的以涉案工程价款应当根据备案合同为准进

行结算还是按照实际履行合同进行结算外，还增加了一点：实际履行的合同是备案合同还是补充合同。建筑商（原告、被上诉人）主张补充合同是实际履行的合同，发包人（被告、上诉人）主张备案合同是实际履行的合同。

二审法院作出终审判决支持了原告主张的以实际履行的合同结算工程价款，并且认为根据双方备忘录约定、补充合同约定及施工过程中签署的确认单等事实，能够确认双方实际履行的合同为补充合同。

笔者团队全程代理了本案原告，在笔者团队的努力下，一审、二审法院均支持了我方的主张，为当事人创造了巨大的收益。本案是典型的参照实际履行的合同结算工程价款的案例。

案例 2：

原告：四川××建筑有限公司（一级施工资质）（建筑商）

被告：宁夏××投资有限公司（发包人）

（一）基本案情

项目概况：工程位于××市××区××综合批复零售楼及地下车库土建、安装总承包。

发包种类：该项目属于民营企业投资的大型商业批发和酒店用途的商业楼，根据当时的法律规定，该项目需要强制招投标。

2013 年 4 月 30 日，双方签订了《建设工程施工合同》，约定合同价款依据《宁夏回族自治区建筑工程计价定额》（2008 年版）标准执行，按照二类企业二类工程标准取费，因发包人原因工程迟延 28 天以内不承担窝工损失，开工时间 2013 年 5 月 1 日，竣工时间 2016 年 5 月 1 日。劳保基金不计取工程造价。

2013 年 7 月，该项目进行招标；8 月 14 日，四川××建筑公司中标。

2013 年 8 月 19 日，双方依据中标文件签订《建设工程施工合同》并备案，约定工程价款依据《宁夏回族自治区建筑工程计价定额》（2008 年版）标准执行，按照一类企业一类工程标准取费。

2013 年 8 月 19 日，双方签订备忘录，确定 2013 年 4 月 30 日签订合同的内容为双方真实意思表示，按照该合同据实结算；2013 年 8 月 19 日签订的施工合同为政府备案使用，双方仍然按照 2013 年 4 月 30 日签订的合同履行。

工程竣工验收合格后，发包人拖延结算。

(二)争议焦点

本案是以2013年4月30日签订在前的合同结算，还是以2013年8月19日的中标合同进行结算。

(三)诉讼经过

诉讼过程中双方对两份合同的效力持有异议，发包人认为两份合同均有效，建筑商认为2013年4月30日的合同和2013年8月19日的中标合同均无效。两份合同的价款在企业资质、工程类别的定额取费标准、工程索赔上有明显区别。本案中，发包人与建筑商在招标前已经就工程价款等实质性问题进行了磋商并签订合同，根据《招标投标法》第55条的规定，中标行为无效，依据中标文件签订的建设工程施工合同无效；签订合同时涉案工程属于强制招标的工程范围，双方在招投标前签订的合同违反法律强制性规定，中标前签订的施工合同和依据中标文件签订合同均无效。

(四)判决结果

法院采纳建筑商的意见，认定两份合同均无效，双方应当以2013年8月19日的备忘录和合同的履行情况确认2013年4月30日的合同为双方实际履行的合同，并参照该合同结算条款进行结算。

产品说明书

(一)法律依据

《建设工程司法解释一》第23条、第24条

(二)实务操作要点

1. 指导建筑商确认中标效力。
2. 指导建筑商确认合同效力。
3. 指导建筑商确定实际履行的合同。
4. 指导建筑商实际履行有利于己方的合同并固定证据。
5. 指导建筑商在产生纠纷时进行诉讼。

三、产品内容

(一)法律依据

《建设工程司法解释一》

第23条 发包人将依法不属于必须招标的建设工程进行招标后，与承包人另

行订立的建设工程施工合同背离中标合同的实质性内容,当事人请求以中标合同作为结算建设工程价款依据的,人民法院应予支持,但发包人与承包人因客观情况发生了在招标投标时难以预见的变化而另行订立建设工程施工合同的除外。

第 24 条 当事人就同一建设工程订立的数份建设工程施工合同均无效,但建设工程质量合格,一方当事人请求参照实际履行的合同关于工程价款的约定折价补偿承包人的,人民法院应予支持。

实际履行的合同难以确定,当事人请求参照最后签订的合同关于工程价款的约定折价补偿承包人的,人民法院应予支持。

(二)实务操作要点

1. 指导建筑商确认中标效力

本法律服务产品适用的前提之一是中标无效,故首先应当审查涉案项目是否存在中标无效的情形。

在建设工程领域,法律规定了许多导致中标无效的情形,主要为投标人相互串通投标情形、招标人和投标人串通投标情形、实质性议价情形以及其他情形。因此,在确认中标是否有效时,就要严格审查建设项目是否存在《招标投标法》及《招标投标法实施条例》中规定的中标无效的情形。

关于建设工程领域中标无效的情形,已在本书“以招投标文件为准进行结算”的相关法律服务产品中有详细论述,故在此不再展开。

2. 指导建筑商确认合同效力

本法律服务产品适用的前提之一是合同无效,故应首先审查涉案项目的建设工程合同效力。

关于建设工程合同无效的情形,已在本书“以中标合同为准进行结算”的相关法律服务产品中有详细论述,故在此不再展开。

需要注意的是,本法律服务产品针对的项目,主要就是因为违反《招标投标法》而中标无效,进而导致合同无效的这类情形。

另外需要特别进行风险提示的是,就目前的实务情况来看,最高人民法院和各地法院倾向于认为凡是在招标投标之前签订意向书、补充协议、承诺书、会议纪要、备忘录等(均具备施工合同的实质性内容),就认定为串标、实质性议价,并导致招标投标行为无效,进而认定中标合同无效。

3. 指导建筑商确定实际履行的合同

第一，以书面方式确定实际履行的合同，主要体现为以下几种形式：(1)补充协议；(2)会议纪要；(3)备忘录；(4)往来函件。

因此，要指导建筑商在签订补充协议、会议纪要、备忘录时，把对自己有利的计价原则确立为实际履行合同的内容。

第二，如双方未以书面方式明确实际履行的合同，则要通过施工过程中产生的材料来确认，主要体现为以下材料：(1)进度款申报材料、审批材料；(2)结算款申报材料、审批材料；(3)设计变更申报材料、审批材料；(4)停窝工损失申报材料、审批材料；(5)其他在施工过程中能体现实际履行的合同并非中标合同的材料。

因此，要指导建筑商在申报进度款、结算款、设计变更、停窝工损失时按照对自己有利的计价原则来进行申报，以确定对自己有利的实际履行的合同。

4. 创造效益、预防风险的非诉讼项目法律服务：指导建筑商实际履行对己方有利的合同并固定证据

建筑商应按照实际履行的合同约定主张权利、履行合同义务，留存合同履行过程中形成的书面材料。具体体现为：

(1)对于进度款，及时按实际履行的合同的约定申报施工进度、申请工程进度款，留存报审所用的全部工程进度申报表、工程进度审定表等书面材料及签收记录。

(2)对于超出合同范围的设计变更，及时按照实际履行的合同约定的价、量与发包人、监理人形成工程量确认单、设计变更签证单或会议纪要、备忘录等，保存好全部书面材料及签收记录。

(3)对于存在工期顺延、停工、窝工等情况，及时按照实际履行的合同的约定与发包人、监理人形成工作联系单、签证单等，保存好全部书面材料及签收记录。

(4)工程竣工验收合格后，及时按照实际履行的合同约定的计价方式制作结算书，并按照实际履行的合同约定进行工程结算申请，保存好全部书面材料及签收记录。

需要特别提示的几个要点在于：

第一，双方如果对实际履行的合同没有异议的，建议双方以备忘录、补充协议等书面方式确定实际履行的合同，尽可能避免争议。

第二，如果双方没有通过书面方式确定好实际履行的合同的，则应仔细研究签订的多份合同中建设工期、建设工程范围、工程进度款支付比例、合同价款、计价方式、工程索赔等条款，分析出其中对己方有利的合同并以此为依据实际履行。

第三，留存好实际履行的合同过程中形成的全部书面材料。同时，要保证这些材料能够互相佐证，共同构成对实际履行的合同的证明。切忌各份材料之间存在矛盾，最终导致实际履行的合同无法确定。

第四，对于部分要向发包人或监理人送达的较为重要的材料，建议制作送达回执，载明所要送达材料的名称、简要内容、送达时间，送达后要求接收单位签字确认。若接收方拒绝签字的，可以通过邮寄送达或公证送达的方式留取证据。

5. 指导建筑商在产生纠纷时进行诉讼

建设工程纠纷在涉诉时，由于专业性较强，通常需要专业的建筑领域律师来办理。

(1)关于如何提出诉讼请求。

诉讼请求的范本及要点提示分列如下：

①请求确认涉案工程以实际履行的合同结算工程价款。

要点提示：就以何者为准结算工作价款，应先提出一个确认之诉。

②请求判令被告向原告支付工程款。

要点提示：此时的应付工程款，应当以实际履行的合同中的结算条款为准计算出工程价款总价(且应当与建筑商自行制作的结算书相对应)，再减去已付款。

③请求判令原告对涉案工程折价或拍卖的价款享有法定优先受偿权。

要点提示：优先受偿权的确认是对工程款受偿的基本保障，在诉讼请求中应当列明。同时，要注意审查涉案项目行使优先受偿权是否有阻碍(详见本书建设工程优先受偿权相关法律服务产品)。

需要特别注意的是，在诉讼中法庭可能会要求明确主张优先受偿权的范围。目前实践中认为，优先受偿权的范围只包含工程款本身，而不包含利息、违约金、停窝工损失等。

④请求判令被告向原告支付逾期利息。

要点提示：由于本法律服务产品适用的前提是合同无效，因此在实际履行合同过程中形成的书面实际履行的合同或备忘录等文件，即使对于逾期利息和违约金等有相应约定，也将归于无效。对于逾期利息，应按照没有约定处理。

对于逾期利息，应当注意几个要点。一是本金要分阶段计算，由于工程款的支付是分阶段的，每一个阶段的欠付款数额都是动态变化的，故逾期利息的本金应当以每个阶段的欠付款为基数进行计算；二是利率要分阶段计算，《全国法院民商事审判工作会议纪要》(法〔2019〕254 号)第三部分“关于合同纠纷案件的审理”中关于“借款合同”部分明确:“自 2019 年 8 月 20 日起,中国人民银行已经授权全国银行间同业拆借中心于每月 20 日(遇节假日顺延)9 时 30 分公布贷款市场报价利率,中国人民银行贷款基准利率这一标准已经取消。”因此,在 2019 年 8 月 20 日之前,利率应按照中国人民银行同期同贷利率计算,在 2019 年 8 月 20 日之后,应以全国银行间同业拆借中心公布的贷款市场报价利率,即 LPR 为标准计息。

对于应当付款的日期,可以按照《建设工程司法解释一》第 27 条来确定:利息从应付工程价款之日开始计付。当事人对付款时间没有约定或者约定不明的,下列时间视为应付款时间:建设工程已实际交付的,为交付之日;建设工程没有交付的,为提交竣工结算文件之日;建设工程未交付,工程价款也未结算的,为当事人起诉之日。

⑤请求判令被告向原告支付停窝工损失。

要点提示:实践中,建设工程或多或少会存在停工、窝工,尤其是一个建设工程已经诉讼的情况下,停工、窝工的情形将更加普遍、严重,由此带来的经济损失也相当可观。因此,在提起诉请时也应及时整理停窝工相关材料,计算出停窝工损失的数额并作为诉讼请求列明。

因发包人原因造成建筑商停工、窝工的,可以依据签证单或工作联系单、监理日志等证据材料,确定延误天数以及发生的人工费、机械、材料费等费用。对于工期延误明确,但是损失无法确定的,可以申请法院就停窝工损失委托司法鉴定。

⑥请求判令被告向原告返还投标保证金或履约保证金。

要点提示:由于目前的建筑市场是发包人市场。因此,发包人往往会要求建筑商在投标时缴纳投标保证金,或要求建筑商缴纳履约保证金。但是,在工程竣工验收以后,往往存在发包人迟迟不予退还保证金的情形。一旦涉诉,建筑商也应对是否缴纳了投标保证金或履约保证金进行审查;若有,则一并作为诉讼请求列明。

⑦请求判令本案诉讼费用、财产保全费、财产保全担保费或保险费均由被告承担。

要点提示:为了保障优先受偿权的行使,建设工程案件通常会请求法院对涉案工程进行财产保全,由于建设工程案件标的金额较大,涉及的财产保全费、财产保全担保费或保险费也较高,故应当将相关费用列入诉讼请求一并主张。

(2)关于如何举证。

由于建设工程案件材料多、历时长、专业度高,在准备证据材料时困难较大,需要专业的建设工程律师来办理。

证据清单的范本及要点提示分列如下：

第一组证据	
证明建设工程施工合同法律关系成立（合同效力、招投标效力）	
1	建设工程施工合同（中标合同、补充合同等多份合同）
2	招标文件、投标文件、中标通知书
3	建设用地规划许可证、工程规划许可证、施工许可证

①建设工程施工合同（中标合同、补充合同等多份合同）：证明原告是涉案项目的承包人，被告是涉案项目的发包人，双方建设工程施工合同法律关系成立，原告有权主张工程价款及优先受偿权；证明原被告双方间签订的多份施工合同关系均无效。

要点提示：应重点说明导致施工合同无效的情形，关于合同无效情形的认定可以参考本书“以中标合同为准进行结算”的法律服务产品中相关章节。

②招标文件、投标文件、中标通知书：证明原告是涉案项目的投标人，被告是涉案项目的招标人；证明涉案项目的中标无效。

要点提示：应重点说明其中导致中标无效的情形，关于中标无效情形的认定可以参考本书“以招投标文件为准进行结算”的法律服务产品中相关章节。

③建设用地规划许可证、工程规划许可证、施工许可证：证明原被告双方间的施工合同关系成立。

第二组证据	
证明实际履行合同的内容	
4	补充协议、备忘录、会议纪要、业主指令、工作联系单等
5	工程进度申报表、工程进度审核表、工程款支付明细、催款告知函等材料

④补充协议、备忘录、会议纪要、业主指令、工作联系单等：证明原被告双方就实际履行哪一份合同曾明确达成书面合意。

要点提示：应重点列明实际履行的合同中相关的结算条款。

⑤工程进度申报表、工程进度审核表、工程款支付明细、催款告知函等材料：原被告双方通过施工过程中的行为确认了双方实际履行的是哪一份合同。

要点提示：在实践中，如果没有明确实际履行哪一份合同的证据，则需要提交工程进度申报表、工程进度审定表、工程款支付凭证、工作联系单、开工报告、（建筑商提交的）结算材料以及竣工验收材料等相关证据确定哪一份证据为双方实际履行的建设工程施工合同。

需要注意，上述证据应当相互印证方可证明实际履行的合同的内容，切忌提交相互矛盾的证据。

第三组证据	
证明申请结算的工程价款	
6	工程造价结算书
	结算资料移交凭证

⑥工程造价结算书、结算资料移交凭证：证明涉案项目的结算造价，且原告已经向被告提交结算资料，但被告未予答复也未予支付工程价款。

要点提示：该结算书的结算造价，应以实际履行的合同为准计算，并与诉讼请求相对应。需要注意的是，工程最终的结算造价并不一定以单方提供的结算书为准，可能还要经过审价方可确认。

对于结算资料的移交凭证，要保留好相应的邮寄凭证或签收凭证。实践中，部分发包人会拒收结算资料，此时要进行公证邮寄并提交公证邮寄的相关资料作为证据。

第四组证据	
证明建设工程的开竣工日期及工程质量	
7	开工报告
8	竣工验收报告、竣工验收备案表、工程交付凭证（如有）

⑦开工报告：证明涉案项目的开工日期。

要点提示：实践中，往往会出现多份开工报告。对于开工日期有争议的，可以参照《建设工程司法解释一》第8条来认定："当事人对建设工程开工日期有争议的，人民法院应当分别按照以下情形予以认定：（一）开工日期为发包人或者监理人发出的开工通知载明的开工日期；开工通知发出后，尚不具备开工条件的，以开工条件具备的时间为开工日期；因承包人原因导致开工时间推迟的，以开工通知载明的时间为开工日期。(二)承包人经发包人同意已经实际进场施工的,以实际进场施工时间为开工日期。(三)发包人或者监理人未发出开工通知,亦无相关证据证明实际开工日期的,应当综合考虑开工报告、合同、施工许可证、竣工验收报告或者竣工验收备案表等载明的时间,并结合是否具备开工条件的事实,认定开工日期。"

⑧竣工验收报告、竣工验收备案表、工程交付凭证(如有):证明涉案项目已经竣工验收合格,并证明竣工验收合格的日期。

要点提示:工程质量合格是主张工程价款最重要的前提,而竣工验收报告是证明工程质量合格的重要材料,必须确保其有效性、真实性、完整性,尤其要注意各方单位是否都已经进行签章。

对于竣工日期若发生争议,可以参照《建设工程司法解释一》第9条来确定:"当事人对建设工程实际竣工日期有争议的,人民法院应当分别按照以下情形予以认定:(一)建设工程经竣工验收合格的,以竣工验收合格之日为竣工日期;(二)承包人已经提交竣工验收报告,发包人拖延验收的,以承包人提交验收报告之日为竣工日期;(三)建设工程未经竣工验收,发包人擅自使用的,以转移占有建设工程之日为竣工日期。"

第五组证据	
证明停窝工损失的原因、损失数额	
9	停窝工损失证明材料(人员考勤表、工资支付记录、机械设备租赁合同及支付凭证、材料采购合同及支付凭证等)
	计算表
	索赔凭证

⑨停窝工损失的证明材料、计算表、索赔凭证:证明因被告原因,导致原告停工、窝工,其间造成损失及具体金额。

要点提示:在实践中,对于停窝工损失的举证较为烦琐、复杂,通常需要提供人员考勤表、工资支付记录、机械设备租赁合同及支付凭证、材料采购合同及支付凭证等,具体的举证内容视停、窝工的具体内容而调整。需要注意的是,通常在起诉时计算的停窝工损失并不准确,但至少应做到不漏报、少报。最终,工程的实际停窝工损失可能要经过审价方可确认。

同时,对于工期延误造成的损失,应当举证证明已经依据合同约定履行索赔程序,提交相应的邮寄凭证或者签收凭证。

一般来说，建筑商在施工工程中非常容易忽略对于停、窝工材料的整理与收集，经常在涉诉时才匆忙整理，导致停窝工损失的证明材料大量缺失，最终导致相应的损失难以得到补偿。因此，必须在项目施工开始，就做好全过程的风险防范，及时保存、梳理停窝工的相关材料。一旦发生停窝工，就应及时索赔并保留好相应的凭证。

第六组证据	
证明行权费用	
10	财产保全担保费或保险费支付凭证

⑩财产保全担保费或保险费支付凭证：证明原告已实际支付财产保全担保费或保险费及具体金额。

其他证据	
11	投标保证金或履约保证金的支付凭证、催款凭证
12	其他材料

⑪投标保证金或履约保证金的支付凭证、催款凭证：证明原告曾向被告缴纳投标保证金或履约保证金×××元，且被告经原告多次催讨至今未予以退还。

⑫其他材料。

根据诉讼请求的不同，还要提供相应的证明材料。

7. 建筑商如何应对合同履行过程中，人工、材料价格大幅上涨的风险

一、产品的重要性、作用及适用范围

（一）重要性和作用

建设工程施工合同中，人工费、材料费是工程造价的重要组成部分。据统计，建筑工程的建安成本构成中，人工费和材料费占建安成本80%以上。所以说，建筑商能否盈利，关键在于合同履行过程中如何控制好人工和材料价格。长期以来，我国的建筑市场一直都处于卖方市场，僧多粥少，发包人通常会利用其在市场交易中的优势地位，不公平地要求建筑商承担一些不合理的风险，如在合同中约定，“在合同履行过程中任何情况下，的人工费或材料费上涨均不调整”。为了承接工程，建筑商不得不接受这种不平等的条款。建筑工程项目一般具有体量大、工艺复杂、工期较长等特点。在较长的施工过程中，人工和材料价格受各种因素影响，不可避免地上涨或下跌，如2008年国际金融危机，2017年因国家环保政策、调整产能导致钢筋、水泥、砂石等建材价格的大幅波动。在此情况下，建筑商的应对能力和抗风险能力直接关系建筑商的生存和发展。

（二）适用范围

1. 适用内容：建设工程施工合同履行过程中人工材料价格上涨的，如何应对。
2. 适用主体：建设工程施工合同中的建筑商。

二、产品典型案例

建筑商：浙江××建设集团有限公司
发包人：上海××有限公司

(一)基本案情

工程名称:上海某工程项目

工程地点:上海市某区

合同造价:13 亿元

合同工期:住宅地块于 2015 年 8 月 3 日开工，商办地块于住宅地块开工后 50 天开工

工程概况:建筑面积 34 万平方米，其中住宅 2 万平方米，商办 32 万平方米

合同价格形式为综合单价合同，合同约定钢筋、商品砼、主钢结构三种材料价格涨跌幅度在 5% 以内，不调整材料价格，材料价格涨跌幅度在 5% 以外部分各承担 50%。

住宅地块于 2015 年 8 月 3 日开工，而由于发包人未能按期提供施工图纸，商办地块并未如期于 50 日后开工，较 2015 年 7 月签订原总包合同中约定的工期有较大差异，商办地块开工时间比计划开工时间晚了 20 个月，其间恰好遇到钢材、混凝土、水泥、砂石料等价格大幅上涨。

(二)争议焦点

建筑商能否要求发包人调整人工、材料价格。

(三)案例分析

笔者团队律师介入以后，基于商办地块开工延期的实际情况，在开工前指导建筑商向发包人提出工期节点调整、材料价格调整建议，经双方友好协商，就商办地块工期节点调整、材料价格调整等方面达成了《补充协议书》，主要内容如下:

1. 将商办地块实际基础开工月至主体结构封顶月之间的施工时间段视为 2015 年 9 月 23 日起的合同施工时间段，对商办地块的地库与主体结构所涉及的“钢筋、商品砼、主钢结构”的材料价格，按合同专用条款第 23 条合同价款与调整中(3)/c 主材价格调整办法的约定，进行“钢筋、商品砼、主钢结构”差价的 ± 调整。

2. 将商办地块实际基础开工月至主体结构封顶月之间的施工时间段视为 2015 年 9 月 23 日起的合同施工时间段，计算该时间段次月起的人材机信息价的算术平均价；与商办地块实际基础开工次月至主体结构封顶次月之间的人材机信息价的算术平均价进行对比，调整商办地块地库与主体所涉及的人材机的 ± 差价。

3. 现将商办地块 C 区的具体调整方法举例如下，其他各分区以此类推:

假设商办地块 C 区开工日为 2017 年 2 月 28 日，满足主体结构封顶验收条件时间为 2018 年 7 月 30 日。商办地块 C 区实际施工期信息价的计算时间段为 2017 年

3月至2018年8月的18个月；视为2015年9月23日起的合同施工时间段信息价的计算时间段为2015年10月至2017年3月的18个月。

C区结算造价＝C区“清单结算价”±C区“钢筋、商品砼、主钢结构”材料差价×(1＋税金)±C区“人材机差价”×(1＋税金)。

C区“清单结算价”：根据最终结算工程量按合同工程量清单价格计算的结算造价(包括：设计变更、签证等工程量造价)。其中，“最终结算工程量”为根据原合同约定的工程量计量原则计算得出的工程量。

C区“钢筋、商品砼、主钢结构”材料差价：按2015年10月至2017年3月18个月的“上海市建筑工程造价信息网(www.ciac.sh.cn)”信息指导价的算术平均价，与合同约定的“基期基价”相比，如果涨跌幅波动在－5%～＋5%(含±5%)，则差价不调整，其差价由承包人承担或受益。如果涨跌幅超过－5%或者＋5%的，就超过±5%的部分进行正负补差，其差价由发包人与承包人各按50%的比例共同承担或共同受益。

C区“人材机差价”：按2015年10月至2017年3月18个月的“上海建设工程造价信息网(www.ciac.sh.cn)”人材机信息指导价的算术平均价，与2017年3月至2018年8月18个月的“上海建设工程造价信息网(www.ciac.sh.cn)”人材机信息指导价的算术平均价相比，应作正负调整的人材机差价。

根据上述补充协议，在结算时成功实现人工、材料价格调差：

(1)钢材调差(用钢筋及钢结构钢材72,000吨)。

根据《补充协议书》的约定，“按商办地块实际基础开工月至主体结构封顶月之间的时间段视为2015年9月23日起的合同施工段……钢筋、商品砼、主钢结构材料价差：按2015年10月至2017年3月18个月的上海建设工程造价信息网信息指导价的平均价，与合同约定的‘基期基价’相比，如果涨幅波动在±5%以内，则差价不调整，其差价由承包人承担或受益，如果涨幅超过±5%，就超过±5%部分进行正负补差，其差价由发包人与承包人各按50%的比例共同承担或共同受益”。

合同签订月(2015年7月)钢筋材料信息价基准价为2290元/吨；

合同约定的施工期间(2015年10月至2017年3月)钢筋材料信息价平均价为2920元/吨；

实际施工期间(2017年3月至2018年8月)钢筋材料信息价平均价为4315元/吨。

➢按合同原约定的方式钢筋价格调差：

[4315 - 2290 × (1 + 5%)] ÷ 2 = 1910.5 ÷ 2 = 955.25 元/吨；

955.25 元/吨 × 72,000 吨 = 6877.8 万元。

➢按补充协议约定的方式钢筋价格调差：

①约定计价月(2015 年 10 月至 2017 年 3 月)钢筋补差：

[2920 - 2290 × (1 + 5%)] ÷ 2 = 515.5 ÷ 2 = 257.75 元/吨。

②施工计价月(2017 年 3 月至 2018 年 8 月)钢筋补差：

4315 - 2920 = 1395 元/吨。

③每吨差价与补差合计：

257.75 + 1395 = 1652.75 元/吨；

1652.75 元/吨 × 72,000 吨 = 11,899.8 万元。

➢两个补差方式之间的差异金额：

11,899.8 万元 - 6877.8 万元 = 5022 万元。

(2)人工调差(办公建筑面积 32 万平方米，每平方米约 6 工，合计 192 万工)。

根据《补充协议书》约定，"人材机差价：按 2015 年 10 月至 2017 年 3 月 18 个月的'上海建设工程造价信息网'人材机信息指导价的算术平均价，与 2017 年 3 月至 2018 年 8 月的 18 个月的'上海建设工程造价信息网'人材机信息指导价的算术平均价相比较，应作正负调整的人材机差价。"

约定计价月(2015 年 10 月至 2017 年 3 月)平均人工单价为 147 元；

施工计价月(2017 年 3 月至 2018 年 8 月)平均人工单价为 156 元；

人工单价差价 156 - 147 = 9 元/工日；

办公建筑面积 32 万平方米，每平方米工日数 6 工，合计 192 万工；

人工补差金额合计 = 9 元/工日，合计 192 万工；

人工补差合计:9 元/工日 × 192 万工 = 1728 万元；

该工程在工程结算中，因该补充协议而补差增加的总金额达到 21,400 万元，就人工、钢筋(钢材)二项补差金额就达:1728 万元 + 11,899.8 万元 = 13,627.8 万元。

本案是施工过程中人工、材料价格调整的经典案例，建筑商提出的价格调差建议之所以很容易能够获得发包人的认可，主要是因为建筑商在恰当的时机抓住了问题的关键，提出了合情合理的建议，发包人没有理由拒绝。首先，时机的选择非常重要，商办地块因发包人原因开工延期是个不争的事实，此时开工在即，人工、材料价格已经大幅上涨，发包人也不可能重新再选择其他建筑商进行施工。其次，建筑商提出的建议合情合理。建筑商所应承担的风险仅仅是合同内的风险，对于合同内的风险,合同约定只有“钢筋、商品砼、主钢结构”材料差价可以调整,那么,按照合同约定方式调整价差即可。但是,因发包人的原因导致开工日期延后,从而遇到钢材、人工价格上涨,这属于合同外的风险,在这种情况下,不受合同约定的可调价格材料范围的限制,所有材料价格都可以调整。

产品说明书

(一)法律依据

《民法典》第510条、第533条

(二)实务操作要点

1.指导建筑商在合同有约定且约定对建筑商有利时,按照合同约定向发包人提出调整人工、材料价格。

2.指导建筑商在合同未作约定或者约定不明时,通过补充协议或者主张按照交易习惯确定价格。

(1)协议补充,如有政府部门文件调整意见,可主张依据部门文件签订补充协议。

(2)按照合同有关条款或者交易惯例。

3.指导建筑商在合同有约定但对建筑商不利时,通过以下路径应对人工、材料价格上涨。

(1)主张价格上涨是因发包人延误工期导致,通过签证或者索赔的方式应对人工、材料价格上涨。

(2)主张情势变更,要求增加涨价的费用。

(3)灵活运用金融工具对冲材料价格上涨的风险。

三、产品内容

(一)法律依据

《民法典》

第510条 合同生效后,当事人就质量、价款或者报酬、履行地点等内容没有约定或者约定不明确的,可以协议补充;不能达成补充协议的,按照合同有关条款或者交易习惯确定。

第533条 合同成立后,合同的基础条件发生了当事人在订立合同时无法预见的、不属于商业风险的重大变化,继续履行合同对于当事人一方明显不公平的,受不利影响的当事人可以与对方重新协商；在合理期限内协商不成的，当事人可以请求人民法院或者仲裁机构变更或者解除合同。

人民法院或者仲裁机构应当结合案件的实际情况，根据公平原则变更或者解除合同。

《山东高院纪要》

三、（五）关于固定价格合同在履行中能否适用情势变更原则的问题

建设工程施工合同约定工程价款实行固定价格结算，在合同履行中，发生建筑材料价格或者人工费用过快上涨，当事人能否请求适用情势变更原则变更合同价款或者解除合同。如果建筑材料价格或者人工费用的上涨没有超出固定价格合同约定的风险范围，当事人请求适用情势变更原则调整合同价款的，不予支持；如果建筑材料价格或者人工费用的上涨超出了固定价格合同约定的风险范围，发生异常变动的情形，如继续履行固定价格合同将导致当事人双方权利义务严重失衡或者显失公平的，则属于发生了当事人双方签约时无法预见的客观情况，当事人请求适用情势变更原则调整合同价款或者解除合同的，可以依照最高人民法院《关于适用〈中华人民共和国合同法〉若干问题的解释（二）》第 26 条①和最高人民法院《关于当前形势下审理民商事合同纠纷案件若干问题的指导意见》的相关规定，予以支持。

《北京高院解答》

12. 固定价合同履行过程中，主要建筑材料价格发生重大变化，当事人要求对工程价款予以调整的，如何处理？

建设工程施工合同约定工程价款实行固定价结算，在实际履行过程中，钢材、木材、水泥、混凝土等对工程造价影响较大的主要建筑材料价格发生重大变化，超出了正常市场风险的范围，合同对建材价格变动风险负担有约定的，原则上依照其约定处理；没有约定或约定不明，该当事人要求调整工程价款的，可在市场风险范围和幅度之外酌情予以支持；具体数额可以委托鉴定机构参照施工地建设行政主管部门关于处理建材差价问题的意见予以确定。

因一方当事人原因导致工期延误或建筑材料供应时间延误的，在此期间的建材差价部分工程款，由过错方予以承担。

---

① 该解释已于 2021 年 1 月 1 日起失效。

《盐城中院意见》

18.因主要建筑材料价格大幅度上涨或下跌导致双方当事人权利义务失衡而引发的纠纷，当事人不能协商处理的，必要时可依照《最高人民法院关于适用〈中华人民共和国合同法〉若干问题的解释（二）》第二十六条的规定，并参照建设行政主管部门的相关规定进行处理。

（二）实务操作要点

1.指导建筑商在合同有约定且约定对建筑商有利时，按照合同约定向发包人提出调整人工、材料价格

工程价款属于建设工程施工合同的重要内容，发包人和建筑商一般会在合同专用条款中约定人工费、材料价格的风险范围，以及明确人工费、材料价格的波动幅度超出该风险范围后合同价格的调整方法。比如，约定价格波动幅度在5%以内，风险和收益归于建筑商，价格波动幅度超出5%的，风险和收益归于发包人。这种风险负担的约定相对公平，价格波动幅度超出5%的需要调整价格也基本上成为业内共识，客观上有利于建筑商。在此情况下，如果在施工过程中遇到人工、材料价格上涨幅度超过合同约定的比例，那么建筑商可以依据合同约定要求发包人调整价格，但需要注意的是，施工合同中往往会对提出签证或者索赔的时间和流程有限制性约定，建筑商应及时向发包人提出签证或索赔。

▶ **延伸案例1**

发包人：上海××房地产开发中心有限公司

建筑商：浙江××建筑工程有限公司

（一）基本案情

工程名称：××三期工程

承包范围：土建、水电安装、机电设备安装、外墙装饰等施工图内容

建筑面积：约198,788平方米

合同总造价：386,130,553元

工期：1080天

2009年，发包人发出招标文件，邀请招标。其中招标文件中对钢筋和商品砼的结算价格原则约定为："若在施工期间上海市建筑建材业市场管理总站发布的钢筋、商品砼主要材料市场价格信息价与投标时上海市建筑建材业市场管理总

站发布的(2009年6月)建设工程主要建筑材料市场价格信息价相比,其比值>1.05或<0.95时(≤1.05或≥0.95时不作调整,中标单位投标文件中自报材料单价即为竣工结算单价),超过部分按标书自报单价进行同比例调整,竣工结算单价按调整后的单价进行结算。"

2009年6月15日,建筑商提交了投标文件,在投标文件计价中承包人采用了工程量清单计价方式,总报价为386,130,552.71元。在建筑商提交的商务标的《分部分项工程量清单报价表》中,所报主材单价为:Ⅰ、Ⅱ级钢筋单价为3432.08元/吨,C25砼单价为340.95元/方,C30砼的单价为340.95元/方。而提交标书时2009年6月各主材的信息价为:Ⅰ、Ⅱ级钢筋单价为3614元/吨,C25砼单价为344.95元/方,C30砼的单价为345.95元/方。

2009年6月17日,发包人发出中标通知书,该中标通知书中具体如下:建筑面积198,788平方米,中标价38,613.0553万元,工期1080天,计划开工时间2009年7月1日。

2009年9月10日双方签订《建设工程施工合同》(备案合同),约定采用工程量清单计价模式,并且在合同第9条竣工验收与结算条款明确约定:"1.由于钢材、商品砼、人工等主要建筑材料价格波动较大,以投标或合同约定的价格月份对应造价管理部门发布的价格为基础,与施工期造价管理部门每月发布的价格相比(算术平均值),主要建筑材料中钢材、商品砼、商品砂浆的价格变化幅度大于等于±5%,人工价格变化幅度大于等于±3%时,除人工、钢材、商品砼、商品砂浆外上述条款所涉及其他材料价格的变化幅度大于±8%应调整其超过幅度部分要素价格。可按照合同中约定的方式调整综合单价的主材,其他费率、利润、管理费按照原投标价格不予调整。

1.1 当钢材、商品砼价格、商品砂浆的变化幅度大于等于±5%时,主材价格调整方式:

$D=A+[B-C\times(1+5\%)]$(适用于材料价格上涨超过5%)

$D=A+[B-C\times(1-5\%)]$(适用于材料价格下跌超过5%)

D:为结算价

A:中标价

B:市场信息平均价

C:投标期参照的市场信息价

1.2 当人工的变化幅度大于等于3%时,主材价格调整方式:

D=A+[B-C×(1+3%)](适用于材料价格上涨超过3%)

D=A+[B-C×(1-3%)](适用于材料价格下跌超过3%)

D:为结算价

A:中标价

B:市场信息平均价

C:投标期参照的市场信息价

1.3　当其他材料价格的变化幅度大于等于8%时,主材价格调整方式:

D=A+[B-C×(1+8%)](适用于材料价格上涨超过8%)

D=A+[B-C×(1-8%)](适用于材料价格下跌超过8%)

D:为结算价

A:中标价

B:市场信息平均价

C:投标期参照的市场信息价。"

【合同履行期间市场价格波动情况】

上海建筑建材业网上的Ⅰ、Ⅱ级钢筋与C25、C30商品砼的价格走势如表7-1所示:

表7-1　价格走势

单位:元

序号	类别	2009年8月	2009年9月	2009年10月	2009年11月	2009年12月	2010年1月	平均价	投标时信息价	投标价差
1	Ⅰ、Ⅱ级钢筋	3929	4344	4000	3675	3646	3682	3879.33	3614	265.33
2	C25商品砼	335.95	335.95	333.95	340.95	343.95	345.95	339.45	344.95	-0.5
3	C30商品砼	340.95	340.95	338.95	340.95	348.95	350.95	343.62	345.95	-2.33

截至2010年1月:

Ⅰ、Ⅱ级钢筋上涨:265.33/3614=7.34%

C25商品砼下降:0.5/344.95=0.14%

C30商品砼下降:2.33/344.95=0.68%

(二)争议焦点

建筑商能否要求发包人调整材料价格。

(三)案例分析

按照备案合同约定，钢筋、商品砼、商品砂浆的价格变化幅度大于±5%才进行调差，±5%之内的损失由建筑商承担。在合同履行过程中，由于钢筋施工过程中的每月的市场价都高于投标时的市场价，该施工期的平均价为3879.33元，相比于投标时的信息价上涨7.34%，超过合同约定的5%，就超过部分应予以补差，补差额为：3614×(265.33/3614－5%)＝84.57元/吨。

本案中，双方已明确约定了建设工程要素的风险范围和调整幅度，因此，在合同履行过程中发生的市场价格波动应按照有约定从约定的原则，进行调整。如果没有约定或者约定不明的，且当地有授权的工程造价管理部门机构发布了价格调整方法的，一般可参照该调整办法调整。

签证或索赔的法律依据如下：

(1)2017年版《建设工程施工合同(示范文本)》通用条款第12.1款约定，单价合同或总价合同在约定的范围内合同价款不作调整，但合同当事人应在专用合同条款中约定综合单价或总价包含的风险范围和风险费用的计算方法，并约定风险范围以外的合同价格的调整方法，其中因市场价格波动引起的调整按第11.1款[市场价格波动引起的调整]约定执行。

(2)《北京高院解答》第12条规定，建设工程施工合同约定工程价款实行固定价结算，在实际履行过程中，钢材、木材、水泥、混凝土等对工程造价影响较大的主要建筑材料价格发生重大变化，超出了正常市场风险的范围，合同对建材价格变动风险负担有约定的，原则上依照其约定处理。

(3)《民法典》第509条规定，当事人应当按约定全面履行自己的义务。

综上所述，建议建筑商在签订施工合同时明确约定人工费、材料价格的风险范围，例如可以约定人工、材料价格波动幅度5%以内的风险和收益归于建筑商，波动幅度超出5%的风险和收益归于发包人。同时，对于合同已经进行了有利约定的情况，建议建筑商紧紧抓住合同的约定向发包人提出调整价格的要求，并注意以书面形式固定好发包人同意调整的材料价格和数量的相关证据。

2. 指导建筑商在合同未作约定或者约定不明时，通过补充协议或者交易习惯确定价格

（1）如有政府部门文件调整意见，可主张依据部门文件签订补充协议。

《民法典》第510条规定："合同生效后，当事人就质量、价款或者报酬、履行地点等内容没有约定或者约定不明确的，可以协议补充；不能达成补充协议的，按照合同有关条款或者交易习惯确定。"根据以上条文的规定，约定不明的补救方法，首先是双方协议补充；不能补充的，才按有关条款或者交易习惯确定。

济南市住建委印发《关于加强工程建设材料价格风险控制有关事项的通知》，明确工程计价中应推行风险共担和合理分摊原则，承包人应有限度承担材料价格等市场风险。该通知指出，合同中已经采用无限风险、所有风险等表述对材料价格风险进行明确约定的，发承包双方可在协商基础上调整工程造价，并签订补充协议。主要材料价格发生波动时，波动幅度在±5%（含）以内的，材料价差不进行调整；波动幅度超出±5%的，按照超出部分调整材料价差。

珠海市住建局印发《关于加强我市建设工程材料价格风险管控实施意见的通知》，第3条第4项规定，在工程实施阶段，工程用砂、碎石、水泥、混凝土及混凝土制品、砂浆等材料价格波动异常的，可参照《清单计价规范》第9.8.2项原则重新协商合同价款调整方法。

浙江省住建厅《关于全力做好疫情防控支持企业发展的通知》第5条规定，及时提供工程造价调整依据。因疫情防控导致人工、材料价格重大变化，相应调整方式在合同中没有约定的，建设单位和施工企业、工程总承包企业可根据实际情况适用情势变更，依据《浙江省建设工程计价依据（2018年版）》中"5%以内的人工和单项材料价格风险由承包方承担，超出部分由发包方承担"的原则合理分担风险。

总而言之，在合同约定不明或无约定的情况下，以上这些地方政策均可以是双方达成补充协议的法律依据。当然，地方政策的适用具有地域性，建筑商最好的选择是依据本地的地方政策与发包人达成补充协议；在本地没有制定相关的政策的前提下，才参照其他地方的政策向发包人提出签订补充协议。

（2）按照合同有关条款或者交易惯例。

《民法典》第510条规定："合同生效后，当事人就质量、价款或者报酬、履行地点等内容没有约定或者约定不明确的，可以协议补充；不能达成补充协议的，按照合同有关条款或者交易习惯确定。"以上法条的内容概括起来是说：在民事活动中，在不违法的前提下，有约定依约定，没有约定依交易习惯。简言之，笔者团队认为工程量清单计价规范和施工合同示范文本就是对交易习惯的总结。

第一，参照清单计价规范。

通常而言，采用清单计价模式的，清单计价规范本身可以作为合同的条款组成部分。如《建设工程工程量清单计价规范》相关规定如下："3.4.3 由于市场物价波动影响合同价款的，应由发承包双方合理分摊，按本规范附录 L.2 或 L.3 填写《承包人提供主要材料和工程设备一览表》作为合同附件；当合同中没有约定，发承包双方发生争议时，应按本规范第 9.8.1 ~ 9.8.3 条的规定调整合同价款……9.8.2 承包人采购材料和工程设备的，应在合同中约定主要材料、工程设备价格变化的范围或幅度；当没有约定，且材料、工程设备单价变化超过 5% 时，超过部分的价格应按照本规范附录 A 的方法计算调整材料、工程设备费。"

第二，参照示范文本。示范文本虽然不具有强制作用，但是，作为行政主管部门颁布的示范性文本，可以作为交易惯例看待。

2013 年版《建设工程施工合同（示范文本）》通用条款约定："市场价格波动引起的调整 除专用条款另有约定外，市场价格波动超过合同当事人约定的范围，合同价格应当调整。第一种方式：采用价格指数急性调整；第二种方式，采用造价信息进行价格调整（约定的幅度是 5%）；第三种方式，专用合同条款约定的其他方式……"

综上所述，建议建筑商通过与发包人协商并签订补充协议的方式来解决人工材料价格调整的问题，如果当地有政府指导性的文件规定，可以主张参照该规定确定的方式进行调整。也可以主张参照施工合同示范本文或者清单计价规范的规定进行人工、材料价格调整。

3. 指导建筑商在合同有约定但对建筑商不利时，通过如下路径应对人工、材料价格上涨

合同有约定但对建筑商不利，主要是指约定了在任何情况下均不可调整人工材料价格或者虽然约定价格可以调整，但是调整的条件比较苛刻，如约定涨幅超过 20% 才可以调整。对于这种情况，笔者建议通过以下路径破解：

（1）主张价格上涨是因发包人延误工期导致，通过签证或者索赔的方式应对人工、材料价格上涨。

发包人责任导致工期延误，则建筑商可以此为由向发包人主张价格上涨损失。因为此时，材料价格上涨而造成的损失是发包人违约而导致的损失，不属于合同约定的施工企业承担的风险范围。

2017年版《建设工程施工合同(示范文本)》第7.5.1项约定,“在合同履行过程中,因发包人原因导致工期延误和(或)费用增加的,由发包人承担由此延误的工期和(或)增加的费用”。《建设工程工程量清单计价规范》第9.8.3项规定,“因非承包人原因导致工期延误的,计划进度日期后续工程的价格,应采用计划进度日期与实际进度日期两者的较高者”。

根据上述的规定,如果是由于发包人原因导致工期延误,工期延误期间人工或材料价格上涨导致建筑商损失的,建筑商可要求发包人承担相应的赔偿责任。一些地方高级人民法院审理建设工程类纠纷规范性文件也有类似的规定。

▶ 延伸案例2

发包方:××电器有限公司

总承包方:××建设集团有限公司

工程名称:杭州某厂房工程,建筑面积12万平方米,共有24幢厂房单体

工程造价:约1亿元,施工范围是土建、水电安装

合同工期:2007年10月1日~2008年9月30日,366日历天

工期违约责任:3万元/天

(一)招标及主要内容

2007年8月1日,本工程招标,招标文件规定:

1.工程量清单中提供之数量不得修改,所投报的综合单价包括但不限于人工费、材料费、机械费、管理费、利润、规费、税金等,人工、材料及机械价格在合同履行过程上涨下降不得调整。

2.投标单位应按招标单位提供的工程量清单计算工程项目的单价和合价。工程量清单中的每一项目均需计算填写单价和合价,投标单位没有填写单价和合价的项目将不予支付,并认为此项费用已包括在工程量清单的其他单价和合价中。

3.工程量计算规则按《建设工程工程量清单计价规范》(GB 50500—2003),人工、材料、机械的消耗量参照《浙江省建筑工程预算定额(2003)》《浙江建筑安装预算定额(2003)》。

(二)投标文件的编制

建筑商接到招标文件后,与笔者团队联系,笔者团队律师在法律层面上指导

商务标与技术标的编制，并把商务标与技术标有机结合起来，为以后合同履行过程中的签证与索赔打下坚实的基础，建筑商于2007年8月25日送交了投标书。

1. 商务标的编制指导

(1) 对材料综合单价的指导。

2007年8月杭州主材信息价：

Ⅰ级钢筋每吨3972元，Ⅱ级钢筋每吨3915元，Ⅲ级钢筋每吨4015元。商品砼价格（以C30为例）：C30材料单价280元/方。

经本律师团队与建筑商沟通，钢筋材料报价为：

Ⅰ级钢筋每吨3852元，Ⅱ级钢筋每吨3798元，Ⅲ级钢筋每吨3895元，C30材料单价272元/方。

在投标书中列出钢筋、商品砼等主要施工项目的综合单价分析表，分析表7-2、表7-3中列出利润为3%，管理费为5%。

表7-2　钢筋综合单价分析（Ⅱ级钢筋）

序号	项目	规格型号	（元/吨）
1	主材	Ⅱ级钢筋	3798
2	人工费	钢筋工4工	248
3	机械		60
4	损耗		76
5	管理费	(1+2+3+4)×5%	208
6	利润	(1+2+3+4+5)×3%	131
7	税金	(1+2+3+4+5+6)×3.41%	154
8	综合单价	(1+2+3+4+5+6+7)	4661

表7-3　混凝土综合单价分析（C30砼）

序号	项目	规格型号	（元/吨）
1	主材	C30	272
2	人工费	砼工0.5工	31
3	机械		16
4	损耗		3

续表

5	管理费	(1+2+3+4)×5%	16
6	利润	(1+2+3+4+5)×3%	10
7	税金	(1+2+3+4+5+6)×3.41%	12
8	综合单价	(1+2+3+4+5+6+7)	360

为有利于中标,故建筑商所报的单价分析表中,应约定一个较低的利润率,同时考虑到当合同因发包人原因解除时建筑商向发包人可以索赔可得利益,即利润的索赔,所以单价分析表中的利润率也不可太低,3%应是合适的。

因为管理费是发包人的实际支出,所以建筑商可以报一个较高的费率。主材价格适当降低,以利于中标。

(2)对人工单价的指导。

2007年8月杭州建筑工种人工工资信息(部分列举):

木工:56.93元/天,钢筋工:60.36元/天,砼工:61.16元/天,砌筑工:64.52元/天,抹灰工:65.06元/天。

经本团队律师与建筑商沟通,人工单价为:

木工:58元/天,钢筋工:62元/天,砼工:63元/天,砌筑工:66元/天,抹灰工:67元/天。

由于开工后因为工程拆迁等因素很可能会发生停工、窝工,所以人工单价不应太低,应接近或稍微超过信息价,以利于以后的工程索赔。

2.对技术标编制的指导

由于本工程建筑商现场踏勘时看到部分场地尚未拆迁完毕,故笔者团队律师对技术标的编制作了以下指导:

(1)技术标中的进度计划表中列出了24幢厂房单体的横道图,其开工时间均为2007年10月1日,竣工时间均为2008年9月30日。同时,在编制说明中强调:现场需具备同时施工、连续施工条件。

之所以规定各厂房单体同时施工、连续施工,各单体的工期都为365天,是因在这种情况下,每个单体的关键线路是总工程的关键,如果由于甲方原因造成工期延误,将都处在关键线路上。

(2)技术标中把本工程施工进度分为四个阶段,即施工准备阶段、基础施工阶段、结构施工阶段,装饰安装阶段,并编制各个阶段的人工、机械、周转材料数量表。

(3)技术标中专门列出了机械与周转材料进场与退场计划表，规定了机械的进场与退场时间，并在编制说明中明确上述机械与材料均为租赁。

(4)在技术标专门编制了钢筋、商品砼、商品砂浆等主要材料的材料采购计划，并预定了每次采购的时间与数量。

(5)在技术标中，专门列出了发包人直接发包、指定分包单位的进场施工时间与竣工时间计划表，并在计划表的编制说明中明确：直接发包、指定分包单位未及时到位的，本工程工期相应顺延。

(6)在技术标中专门列出了甲供材料进场计划表，并在计划表的编制说明中明确：由于甲供材料供应不及时的，本工程工期相应顺延。同时规定了甲指乙供材料的核价时间。

之所以要同时开工、连续施工条件是因为：

①每个单体的关键线路是总工程的关键线路。

②如果有分期开工情况，以最后一幢厂房单体开工时间是总工期的开工时间。

③每个单体在这种情况下如遇地质原因、设计变更等非乙方原因造成的工期延误，总工程工期可相应顺延。

发包人直接发包工程、指定分包工程、甲供材料、甲指乙供材料的核价通常是影响工程重要因素，故有必要在技术标中专门编制上述的进度计划，为以后的工期索赔与费用索赔埋下伏笔。

(三)合同对签证、索赔的规定

1. 合同文本的确定

2007年8月26日，建筑商与发包人协商订立《施工合同》事宜，本团队律师参与了合同签订，发包人原提议本工程合同采用利比文本，但由于本所律师的强烈反对，经双方反复协商，最后该合同采用了通用合同文本。

目的：利比文本不利于建筑商，而通用合同文本有利于建筑商。

2. 合同对签证、索赔的约定

(1)工期延期签证的约定。

因以下原因造成工期延误，经工程师确认，工期相应顺延：

①发包人未能按专用条款的约定提供图纸及开工条件，未按本合同约定提供材料、设备；

②发包人未能按约定日期支付工程预付款、进度款，致使施工不能正常进行；

③工程师未按合同约定提供所需指令、批准等，致使施工不能正常进行；

④设计变更和工程量增加；

⑤一周内非承包人原因停水、停电、停气造成停工累计超过8小时；

⑥不可抗力；

⑦专用条款中约定或工程师同意工期顺延的其他情况。

承包人在上述情况发生后14天内，就延误的工期以书面形式向工程师提出报告。工程师在收到报告后14天内应予确认，逾期不予确认也不提出修改意见，视为同意顺延工期。

(2)工期与费用索赔的约定。

发包人未能按合同约定履行自己的各项义务或发生错误以及应由发包人承担责任的其他情况，造成工期延误和(或)承包人不能及时得到合同价款及承包人的其他经经济损失，承包人可按下列程序以书面形式向发包人索赔：

①索赔事件发生后28天内，向工程师发出索赔意向通知；

②发出索赔意向通知后28天内，向工程师提出延长工期和(或)补偿经济损失的索赔报告及有关资料；

③工程师在收到承包人送交的索赔报告和有关资料后，于28天内给予答复，或要求承包人进一步补充索赔理由和证据；

④工程师在收到承包人送交的索赔报告和有关资料后28天内未予答复或未对承包人作进一步要求，视为该项索赔已经认可。

(四)开工竣工情况

1.由于本工程受征地拆迁补偿事宜拖延，故其分批开工

(1)原合同约定的开工时间是2007年10月1日，现第一批10幢厂房实际开工时间为2008年4月1日，延期开工182天；

(2)原合同约定的开工时间是2007年10月1日，现第二批房子8幢厂房开工时间为2008年5月20日，延期开工232天；

(3)原合同约定的开工时间是2007年10月1日，现第三批房子6幢厂房开工时间为2008年7月10日，延期开工283天。

2.工程竣工情况

(1)原合同规定竣工时间为2008年9月30日，现第一批10幢厂房竣工时间

为2009年6月5日，延期竣工248天；

(2)原合同规定竣工时间为2008年9月30日，现第二批8幢厂房竣工时间为2009年6月10日，延期竣工253天；

(3)原合同规定竣工时间为2008年9月30日，现第二批6幢厂房竣工时间为2009年7月30日，延期竣工303天。

(五)合同履行中出现的情况

(1)2007年8月28日，发包人向建筑商口头通知进场，建筑商于2007年9月7日进场。

(2)由于工程拆迁进度影响，2008年4月1日第一批10幢厂房单体才正式开工，第二批8幢厂房单位在2008年5月20日正式开工，最后一批6幢厂房单体直至2008年7月10日才正式开工。

(3)因规划调整，2008年7月20日建筑商收到发包人发的暂时停工的通知书，2008年8月10日发包人发出复工通知书，影响工期22天。

(4)2008年11月10日，第一批10幢房子已通过结构验收，需门窗、面砖等甲供材料进场，发包人直至2008年1月8日才落实上述材料，影响工期60天。

(六)对上述情况的签证索赔

1. 由于开工延迟致使人工、周转材料、机械设备闲置的索赔

2007年9月1日，发包人向建筑商口头通知进场。由于工程拆迁进度影响，2008年4月1日才正式开工。

在笔者团队律师的指导下，建筑商如此应对：

(1)建筑商得到发包人要求到场的口头通知后，立即要求发包人发出书面的进场通知书。2007年9月4日，发包人方向建筑商发出书面的进场通知书。如果不发口头指令，按本工程采用的通用合同约定："工程师可发出口头指令，并在48小时内给予书面确认，承包人对工程师的指令应予执行。工程师不能及时给予书面确认的，承包人应于工程师发出口头指令后7天内提出书面确认要求。工程师在承包人提出确认要求后48小时内不予答复的，视为口头指令已被确认。"

(2)建筑商于2007年9月7日开始进场，并在当天与发包人办理了工地移交书面手续，并在律师的指导下对施工场地的情况进行录像公证。

(3)建筑商进场以后，于2007年9月9日向发包人与监理上报了开工准备阶段的专项方案。2007年9月11日，发包人与监理均批准了上述专项方案。在

上述专项方案中,建筑商细列了进场人员,材料、机械的数量与进场时间,临时设施的数量,并规定了本工程的开工时间为2007年10月1日。

(4)2007年10月8日,建筑商向发包人单位发函称因未能按合同约定的2007年10月1日开工,致使建筑商发生了费用损失,故要求费用补偿,并提出了每天0.5万元的损失清单。同时,建筑商提出,由于迟延开工造成工程人工、材料、机械价格上涨,上述价格上涨造成的造价增加应由发包人承担,并在2007年10月28日、11月25日、12月20日,2008年1月15日、2月10日、3月8日提出了阶段性报告。

(5)2008年4月10日,建筑商向发包人发函,因开工延期达182天,要求费用补偿91万元,并向发包人提交了总的费用损失清单。

2. 由于未能全面开工导致的索赔

由于拆迁影响,本工程分批施工,2008年4月1日首批5幢厂房单体正式开工,直至2008年7月10日,最后一批厂房才正式开工。此由于工期延长,致使建筑商产生额外的费用损失:机械设备、周转材料、人工(包括停工窝工损失)、现场管理费用、临时设施费用、财务成本。

在笔者团队律师的指导下,建筑商如此应对:

(1)2008年4月10日,建筑商发函致发包人称,本工程的开工条件是具备"同时施工、连续施工条件"条件,故要求工期相应顺延,工期顺延时间从2008年4月1日起至最后一幢房子开工之日止,同时发包人应补偿建筑商由此增加的费用支出,为1.4万元/天,并向发包人提交了损失清单。

(2)2008年5月2日、5月28日、6月25日建筑商向发包人提出了阶段性报告。

(3)2008年7月20日,建筑商发函致发包人称,因发包人原因未能全部开工,要求工期顺延100天,并提出了140万元的费用索赔,并提交了总的损失清单。

3. 由于规划变更导致施工暂停

2008年7月20日,建筑商收到发包人发的立即暂停施工的通知书;2008年8月10日,建筑商收到发包人的复工通知书。

在笔者团队律师的指导下,建筑商如此应对:2008年7月30日,建筑商向发包人发函,要求如下:

(1)因全线停工,要求工期延顺天数从2008年7月20日顺延至复工通知之日止。

(2)要求补偿每停工一日所造成的机械设备停置台班费、周转材料租赁费、人工费及管理费计6万元/天，并提交了索赔清单。

(3)2008年8月20日，建筑商发函致发包人称，因全线停工，要求工期顺延22天，提出了132万元的费用索赔，并提交了总的损失清单。

4. 由于甲供材料未及时进场导致停工窝工

2008年10月10日，第一批10幢厂房已通过结构验收，亟须安装窗框、屋面盖瓦、贴外贴面砖等，上述材料是由发包人甲供，由于上述材料未及时到场，导致建筑商停工待料，发包人直至2009年1月8日才落实上述材料，影响工期60天。

在笔者团队律师的指导下，建筑商如此应对：

(1)2008年10月28日，建筑商发函要求发包人，因10幢厂房将结构封顶，要求发包人在2008年11月10日前供应施工所需的甲供材料，以免影响建筑商的施工进度。

(2)2008年11月15日，建筑商发函给发包人，指出10幢厂房因甲供材料影响工期，要求工期顺延从2008年11月10日至甲供材料到位之日止；同时，对由此造成的损失要求建筑商相应补偿。

(3)2008年11月25日，建筑商发函称，因甲供材料不到位，每天的停工损失为1.1万元，并细列了损失清单。

(4)2008年12月20日，建筑商向发包人发了阶段性报告。

(5)2009年1月16日，建筑商发函称，因每天停工损失为1.1万元，要求费用补偿为66万元，并提交了总损失清单。

5. 延迟开工和工期延误致使价格上涨的索赔

由于本工程开工滞后时间达半年，开工以后由于因发包人原因又发生了工期延误。致使本工程材料实际的采购时间、机械实际的租赁时间、人工实际的工资水平与原计划时间均不相同，且该时间内材料、机械、人工价格上涨严重，上述情况是由于发包人原因所致，所以造成的造价增加应全部由发包人承担。在本团队律师的指导下，从2008年5月开始，建筑商对上月因开工延迟导致人工、材料、机械上涨的费用向发包人提交相关的索赔报告。

以2008年5月为例（第一批开工的5幢单体），因开工时间延迟6个月，故其价格相对应的月份应是2007年11月（见表7-4）：

表 7-4 2008 年 5 月与 2007 年 11 月对应分析

序号	项目	2008 年 5 月单价（元）	2007 年 11 月单价（元）	单位价差（元）	工程量	价差（元）
1	钢筋（Ⅰ级）	5643	4283	1360	50 吨	68,000
2	钢筋（Ⅱ级）	5490	4324	1166	500 吨	583,000
3	钢筋（Ⅲ级）	5694	4444	1046	100 吨	104,600
4	商品砼（C30）	288	285	3	850 方	2550
5	商品砼（C35）	303	300	3	350 方	1050
6	木工	84.92	69.91	15.01	2200 工	33,022
7	砼工	70.85	62.56	8.29	1800 工	14,922
8	钢筋工	79.33	67.71	11.62	2500 工	29,050
	价差小计	836,194 元				
	管理费	836,194 ×5% =41,810 元				
	利润	（836,194 +41,810）×3% =26,340 元				
	税金	（836,194 +41,810 +26,340）×3.41% =30,838 元				
	总计	935,182 元				

在笔者团队律师的指导下，建筑商每个月向发包人提交延迟开工和工期延误致使价格上涨的索赔报告，要求进行价差补偿，2008 年 4 月至 2009 年 7 月因价格上涨价差补偿金额总计 955 万元。

（七）原合同工期内人工、材料、机械价格上涨造成损失

开工延迟和工期延误造成的人工、材料、机械价格上涨损失建筑商已在笔者团队律师的指导下进行了索赔。但原合同工期内要素价格上涨建筑商的补差途径，笔者团队律师经分析得出，可通过下列两种途程补偿：

第一种是按浙江省建建发〔2008〕163 号文件进行调价；

第二种是按情势变更原则进行调差。

1. 按浙江省建建发〔2008〕163 号文件进行调价

（1）该文件对材料调差的规定，有两个条件。

①单种规格材料的合价占工程合同造价的比例在 1% 及以上，且该材料合同前 80% 工期月份的信息价平均值与投标报价文件编制期对应的信息价之比上涨或者下降幅度在 10% 以上时；

②凡符合调整范围的材料，当材料费上涨或者下降之和占工程合同造价的比例在3%及以下时不予调整而大于3%时可以抽料补差，材料费上涨的价差由发包方承担，下降的价差由发包人受益。

即：当$[\sum(B-C)\times E+F]\geqslant 0.03G$时　计算式$A=[\sum(B-C)\times E+F]-0.03G$

其中：

$\sum$为“西格玛”，求和公式

A为材料差价合计

B为结算期材料市场价或合同前80%工期月份的材料信息价平均值

C为投标报价文件编制期对应的材料市场价或材料信息价

E为单种规格材料定额用量

F为材料差价合计对应的税金

G为工程合同造价

(2)该文件对人工调差的规定。

当结算期人工市场价或合同前80%工期月份的人工信息价平均值与投标报价文件编制期对应的市场价或信息价之比上涨或者下降幅度在15%以上时。(投标报价文件编制期采用的人工单价与对应的市场价或对应的信息价相比较，取大值参与调整条件的判别计算)

(3)调价分析。

本工程合同工期为2007年10月1日至2008年9月30日，故合同前80%的工期即为2007年10月1日至2008年7月18日。

①对商品砼进行调整分析，价格按C30商品砼(见表7－5)：

表7－5　商品砼价格分析

序号	时间	合同前80%工期信息价格(元/吨)	投标期2008年8月信息价(元/吨)
1	2007年10月	285	280
2	2007年11月	285	280
3	2007年12月	285	280
4	2008年1月	285	280
5	2008年2月	285	280

续表

序号	时间	合同前80%工期 信息价格(元/吨)	投标期2008年8月 信息价(元/吨)
6	2008年3月	288	280
7	2008年4月	288	280
8	2008年5月	288	280
9	2008年6月	288	280
10	2008年7月	288	280
11	均价	286.5	280

每方差价:286.5 - 280 = 6.5元/方,商品砼总用量为40,000方。

6.5/280 - 0.1 = -0.076,故商品砼价格不可以进行补差。

②对钢筋进行调差分析,价格以Ⅱ级钢筋为准(见表7-6):

表7-6　钢筋价格分析

序号	时间	合同前80%工期 信息价格(元/吨)	投标期2008年8月 信息价(元/吨)
1	2007年10月	4787	3915
2	2007年11月	4324	3915
3	2007年12月	4787	3915
4	2008年1月	4676	3915
5	2008年2月	4522	3915
6	2008年3月	5092	3915
7	2008年4月	5206	3915
8	2008年5月	5490	3915
9	2008年6月	5703	3915
10	2008年7月	5713	3915
11	均价	5030	3915

每吨差价5030 - 3915 = 1115元/吨,

1115/3915 - 0.1 = 0.185,故钢筋价格可以进行补差。

钢筋总计用量约为5000吨，则差价为1115×5000=5,575,000元。

按杭州市《关于贯彻省建设厅〈关于加强建设人工、材料要素价格风险控制的指导意见〉的通知》，按浙江省建建发〔2008〕163号文件进行调价时可计算规费：

浙江省现规费为4.13%

故规费为5,575,000×4.13% =230,248元

税金为(5,575,000+230,248)×3.41% =197,959元

5,575,000+230,248+197,959=6,003,207元

合同造价的3%为1亿×3% =3,000,000元

可以调整的为6,003,207-3,000,000=3,003,207元

③人工调差分析，价格以砼工为准(见表7-7)：

表7-7　砼工价格分析

序号	时间	合同前80%工期信息价格(元/吨)	投标期2008年8月信息价(元/吨)
1	2007年10月	62.56	61.16
2	2007年11月	62.56	61.16
3	2007年12月	62.56	61.16
4	2008年1月	70.85	61.16
5	2008年2月	70.85	61.16
6	2008年3月	70.85	61.16
7	2008年4月	70.85	61.16
8	2008年5月	70.85	61.16
9	2008年6月	70.85	61.16
10	2008年7月	80.00	61.16
11	均价	69.28	61.16

每工差价:69.28-61.16=8.12元，共有650,000工。

8.12/61.16-0.15= -0.02，故人工价格不可以进行补差。

2. 按情势变更原则进行调差

2009年4月24日，最高人民法院发布了《关于适用〈中华人民共和国合同

法〉若干问题的解释(二)》(已失效),其在第26条确立了情势变更原则:“合同成立以后客观情况发生了当事人在订立合同时无法预见的、非不可抗力的不属于商业风险的重大变化,继续履行合同对于一方当事人明显不公平或者不能实现合同目的,当事人请求人民法院变更或者解除合同的,人民法院应当根据公平原则,并结合案件的实际情况确定变更或者解除。”

同时,最高人民法院法官认为,合同履行过程中人工、材料、机械要素价格上涨超过合同约定的利润时,超过部分的价格可以进行调整。

如以钢筋、商品砼、人工作为分析对象(见表7-8):

表7-8 综合价格分析

序号	项目	数量	合同前80%工期信息价格(元)	投标期2008年8月信息价(元)	差价(元)	合价(元)
1	钢筋	5000吨	5030	3915	1115	5,575,000
2	商品砼	40,000方	286.5	280	6.5	260,000
3	人工	650,000工	69.28	61.16	8.12	5,278,000
小计	11,113,000元					
管理费	11,113,000×5% =555,650元					
利润	(11,113,000+555,650)×3% =350,060元					
税金	(11,113,000+555,650+350,060)×3.41% =409,838元					
合计	12,428,548元					

本工程利润率为3%,故超过3%利润率的部分为:

12,428,548-100,000,000×3% =9,428,548元。

3.比较分析

由于本工程利润率为3%,故可以进行合同期间的价格上涨调差,以浙江省建建发〔2008〕163号文件进行调价,可以调3,003,207元。而以情势变更原则进行调差,可以调9,428,548元,以情势变更原则调差对建筑商更为有利。

(八)结果

1.延迟开工的停工窝工损失

本工程由于发包人原因,延期开工达半年之久、同时因进场后未能及时开工、因规划变更导致工程停工、甲供材料未及时提供导致局部停工,经计算,建筑商提出索赔的本工程停工窝工经济损失为415万元。

2. 按开工延迟和延期延误造成价格上涨的损失

本工程原定在2007年10月1日开工，但实际是2008年4月1日开工，后又发生了许多因发包人原因工期延误的情况，建筑商材料采购、机械租赁、人工工资水平经原先计划的月份均滞后了半年以上，而该滞后期间材料、人工、机械价格猛涨，故该部分价格上涨的费用应由发包人承担。建筑商每月都向发包人上报了建筑商上月份的价格上涨的价差，总计为955万元。

3. 在原合同工期内人工、材料、机械价格上涨的调差补偿

本工程在合同工期2007年2月1日至2008年7月3日，由于价格上涨致使建筑商额外承受了经济损失，且上述价格上涨幅度已超过正常商业风险的范围，为此，根据情势变更原则，建筑商在律师的指导下进行价格调差，提出了942.8548万元的调差请求。

4. 上述三项补偿金额总计2312.8548万元

5. 如果不签证，建筑商应向发包人赔偿工期违约金

因为总工程开工时间为2008年4月1日，竣工时间为2009年7月30日，实际工期为487天，工期延误了121天。

工期违约金 = 121 × 3万元/天 = 363万元。

（九）案例评析

建筑工程标的大、周期长、不可预计因素多，且建筑商尤其是民营企业法律观念差，证据意识淡薄。所以如何做好签证、索赔及价格调整工作，维护自身的合法权益，正是建筑商的一项艰巨的任务。所以，在建筑工程情况复杂、合同履行难以预测的情况下，建筑工程的专业律师将为建筑商起到保驾护航的作用。在工程的签证索赔法律服务中，有以下几个重要的点需特别关注：

1. 投标与合同谈判是关键，力争订立对建筑商有利的合同条款

招标是要约邀请、投标是要约、中标是承诺。故投标书的编制至关重要。合同是双方真实意思的表达，是工程签证与索赔的依据，故，订立对建筑商有利的合同条款，对建筑商在施工合同履行中往往能事半功倍。建筑工程专业律师精通建筑法律专业知识，能将法律与建筑知识有机地结合在一起，在投标时，建筑专业律师可以指导建筑商编制有利于中标与以后合同履行的商务标与技术标，为以后的签证与索赔埋下伏笔。在合同谈判时建筑专业律师会提议采用对建筑商比较有利的合同版本，如示范文本，并力争在合同中多约定对建筑商比较有利

的合同条款,为以后的签证与索赔打下良好的基础。

2. 严格编制施工组织设计,并按施工组织设计进行索赔

施工组织设计是协议,是重要证据。作为一种技术性规范,一般又不会引起对方的重视和警觉。但建筑商必须对其引起足够的重视,因为一旦诉讼,合同约定不明而双方没有其他签证的情况下,法院就要看组织设计、施工方案,并以此来定案。所以,施工组织设计的编制关系到以后施工过程中工程索赔的成功与否。

施工组织设计的批准应有默认条款,即发包人自收到施工进度计划后若干天内提出修改意见,逾期则视为批准。所以,在施工进度计划中,应当明确发包人应尽的义务,如甲供材料的提供时间,直接发包工程或指定分包工程的开工与竣工时间等,以制约发包人,控制建筑商的施工工期。同时,在施工组织设计中劳动力、材料以及施工机械的安排应详尽具体,并细列甲方直接分包、指定分包的单位开工与竣工时间,甲供材料的进场时间。

3. 严格按合同约定进行工期与费用索赔

索赔指在合同履行过程中,对于并非自己的过错,而是应由对方承担责任的情况造成的实际损失,向对方提出经济补偿和(或)工期顺延的要求。索赔应在双方约定的期限内提出。

因为本工程合同用的是1999年版《建设工程施工合同(示范文本)》,所以工期索赔与费用索赔应严格按照该文本的内容进行。在本工程中,施工方都是按照合同的规定按时向发包人发出工期与费用索赔的。

4. 材料、人工、机械材料价格上涨的价格调整是工程索赔的重中之重

2007年下半年以后,材料、人工、机械市场价猛涨,已超过了一个有经验的承包商能预见的范围,超出了商业风险的范围,故浙江省出台了建建发〔2008〕163号文件,规定了人工、材料上涨予以调整的幅度。且2009年4月24日最高人民法院《合同法》(已失效)相关司法解释,确立了情势变更原则,此是最高人民法院给建筑施工企业的“尚方宝剑”,所以建筑商应高度重视此方面的价格调整。

同时需明确的是,由于发包人原因造成的开工延迟或工期延误,人工、材料、机械价格上涨的损失全部由发包人承担。但由于建筑商原因造成的开工延迟或工期延误,由此造成的人工、材料、机械价格上涨的损失全部由建筑商自行承担。

(2)主张情势变更，要求增加涨价的费用。

情势变更原则，是指合同有效成立后，因不可归责于双方当事人的事由发生重大变更而使合同的基础动摇或丧失，若继续维持合同会显失公平，因此允许变更合同内容或解除合同的原则。

这里的"情势"指合同赖以订立的客观基础，"变更"是指无法预见的、不属于商业风险的重大变化。

第一，《民法典》的规定。

《民法典》第533条规定："合同成立后，合同的基础条件发生了当事人在订立合同时无法预见的、不属于商业风险的重大变化，继续履行合同对于当事人一方明显不公平的，受不利影响的当事人可以与对方重新协商；在合理期限内协商不成的，当事人可以请求人民法院或者仲裁机构变更或者解除合同。人民法院或者仲裁机构应当结合案件的实际情况，根据公平原则变更或者解除合同。"

第二，情势变更适用条件。

①情势变更发生的时间：在合同订立之后，合同履行完毕之前。

②情势变更的事由：当事人在订立合同时对情势变更的事由无法预见；发生情势变更的事由具有不可归责性；不属于商业风险。

情势变更与"商业风险"有区别。商业风险，是指从事商业的固有风险，并非当事人不可预见、不能承受的风险，一般的市场供求变化、价格涨落都属于商业风险。由于风险自负是市场主体从事商业交易遵循的基本准则之一，故当事人作为有经验的市场主体，应当在缔结合同时自行评估相应的商业风险并承担其后果。对于属于商业风险范围内的事由，不能适用情势变更原则。

③继续履行合同对一方当事人明显不公平，"显失公平"是衡量是否违反公平、等价有偿原则的标准。

第三，材料价格大幅上涨是否属于情势变更的判断。

针对施工合同履行过程中的建筑行业的材料价格大幅上涨，实质上的核心问题有三个，即价格上涨是否可预见；是否属于商业风险；上涨后建筑施工企业损失是否导致利益显著失衡。

笔者认为，建筑商应当在以下方面予以注意：

首先，价格上涨的原因应当具有突发性，切忌在价格已经开始上涨甚至在政府主管部门已经发布警示意见情况下仍签订风险包干合同。

其次，上涨的幅度或者导致的价差应当达到一定幅度。对此，冯小光法官在

2008 年《建筑时报》的观点是“认定价格异常变动或调整合同价格的方法应以建筑企业不亏损或实现微利为考量标准”。结合目前建筑市场的利润情况，通常仅有5%左右的利润，故调差金额达到或超过工程造价的5%时，应当予以调整。

第四，情势变更的效力和法律后果。

①产生再交涉义务。

所谓再交涉义务，是指情势变更当事人之间就权益失衡的情况进行协商，以期达成合意变更或解除的目的。遭受情势变更事由影响的受损方负有及时进行协商、说明理由和提出要求的义务，未受损方负有配合积极协商的义务，双方都应秉持着诚信原则和公平原则进行协商，在合理期限内协商不成的，可以通过司法途径解决。

②变更或者解除合同。

2007 年 12 月，浙江××建筑集团股份有限公司经过公开招投标，以最低价中标的形式，中标××大厦，一共 6 万平方米，造价为 1 亿元，并签订建设工程施工合同。2008 年 4 月开工时，钢材价格突飞猛涨，而且还有继续上涨的趋势。分公司经理（实际承包人）紧急召见笔者团队，协商处理此事。这个分公司的经理认为不应当再继续承包该项目，诉求是解除施工合同。由于当时《合同法》（已失效）司法解释“情势变更原则”还没有出台，提出解除合同的一方需要承担违约责任。这个违约责任即钢材上涨的差价是需要由建筑商赔偿的。那么，这个合同放到现在来看，如何处理？

根据《民法典》的规定，一个路径是提出变更，另一个路径是请求解除。据此，建筑商应当正式发函给发包人，提出由于钢材价格上涨要求变更钢材价格，并对此进行协商；如果协商不成，可以请求法院或仲裁机构变更或解除合同。

第五，对建筑商的启示。

①约定风险范围，不要签订超过5%风险范围的合同。

②因不可预见的、非商业风险导致的人工材料价格上涨要做好签证和索赔。

③投标报价一定要附综合单价组成的依据。

④对人工材料价格上涨的原因及时固定证据：如国家重大政策变化、国际外交方面的原因。

⑤在重大变化发生后要谨慎签订补充协议。

（3）灵活运用金融工具对冲材料价格上涨的风险。

作为成熟的建筑商，在合同和法律之外，还应当学会考虑适当运用金融工具对冲材料价格的上涨风险，如期货的套期保值。目前，甚至有部分证券公司提供“期权”金融衍生产品，即建筑商支付一定的费用买入“看涨权利”，在约定期限内只要材料价格上涨超过约定价格，超过部分的差价由证券公司承担，建筑商从而锁定材料价格上涨风险。

8. 在政府投资项目和国有资金投资项目中，建筑商如何应对“以政府审计为准”

一、产品的重要性、作用及适用范围

（一）重要性和作用

《审计法》第22条规定，审计机关对政府投资和以政府投资为主的建设项目的预算执行情况和决算，进行审计监督。第30条规定，社会审计机构审计的单位依法属于审计机关审计监督对象的，审计机关按照国务院的规定，有权对该社会审计机构出具的相关审计报告进行核查。建设工程领域，特别是政府投资工程项目，通常合同约定最终结算以政府审计为准，甚至将政府审计作为支付结算价款的前置条件。从《审计法》的规定来看，审计本身是国家对建设单位的一种行政监督，不应该影响建设单位与承包单位的合同效力。但是，建设单位为了避免最终结算与政府审计结果不一致的责任，几乎都在合同中约定最终结算以政府审计为准。政府审计本身是国家管理的一种重要手段，目的是监督国有资金的有效使用。但是政府审计往往给工程结算带来久拖不审和审计错误两大难题，导致建筑商迟迟拿不到结算工程价款，从而引发经济纠纷等社会问题。

中国建筑业协会于2015年5月向全国人民代表大会常务委员会法制工作委员会提出对地方性法规中以政府审计结果作为政府投资建设项目竣工结算依据有关规定进行审查的建议。全国人民代表大会常务委员会法制工作委员会于2017年6月向中国建筑业协会回复认为地方性法规中直接以审计结果作为竣工结算依据和应当在招标文件中载明或者在合同中约定以审计结果作为竣工结算依据的规定，限制了民事权利，超越了地方立法权限，应当予以纠正。

虽然中国建筑业协会、全国人民代表大会常务委员会法制工作委员会努力想改变工程结算以审计为准的现象，但是要彻底解决工程结算以政府审计为准的问题仍然任重道远，要解决审计中久拖不审和审计错误的两大难题更是难上加难。

本产品是解决政府审计中久拖不审和审计错误的“有效秘方”，若建筑商可以积极运用司法审价手段主张自身权利，可以有效避免发包人长期拖延，甚至拖延10年或者更长时间才支付结算价款的情况，维护其合法权益。

（二）适用范围

1. 适用内容：政府投资和国有投资的建设工程和工程结算。
2. 适用主体：建设工程施工合同中的建筑商。

二、产品典型案例

案例1：

原告：福建××工程有限公司（实际施工人）

被告一：江西××建设集团有限公司（转包人）

被告二：湖南××高速公司（发包人）

被告三：湖南××高速有限公司（发包人）

（一）基本案情

2008年10月15日，发包人就湖南省衡阳至南岳高速公路第1合同段k0+000－k10+940土建工程施工招标。12月9日，确定转包人为施工总包单位。发包人与转包人合同约定工程最终结算以政府审计结果为准。2009年5月2日，转包人将涉案工程转包给实际施工人施工。2012年12月4日，讼争工程竣工验收合格，并交付使用。

截至2015年11月5日，欠实际施工人中期工程进度款1006万元、保留金1113.9202万元。

2016年，实际施工人委托本团队提供诉讼法律服务。

（二）诉讼服务

1. 本团队在诉讼过程中明确向法院提出：

（1）实际施工人主张进度款、保留金，没有主张结算款。

（2）政府审计长期拖延不得阻碍进度款、保留金支付。

（3）政府审计完毕后，可以另行结算。

2. 判决结果

政府审计未完成情况下，经法院审理，一审法院支持了实际施工人全部诉讼请求。

产品说明书

（一）法律依据

最高人民法院《关于人民法院在审理建设工程施工合同纠纷案件中如何认定财政评审中心出具的审核结论问题的答复》

《全国民事审判工作会议纪要(2011年)》

（二）实务操作要点

1. 指导建筑商在工程价款结算约定以政府审计为准时,按约定处理。

2. 指导建筑商在工程价款结算没有约定以政府审计为准时,以司法审价为准。

3. 指导建筑商在合同约定不明确时,以司法审价为准。

4. 指导建筑商在合同约定无效的情况下,以司法审价为准。

5. 指导建筑商在工程价款结算约定以政府审计为准,但发包人拖延审计时,以司法审价为准。

6. 指导建筑商在工程结算有争议时,有争议的部分以司法审价为准。

三、产品内容

（一）法律依据

最高人民法院《关于人民法院在审理建设工程施工合同纠纷案件中如何认定财政评审中心出具的审核结论问题的答复》

财政部门对财政投资的评定审核是国家对建设单位基本建设资金的监督管理,不影响建设单位与承建单位的合同效力及履行。但是,建设合同中明确约定以财政投资的审核结论作为结算依据的,审核结论应当作为结算的依据。

《全国民事审判工作会议纪要(2011年)》

25. 当事人以审计机关作出的审计报告、财政评审机构作出的评审结论,主张变更有效的建设工程施工合同约定的工程价款数额的,不予支持。

（二）实务操作要点

1. 指导建筑商在工程价款结算约定以政府审计为准,按约定处理

从民法中合同法的角度来看,合同约定工程价款结算以政府审计为准的,并没有违反法律、行政法规的效力性强制性规定,为有效约定。合同有效即具有约束力,双方应该遵守。

从审判实践来看，最高人民法院 2001 年 4 月 2 日在对河南省高级人民法院在《关于建设工程承包合同案件中双方当事人已确认的工程决算价款与审计部门审计的工程决算价款不一致时如何适用法律问题的电话答复意见》中认为，合同明确约定以审计结论作为结算依据的情况下，才能将审计结论作为判决的依据。最高人民法院 2008 年 5 月 6 日对福建省高级人民法院在《关于人民法院在审理建设工程施工合同纠纷案件中如何认定财政评审中心出具的审核结论问题的答复》中认为，建设合同中明确约定以财政投资的审核结论作为结算依据的，审核结论应当作为结算的依据。参照最高人民法院意见，合同明确约定以审计结论或财政评审中心出具的审核结论作为结算依据，按照约定处理。

从审判案例来看，最高人民法院在审理（2019）最高法民申 3810 号案件时认为，原判决适用法律问题。本案合同中已约定工程结算价以石嘴山市审计局审定值为准，双方当事人即应当遵守合同约定，原判决以石嘴山市审计局的审计结论作为定案依据有事实依据。在已有相应审计结论为依据的情形下，原审法院未准许中建公司提出的司法鉴定申请并不违反法律规定。故中建公司称原判决适用法律错误亦不能成立。最高人民法院在审理（2019）最高法民终 1510 号案件时认为，虽依照《建设工程司法解释》（已失效）第 2 条之规定，南长城公司与李某锋签订的《3 标段承包协议》无效，但由于本案所涉工程已验收合格，李某锋请求南长城公司按照该合同约定的计价标准支付相应工程价款应当予以支持。《3 标段承包协议》约定：“甲乙双方结算价以业主方铜仁市碧江区审计部门或上级审计部门对乙方实际完成工程最终审定的工程决算金额为基础，大桥下浮 15%，道路及其他项目下浮 20%，即甲方按审计部门审定金额下浮后的金额与乙方结算。”一审法院依照该约定计算工程价款并无不当。最高人民法院在审理（2019）最高法民再 67 号案件时认为，首先，中卓公司与和荣公司在涉案《合作协议书》中约定“最终工程量以审计为准”，《补充协议》中再次约定“鉴于审计局正式的审计报告还未出来，目前双方的结算结果依据的是审计中间结果，最终以正式的审计报告为准来作调整”。本案再审期间，中卓公司与和荣公司亦同意依照南通审计局作出的《审计报告》确认工程量。故原审判决以《审计报告》载明的工程量为本案工程款的计价依据并无不当。参考最高人民法院案例裁判意见，合同明确约定以审计结论作为结算依据，按照约定处理。

▶ 律师建议

政府审计通常需要准备以下结算资料：

(1)当事人共同认定的相关专业工程设计图纸、设计修改、变更通知单、现场签证单、技术核定单、图纸会审记录；

(2)当事人签订的施工合同、协议、补充协议、会议纪要、签证等；

(3)开工报告、竣工工程验收证明或其他能够证明实际开工、竣工时间的资料；

(4)当事人共同认定的主要材料、设备采购发票、加工订货合同以及建设单位供应的建筑材料、设备清单；

(5)工程预算书、工程结算书、财务资料；

(6)招投项目中的招投标文件、中标通知书；

(7)调查询问笔录、现场勘察记录；

(8)经建设单位批准的施工组织设计、年度形象进度记录；

(9)工期顺延资料，业主原因导致停工、窝工、延误工期补偿资料等；

(10)当事人共同认定的其他涉及该工程造价鉴定的照片、录音、录像等相关证据材料。

2. 指导建筑商在工程价款结算没有约定以政府审计为准时，以司法审价为准

最终结算以政府审计为准必须要有合同明确约定。在法律、行政法规没有规定情况下，合同没有明确约定的，发包人不得主张最终结算以政府审计为准。

从审判实践来看，最高人民法院在《全国民事审判工作会议纪要(2011 年)》第25 条中认为，当事人以审计机关作出的审计报告、财政评审机构作出的评审结论，主张变更有效的建设工程施工合同约定的工程价款数额的，不予支持。最高人民法院 2001 年 4 月 2 日在对河南省高级人民法院《关于建设工程承包合同案件中双方当事人已确认的工程决算价款与审计部门审计的工程决算价款不一致时如何适用法律问题的电话答复意见》中认为，审计是国家对建设单位的一种行政监督，不影响建设单位与承建单位的合同效力。建设工程承包合同案件应以当事人的约定作为法院判决的依据。最高人民法院 2008 年 5 月 6 日在对福建省高级人民法院《关于人民法院在审理建设工程施工合同纠纷案件中如何认定财政评审中心出具的审核结论问题的答复》中认为，财政部门对财政投资的评定审核是国家对建设单位基本建设资金的监督管理，不影响建设单位与承建单位的合同效力及履行。参照最高人民法院意见，工程价款结算没有约定以政府审计为准，政府审计结果不影响发包人与承包人之间的结算，结算以司法审价为准。

从审判案例来看，最高人民法院在审理（2019）最高法民申 3843 号案件时认为，交通局申请再审称，涉案公路扩建工程由于客观因素导致概算大大增加，需要重新审批，因此即使认定陆某友为实际施工人，其应得工程款也只能在“调概”和审计、审批之后给付。法院认为，涉案公路扩建工程由于客观因素导致概算大大增加而需要“调概”是否属实，应系行政机关内部解决的问题，与交通局应否对外承担支付工程价款的民事义务并无关联。本案各方之间的相关协议、合同未明确约定最终结算需以审计结果为准，亦未约定适用有关工程结算需经审计的部门规章等。根据涉案工程已于 2012 年 12 月 13 日竣工验收并投入使用，于 2014 年 12 月 12 日经过竣工验收的事实，原审判决认定交通局给付工程价款的条件已经成就，并无不当。参考最高人民法院案例裁判意见，工程价款结算没有约定以政府审计为准，最终结算不以审计结果为准，可以司法审价为准。

▶ 延伸问题 1　司法审价应该注意什么？

当事人申请鉴定，应该在举证期限届满前及时提出。

工程造价鉴定属于“专门性问题”，在未结算的情况下，当事人应该在举证期限届满前及时申请鉴定，否则将承担举证不能的败诉后果。

《建设工程司法解释一》第 32 条规定，“当事人对工程造价、质量、修复费用等专门性问题有争议，人民法院认为需要鉴定的，应当向负有举证责任的当事人释明。当事人经释明未申请鉴定，虽申请鉴定但未支付鉴定费用或者拒不提供相关材料的，应当承担举证不能的法律后果。一审诉讼中负有举证责任的当事人未申请鉴定，虽申请鉴定但未支付鉴定费用或者拒不提供相关材料，二审诉讼中申请鉴定，人民法院认为确有必要的，应当依照民事诉讼法第一百七十条第一款第三项的规定处理”。

《民事诉讼法》第 170 条第 3 项规定，“原判决认定基本事实不清的，裁定撤销原判决，发回原审人民法院重审，或者查清事实后改判。如果负有举证责任的当事人在一审诉讼中未申请鉴定，虽申请鉴定但未支付鉴定费用或者拒不提供相关材料的，导致一审承担不利后果的，二审也要支持申请鉴定”。

▶ 律师建议

工程造价鉴定通常需要准备以下鉴定资料：

（1）诉讼案件当事人的起诉状、答辩状、庭审笔录或仲裁案件申请人、被申请人的申请书、答辩状；

（2）当事人共同认定的相关专业工程设计图纸、设计修改、变更通知单、现场签证

单、技术核定单、图纸会审记录;

(3)当事人签订的施工合同、协议、补充协议、会议纪要、签证等;

(4)开工报告、竣工工程验收证明或其他能够证明实际开工、竣工时间的资料;

(5)当事人共同认定的主要材料、设备采购发票、加工订货合同以及建设单位供应的建筑材料、设备清单;

(6)工程预算书、工程结算书、财务资料;

(7)招投项目中的招投标文件、中标通知书;

(8)调查询问笔录、现场勘察记录;

(9)经建设单位批准的施工组织设计、年度形象进度记录;

(10)工期顺延资料,业主原因导致停工、窝工、延误工期补偿资料等;

(11)当事人共同认定的其他涉及该工程造价鉴定的照片、录音、录像等相关证据材料。

3. 指导建筑商在合同约定不明确的情况下,以司法审价为准

合同对建设工程价款结算约定不明确的,如果发包人主张结算以政府审计为准,法院不予支持。如发包人未在合同约定的期限内完成审价,建筑商有权提起诉讼,申请以司法审价为准。

4. 指导建筑商在合同约定无效的情况下,以司法审价为准

合同约定无效的情况下,如果发包人主张结算以政府审计为准,不会得到法院的支持。合同无效必然导致以政府审计为准的条款无效,既然审计条款无效,对双方当事人不具有约束力,也就是双方没有约定结算以政府审计为准,既然双方没有约定,应该允许建筑商在诉讼过程中申请司法鉴定。

5. 指导建筑商在工程价款结算约定以政府审计为准,但发包人拖延审计时,以司法审价为准

国有资金投资建设项目中,多数施工合同均约定最终结算以政府审计为准。很多项目完工后,因政府方原因长期拖延,未出审计结论。建筑商因政府审计未完成,迟迟拿不到结算尾款,层层拖欠工程款,甚至拖欠农民工工资,时有发生。因政府拖延审计,建筑商拿不到结算尾款,不仅造成一系列纠纷,对建筑商也不公平。

在司法审判实践中,最高人民法院也认为工程价款结算约定以政府审计为准,拖延审计的,以司法审价为准。

2019年《最高人民法院建设工程施工合同司法解释(二)理解与适用》中有相

关内容：在审核审计长期没有结果的情况下，应当区分情况，如果查明政府部门确实无法进行审核审计的，应当允许通过司法鉴定的方式确定工程造价，解决当事人的纠纷。

最高人民法院在审理(2019)最高法民终136号案件时认为，唐山三岛认为，即便将鉴定结论视为审计报告完成，根据双方合同约定，剩余第二笔、第三笔款项的付款时间节点应当是在判决生效之后的第12个月和第24个月，现在还没到应当支付的时间。因工程施工资料不全等原因，涉案工程的审计工作进展缓慢，自2016年5月中海北方将结算资料交付唐山三岛开始，截至本案诉讼发生时，已历经2年多的时间审计结论一直无法形成。一审法院虽未对造成无法正常审计问题在双方当事人之间作出明确的责任认定，但是如果采信唐山三岛关于支付款项必须严格依照合同约定以审计结论形成后才能确定时间节点的抗辩主张，在本案审计结论长期无法形成的特殊情况下，对中海北方明显有失公允。

最高人民法院在审理(2019)最高法民再56号案件时认为，紫都公司与业达公司在《道路工程施工承包合同》中约定工程结算按现行长沙市政定额标准计取，工程最终造价及支付以财政、审计部门最后审计结果为最终结算依据。虽然紫都公司及官渡镇政府均主张工程造价应以财政、审计部门最后审计结果为最终结算依据，但在上述道路工程已使用近两年的情况下，紫都公司尚未向相关财政、审计部门提交工程建设资料，启动财政、审计部门审计。在本案审理过程中也无法提供审计结果，故一审法院根据业达公司的申请，依法委托湖南日升工程咨询有限公司对业达公司完成的工程进行造价鉴定，该鉴定机构作出湘日(2016基)鉴字111号《工程造价鉴定报告》，该鉴定报告可以作为认定涉案工程造价的依据。

全国各地高级人民法院对工程价款结算约定以政府审计为准，拖延审计的，也是认为以司法审价为准。

《四川高院解答》第17条规定：“政府审计部门审计结果能否作为合同结算依据？

当事人在合同中明确约定工程价款以政府审计部门审计结果作为结算依据，并约定了审计时间，在合同约定的审计时间内非因承包人原因未作出审计结论，或虽未约定审计时间，经承包人催告，发包人未在合理期限内送交政府审计部门审计的，承包人主张按照双方签章确认的送审结算价结算工程价款的，可予支持。”

《河北省高级人民法院建设工程施工合同案件审理指南》第21条规定：“审计机关严重超出合同约定的期限未作出审计结论，发包人以此为由拒付工程款的，发包人无法举证证明审计机关具有正当理由不能出具审计结论的,当事人申请对工程造价予以司法鉴定,人民法院应予支持。"

《江苏高院解答》第10条规定:"当事人约定以行政审计、财政评审作为工程款结算依据的如何处理?当事人约定以行政审计、财政评审作为工程款结算依据的,按照约定处理。但行政审计、财政评审部门明确表示无法进行审计或者无正当理由长期未出具审计结论,当事人申请进行司法鉴定的,可以准许。"

▶ 延伸问题2　长期拖延未审计的,是否应视为付款条款已经成就?

最高人民法院在审理(2018)最高法民申2260号案件时认为,关于二审判决适用法律是否错误问题。根据《电话答复意见》规定,审计是国家对建设单位的一种行政监督,建设工程施工合同案件仍应以当事人的约定作为法院判决的依据。在合同明确约定以审计结论作为结算依据情况下,才能将审计结论作为判决的依据。涉案《建设工程施工合同》虽有以审计结论作为结算依据的约定,但是审计部门未能在合理时间内出具审计意见,二审判决将开发区管委会与赤峰建筑公司共同确认的工程造价作为结算依据符合意思自治原则,不违反法律、行政法规的强制性规定,适用法律并无不当。

最高人民法院在审理(2019)最高法民申2709号案件时认为,关于二审判决认定的欠付工程价款利息起算点是否符合合同约定的问题。2004年《建设工程司法解释》(已失效)第18条规定,利息从应付工程价款之日计付。① 依据涉案《建筑工程施工内部承揽合同》的约定,相关工程的工程价款付款时间均为工程竣工验收、丰城市审计局对该工程审计结算价款确定后。至邹有华起诉时,丰城市审计局的审计工作尚未完成,且审计结算迟延不能归责于云投公司,二审判决综合合同约定、当事人的过错程度、双方利益平衡等因素,将邹有华起诉之日确定为利息起算点,亦无不当。

6. 指导建筑商在工程结算有争议时,有争议的部分以司法审价为准

最高人民法院在编撰原《建设工程司法解释(二)理解与适用》中认为,在审核审计结果与工程实际情况或合同约定不符的情况下,比如审计结果存在漏项的,或者采用了与合同约定不符的计价依据的,应当允许当事人就不符部分另行通过司

① 可参考《建设工程司法解释一》第27条的规定,"利息从应付工程价款之日开始计付。当事人对付款时间没有约定或者约定不明的,下列时间视为应付款时间:(一)建设工程已实际交付的,为交付之日;(二)建设工程没有交付的,为提交竣工结算文件之日;(三)建设工程未交付,工程价款也未结算的,为当事人起诉之日"。

法鉴定确定造价，但申请鉴定的一方当事人应当证明不符情形的存在。

最高人民法院在审理(2018)最高法民申5190号案件时认为，关于圣奇公司提出的应对工程造价重新鉴定的主张，由于圣奇公司与黔西县政府、黔西县交通局约定以审计决算作为工程价款结算的依据，本案中业已存在审计机关作出的审计结论，圣奇公司又未提供充分证据推翻作为定案依据的审计结论，其要求重新鉴定工程价款的主张没有事实和法律依据。且一审法院曾向圣奇公司释明申请司法鉴定，但圣奇公司不同意申请鉴定。至于毕节市审计局《专项审计调查报告》是否有合法依据、是否存在程序违法，不属于民事诉讼应当审理的范围。从最高人民法院的裁判观点来看，如果有充分证据可以证明审计明显存在错误的可以推翻审计结论。

四、风险提示

1. 在签订合同时不要约定以政府审计为准。

2. 建筑商往往在政府投资项目中处于弱势地位，签订工程价款结算以政府审计为准时，应当做到以下几点：

(1)按照合同约定的内容和时间及时提交结算资料并做好签收手续，拒绝签收的以公证邮寄方式送达。

(2)发包人超过财政审计的时间，建筑商应及时发出函件，催促政府及时结束审计；如果超期严重仍未完成审计，建筑商应及时提起诉讼。

(3)在发包人审计过程中，对双方无争议的工程量和单价应及时进行确认。

(4)有争议的部分，建筑商应当及时提供证据和资料向审计单位进行核实，政府审计部门不予采纳或仍有争议的，及时通过诉讼解决。

9. 建筑商如何进行工期签证与索赔

一、产品的重要性、作用及适用范围

(一)重要性和作用

工程上讲的工期是建筑商完成建设工程施工合同中约定的全部内容所需的时间,一般指从建设工程正式破土开工到按施工承包合同约定达到竣工验收标准所花费的全部时间。施工工期同工程造价、工程质量一起被视为建设工程项目管理的三大目标,作为考核建设工程项目经济效益和社会效益的重要指标。

战场上有这样一句名言:"只有保护好自己,才能有效地歼灭敌人。"我国的民营建筑企业经过30多年的改革开放和发展,已经完成了原始积累,有的企业已经有相当强硬的实力,至今有些企业的资金和规模已经超过了国外的一般企业。企业完成原始积累后,在之后的发展过程中,预防风险是至关重要的,这也印证了"只有保护好自己,才能有效地歼灭敌人"这样一句名言。

而建设工程领域的风险预防中,工期风险可谓是重中之重。工期一旦延误,若是建筑商的责任,则往往伴随巨额的工期延误违约金。所以对工期的把控是施工过程中的重中之重。建筑商及时进行工期签证与索赔,可以固定工期延误的责任,避免发生纠纷时无法确定工期延误的责任归属问题,才能实现"控制风险、创造效益"的目标。

建筑商的工期索赔需要符合以下要求:

1. 索赔事件已经发生,且该事件已经实际造成建筑商施工合同以外的工期延长及费用增加。通常发包人和建筑商会在工程施工合同中约定可进行工期延长及费用索赔的事项,即非建筑商原因引起的工期延长及费用索赔的事项,包括但不限于:(1)因发包人原因引起的索赔事项;(2)因监理人原因引起的索赔事项;(3)因不可抗力、不利物质条件等非人为原因引起的索赔事项。

2. 索赔事件发生在工程施工关键线路上。工程施工中的关键线路,是指在施工进度网络计划中某条线路上所有工作的总持续时间大于其他线路的总持续时间的,该条线路即关键线路。一旦关键线路上某项施工工序延误,就会导致总工期延误以及相应费用的增加,建筑商就可以依据相关合同条款提出工期延误的索赔。

但是,即使某项施工工序处在非关键线路上,如果该施工工序持续增加的时间超过工程总体可接受的浮动时间,该施工工序所在的非关键线路就会转变为关键线路,即非关键线路转化为关键线路。此时,基于该施工工序延误情况,建筑商也可以提出工期延误索赔的要求。

3. 建筑商应当按照合同约定的程序及期限进行索赔。同时,应向发包人提交索赔事件发生在关键线路上的证明资料以及由此所造成的损失证据。如果该事项持续,建筑商应在合理期限内递交阶段性索赔报告,事件终结后,建筑商应递交最终索赔报告。

(二)适用范围

1. 适用内容:建设工程工期顺延签证和索赔。

2. 适用主体:建设工程施工合同中的建筑商。

二、产品典型案例

(一)基本案情

2007 年 8 月 7 日,建筑商与发包人签订《建设工程施工合同》,约定了工程价款结算方式,工程价款支付时间节点、工期等条款。2007 年 8 月 16 日及 20 日,双方达成补充协议两份,分别是《××一期工程——补充协议》《××二期工程——补充协议》;对××一期工程与二期工程的分部分项工程的工期、单体工程的工期,工程价款的支付时间节点、工程价款的结算、进度计划、隐蔽工程和中间验收、安全施工、工程变更、竣工验收及结算、结算编制原则、甲定乙供材料以及分包工程的配合费、合同履约保证金等条款进行了进一步约定。以上合同文件约定合同价款暂定人民币 11,880 万元,合同工期为一期工程 225 天,二期工程 365 天。

本工程在合同履行过程中,由于多种原因,本工程工期延误了 200 余天,而且还在进一步延误。这不但使建筑商面临巨大的工期违约风险,而且也给建筑商自身造成了巨大的窝工损失。为此,建筑商委托笔者团队提供全过程非诉讼法律服务。

(二)非诉服务

笔者团队为建筑商提供全过程非诉法律服务,即根据建筑商所遇到的工期风险，制定了三个战略服务构架：第一，解决前期工期延误风险；第二，控制施工过程中的工期风险；第三，收集固定索赔资料进行停窝工索赔。最终，实现了为建筑商控制风险、创造效益的目标。

1. 解决前期工期延误风险

(1)收集施工过程中已有的资料。

笔者团队对施工过程中已有的资料进行收集，收集的资料包括：招标文件、投标文件(包括商务标、技术标、招标答疑文件等)、中标通知书、开工报告、施工组织设计、各类合同文件(包括发包人与建筑商签订的备案合同、补充合同、协议及各类专业分包合同等)、投标时的投标报价说明书、全部的会议纪要、各类工程联系单(包括发包人、建筑商制作的联系单、工程资料签收单等)、付款凭证及已收工程款凭证、月形象进度报表及审核凭证、施工图纸发放记录、桩基检测合格凭证、甲供材料清单及供应计划、供应时间等，并对这些资料进行了认真查阅、详细分析。

(2)制作法律意见书。

笔者团队通过对上述收集的文件进行认真查阅、详细分析找出了发包人及专业分包单位等非建筑商原因造成的工期延误原因，并制作了《法律意见书》。《法律意见书》主要包括几个方面的问题：

①阐述控制工期的重要性。由于建筑商与发包人签订的《建设工程施工合同》约定了每天5万元的工期延误违约金，故建筑商已面临承担上千万元的工期延误违约金的风险，所以工期延误问题的解决已是迫在眉睫。

②列举工期延误的原因。笔者团队通过对已收集资料的认真查阅、详细分析，找出了非建筑商原因造成的工期延误原因，主要是：发包人直接发包的桩基施工单位施工延误导致工期延误60天；发包人图纸延期提供导致工期延误36天；发包人未按时支付工程进度价款导致工期延误90天；甲供材料延期供应导致工期延误22天。

③提出了解决工期延误事宜的方案。建议建筑商根据实际情况制作相关函件发送给发包人并抄送给监理，提出要求工期顺延并对工期延误的损失给予补偿。

(3)制作了要求工期顺延并对损失给予补偿的函件。

笔者团队在找出了工期延误的原因后，制作了工期顺延及费用索赔的报告，在该报告中列举了工期延误非建筑商造成的原因，并提交了相关的证据。桩基工程工期延误提交的证据为：本工程总进度计划、桩基单位施工进度计划、桩基工程验收合格报告；发包人图纸延期提供的事实提交的证据为：本工程的开工报告、发包人图纸的发放记录表、会议纪要(在会议纪要中建筑商提及要求发包人尽快提供图纸);发包人未按时支付工程进度款的事实提交的证据为:建筑商的付款申请单、发包人对建筑商付款申请的答复意见表、按照合同应付工程进度款的时间节点表、发包人支付工程进度款的具体时间明细表;甲供材料延期供应的事实提交的证据为:甲供材料清单、建筑商的供应计划表、发包人供应材料时的交接单。

在相关费用索赔方面:根据本工程现场的实际情况,笔者团队结合施工组织设计,计算出了人员、材料、机械具体损失的费用清单,并提供了相应的证据。人工费(包括管理人员及施工人员)损失事实的证据为:管理人员及施工人员的花名册包括身份证复印件、劳动合同、工资发放记录、施工人员保险缴纳凭证;机械费(包括塔吊、人货梯及其他机械等)损失事实的证据为:租赁合同、支付凭证;材料费(包括模板、钢管、扣件、木材等)损失事实的证据为:材料买卖合同、租赁合同、付款凭证;临时设施超时使用费损失事实的证据为:临时设施的租赁合同或买卖合同、临时设施的照片、支付凭证;水电超时使用费损失事实的证据为:水电费的缴费凭证。

笔者团队上述一系列为建筑商提供的非诉讼法律服务,为解决前期工期延误风险提供了法律和事实上的保障,从而避免了前期工期延误风险。

2. 施工过程中工期风险控制

前期工期延误风险得到有效控制后,接下来就是施工过程中的工期风险控制。

(1)重新编制施工总进度计划表。

根据本工程的实际情况,笔者团队建议建筑商重新编制了施工总进度计划表,并建议在该施工总进度计划表中,把所有的参建单位(主要是发包人直接发包及指定分包单位)、甲供材料供应的节点、发包人应定牌、定价的时间均编排在里面,而且在不超过合理工期的前提下,适当将发包人直接发包及指定分包单位施工工期缩短。另外,建筑商完成自己承包范围内的工程量所需的工期适当延长。笔者团队还制作了总进度计划表的编制说明,表明本工程由于非建筑商工期已延误,故要求工程工期顺延,如建筑商按此总进度表完成施工,即视为建筑商按期竣工。该说明还表明,本工程所有参加单位均应按此总进度计划完成相应义务,否则总工期仍应相应顺延。在总进度计划表编制完成后,笔者团队建议建筑商寻找时机要求发包人及监理对该计划表进行确认。最后在发包人支付工程款延迟并要求建筑商配合的情况下,其终于对该份总进度计划表进行了确认,并且监理及各分包单位也在该总进度计划表上盖章或签字确认。

(2)做好与发包人直接发包单位和指定分包单位进场前或进场时的交底工作。

控制发包人直接发包单位和指定分包单位的施工工期,是控制工程总工期风险十分重要的手段,为此,笔者团队建议建筑商在发包人直接发包单位和指定分包单位进场前与其做好交底工作,并向建筑商提供以下资料及做好以下工作:①进场前提供中标通知书、提供发包人与其签订的施工合同复印件或与建筑商签订施工合同、提供与总进度计划表相符合的进度计划表、进场时再提供开工报告;②进场前或进场时,与建筑商签订配合协议书、安全管理协议书;③进场前提供安全、质量、进度、工资支付的承诺书;④进场前提供其单位的资质证书等资料,并提供工程管理人员及施工人员的名单。

通过笔者团队的建议及协助,建筑商在发包人直接发包单位和指定分包单位进场前或进场时,做好了交底工作,为控制总工期风险打下了良好的基础。

(3)协助制作周报和修改会议纪要。

在施工过程中,笔者团队建议建筑商制作周报,并在工程监理例会上提交给发包人或监理。周报也是固定相关证据的有效手段,而且周报比较容易得到发包人及监理人认可,笔者团队将发包人怠于履行义务的行为,特别是影响本工程工期事宜的情形填写在需协调一栏中,从而和联系单相呼应,以达到固定证据的目的。对于监理记录并起草的工程例会会议纪要,在各方签字前,笔者团队均要进行审核,对于不利于建筑商的措辞,给予必要的修改,加上一些有利于建筑商的内容、删除一些不利于建筑商的内容,以最大限度地维护建筑商的利益,从而控制工期的风险。

(4)及时制作工期顺延签证单及索赔报告。

在完成上述的工作的情况,笔者团队在每次到工程现场进行非诉讼法律服务时,会召集工程现场项目经理及相关管理人员,通过会议的形式,了解工程的进展情况,碰到相关问题及时提出解决方案。涉及需要工期顺延的情况,笔者团队均严格依照合同约定的程序制作工期顺延签证单,并根据实际情况提出索赔意向及索赔报告,发送给发包人并抄送给监理,同时指导建筑商做好签收工作。因篇幅有限仅举如下几个例子:

①由于设计原因,导致建筑商需要对原已施工完毕工程部位进行拆除并按变更设计方案重新施工。这不但造成工期延误,同时也给建筑商造成了损失。笔者团队在该事件发生后的14天内,即向发包人提出要求工期顺延的报告,并在28天内向发包人发出了索赔意向通知,在索赔意向通知发出后的28天内,又向发包人提出

工期顺延和补偿经济损失的索赔报告及有关资料，并阶段性地向发包人发送了工期顺延及索赔报告，最后在该事件结束后，向发包人发送了最终的工期顺延及索赔报告。通过笔者团队的努力，最后该事件得以工期顺延4个月，并获得发包人补偿损失（增加的费用）100多万元。

②一期工程铝合金门窗安装未完成造成的工期延误。工程的铝合金门窗为发包人指定分包，由于施工缓慢导致未能按合同及总进度计划表完成施工任务。笔者团队在铝合金门窗施工单位应完成施工任务的节点后14天内，即向发包人提出了要求工期顺延的报告，并在28天内向发包人发出了索赔意向通知；在索赔意向通知发出后的28天内，又向发包人提出工期顺延和补偿经济损失的索赔报告及有关资料，并阶段性地向发包人发送了工期顺延及索赔报告，要求发包人给予本工程工期顺延3个月，并要求补偿建筑商在此工期延误期间的实际损失。同时笔者团队还制作了联系函发送给铝合金门窗施工单位，一方面要求其加快施工速度尽快完工，另一方面要求其承担由于工期延误而给建筑商带来的损失。

③对于不可抗力造成工期延误的处理。高温天气属于不可抗力，而且国家相关部门对于高温天气的避峰工作有所规定，故在高温天气发生后的14天内，笔者团队即向发包人提出要求工期顺延的报告，后在高温天气结束后的14天内，又向发包人提出要求工期顺延的最终报告，要求顺延工期16.5天。

④发包人未支付工程款造成的工期延误。因发包人建设资金缺乏，自2008年2月15日起拖欠建筑商工程进度款，导致工程严重延误并给建筑商带来了损失。在此情况下，笔者团队按照合同约定的程序分别于2008年6月12日、6月30日、7月14日、7月28日、8月16日、9月1日、9月27日等多次起草《催讨工程款函》，要求发包人支付工程款，并制作工期顺延签证及索赔报告发送给发包人。在多次催讨无果的情况下，经建筑商同意，笔者团队制作了《停工报告》发送给发包人。在停工期间，笔者团队又制作了停工期间的工期顺延报告及索赔报告，并根据合同约定连续向发包人发送阶段性工期顺延及索赔报告。

3. 最终结果

由于笔者团队做好了前期及施工过程中的工期风险的控制，同时又做好了签证与索赔工作，在笔者团队提交了大量证据的情况下，2009年2月27日，建筑商与发包人达成了备忘录。其中约定："甲、乙双方确认，停、窝工损失及逾期支付工程款利息，合并为700万元，该款项由甲方在2009年3月31日前付清；甲方承诺，在2009年3月31日前付清原拖欠的2785万元工程进度款；甲方未按照上述约定及时足额支付上述任何一笔款项，乙方仍有权立即停工。如本备忘录签订后因甲方拖欠款项导致乙方停工，则根据目前工程现状，甲方确认停工期间乙方实际损失为每天 9 万元，由甲方按照实际停工天数按实进行赔偿。如乙方自愿继续施工，则甲方愿按照应付未付工程款项2%的比例支付逾期付款违约金。”“后续工期由乙方重新编排本工程的进度计划表，甲方给予确认，如甲方未能按备忘录约定支付工程款、甲方直接发包、指定分单位未能按重新编排的进度计划完成施工任务的，则工期相应顺延。”

达成备忘录后，笔者团队立即指导建筑商重新编排了总进度计划表，并按照备忘录约定的内容编写了编制说明。在发包人签署备忘录的同时对总进度计划表给予了确认。

（三）案例总结

通过笔者团队的全过程非诉讼法律服务，建筑商不但避免了前期 200 余天工期延误的风险，也切实地控制了后期工期延误的风险。同时，还成功地为建筑商争取到了 700 万元的索赔款。上述成果达到了笔者团队前期制定的“三战略服务框架”的目标，得到了建筑商的高度赞誉，在预防风险的同时，创造了效益。

产品说明书

（一）法律依据

1. 开工日期规定：

《建设工程司法解释一》第 8 条

《浙江高院解答》第 5 条

《江苏高院指南》第 6 条

《北京高院解答》第 25 条

《安徽高院意见二》第 3 条

2. 竣工日期规定：

《建设工程司法解释一》第 9 条

《安徽高院意见二》第 5 条

3. 工期索赔事由规定：

《民法典》第 797 条、第 798 条、第 803 条、第 804 条

4. 工期索赔程序规定：

《建设工程司法解释一》第 10 条

《浙江高院解答》第6条

《北京高院解答》第26条

(二)实务操作要点

1. 强制招投标项目、非强制招投标但经招投标的项目在招投标阶段工期控制法律服务(没有经过招标投标的建设工程施工合同亦可参考以下做法)

(1)对"合理工期"的审查。

①提醒建筑商"合理工期"应参照《建设工程工程量清单计价规范》的规定,指导建筑商审核招标文件中工期是否符合"合理工期"的标准,发包人是否存在任意压缩合理工期的情况。

②指导建筑商在招标文件的工期低于合理工期的情况下,应在招标答疑中向发包人提出,并且要求增加赶工费用。

(2)招投标文件中工期条款审核原则。

①提醒建筑商在招投标程序中,投标文件应对招标文件中工期的约定进行实质性响应,否则投标将会作为废标处理。

②指导建筑商在工期通用条款的约定中采用有利于建筑商的2017年版《建设工程施工合同(示范文本)》,但亦需要提醒建筑商特别注意,上述文本中工期索赔的默认放弃条款。

(3)对开工日期的审核。

①提醒建筑商对开工日期应有明确的约定,避免因约定不明产生纠纷。

②指导建筑商在专用条款中约定开工时间的起算应同时具备三个条件(施工条件已经具备、施工许可证已领取、发包人已发出开工令)。

(4)对竣工日期的审核。

①指导建筑商在竣工日期的约定上,应适用2017年版《建设工程施工合同(示范文本)》通用条款第13.2.3项的约定。

②提醒建筑商在竣工日期的约定上应尽量避免"取得竣工备案证明的日期为竣工日期"等此类约定。

③提醒建筑商在竣工日期约定不明的情况下,可按照《建设工程司法解释一》第9条的规定处理。

(5)对工期顺延情形的审核。

①指导建筑商审核2017年版《建设工程施工合同(示范文本)》通用条款中

罗列的工期可顺延事宜是否被取消，若被取消，应建议建筑商向发包人进行争取。

②提醒建筑商在2017年版《建设工程施工合同（示范文本）》通用条款所罗列的索赔情形外，在专用条款中对于施工中可预见的索赔情形进行补充约定。

(6)审核工期顺延及索赔程序。

①建议建筑商在索赔程序的约定上建议采取2017年版《建设工程施工合同（示范文本）》通用条款第19条的约定。

②提醒建筑商注意索赔程序中逾期弃权条款。

2. 合同签订阶段工期控制法律服务

(1)指导建筑商工期控制可采取最基本、最重要的技巧，即“头尾斩断中间小”的方法。

(2)指导建筑商在施工组织设计、进度计划编制应注意把建筑商自己的工期拉长，但不能高于定额工期；把发包人指定分包单位的工期缩短，但不得低于合理工期。

3. 实际履约阶段工期控制法律服务

(1)开工准备阶段的工期控制法律服务。

①指导建筑商在进场前，应按照合同的约定，编制详细进度计划和施工组织设计，并提请发包人和监理单位批准。

②指导建筑商如何处理不具备开工条件下，发包人强令开工。

(2)开工后至工程±0.00完成前的工期控制法律服务。

①指导建筑商如何处理桩基施工中遇到地下障碍物。

②指导建筑商如何处理发包人口头指令导致基坑塌方事故。

(3)工程±0.00至主体结构封顶的工期控制法律服务。

①指导建筑商如何处理因设计错误引起的质量问题。

②指导建筑商如何处理发包人未按期支付工程进度款。

(4)主体结构封顶至竣工验收合格期间的工期控制法律服务。

①指导建筑商如何处理发包人指定分包单位延误致使总工期延误。

②指导建筑商如何处理发包人直接发包项目延误致使工期延误。

4. 2017年版《建设工程施工合同（示范文本）》专用条款填写说明

三、产品内容

(一)法律依据

1. 开工日期规定

《建设工程司法解释一》

第 8 条 当事人对建设工程开工日期有争议的,人民法院应当分别按照以下情形予以认定:

(一)开工日期为发包人或者监理人发出的开工通知载明的开工日期;开工通知发出后,尚不具备开工条件的,以开工条件具备的时间为开工日期;因承包人原因导致开工时间推迟的,以开工通知载明的时间为开工日期。

(二)承包人经发包人同意已经实际进场施工的,以实际进场施工时间为开工日期。

(三)发包人或者监理人未发出开工通知,亦无相关证据证明实际开工日期的,应当综合考虑开工报告、合同、施工许可证、竣工验收报告或者竣工验收备案表等载明的时间,并结合是否具备开工条件的事实,认定开工日期。

《浙江高院解答》

第 5 条 建设工程施工合同的开工时间以开工通知或开工报告为依据。开工通知或开工报告发出后,仍不具备开工条件的,应以开工条件成就时间确定。没有开工通知或开工报告的,应以实际开工时间确定。

《江苏高院指南》

六、建设工程施工合同条款

1. 开工日期的认定建设工程合同中,开工日期一般都是确定的,但实务中也时常发生承包人实际开工日期的争议,通常集中为承包人实际延迟开工的原因方面。归纳起来,承包人实际推迟开工的原因主要为以下三个方面:(1)发包人未能依法依约提供符合承包人开工的条件……(2)承包人无力按时开工,包括施工人员、机械设备、承诺垫资的资金、材料不能按时到位等;(3)外部原因,比如自然灾害、恶劣气候、流行性疾病、周边群众阻挠等。上述发包人原因、外部原因(周边群众阻挠系因与发包人的纠纷引发)致使承包人确实无法按时开工,不可归责于承包人,承包人可以顺延开工日期而不构成违约。因承包人原因(周边群众阻挠系因与承包人的纠纷引起)致使承包人不能按时开工的,承包人不可以顺延开工日期,因此不能在约定的工程日期内竣工或者不能履行合同的,承包人应承担迟延履行和不能履行的违约责任。

《北京高院解答》

25. 工程开竣工日期如何确定?

建设工程施工合同实际开工日期的确定,一般以开工通知载明的开工时间为依据;因发包人原因导致开工通知发出时开工条件尚不具备的,以开工条件具备的时间确定开工日期;因承包方原因导致实际开工时间推迟的,以开工通知载明的时间为开工日期;承包人在开工通知发出前已经实际进场施工的,以实际施工时间为开工日期;既无开工通知也无相关证据能证明实际开工日期的,以施工合同约定的开工时间为开工日期。

《安徽高院意见二》

第3条 建设工程的开工日期应依据开工令、开工报告记载的时间予以认定。当事人认为实际开工时间与开工令、开工报告记载的时间不符的,应当承担举证责任。

因发包人原因导致延误开工的,以实际开工时间作为开工日期;因承包人原因导致延误开工的,以开工令、开工报告记载的时间作为开工日期。

既无开工令、开工报告,又无法查明实际开工时间的,依据合同约定的开工日期予以认定。

2. 竣工日期规定

《建设工程司法解释一》

第9条 当事人对建设工程实际竣工日期有争议的,人民法院应当分别按照以下情形予以认定:

(一)建设工程经竣工验收合格的,以竣工验收合格之日为竣工日期;

(二)承包人已经提交竣工验收报告,发包人拖延验收的,以承包人提交验收报告之日为竣工日期;

(三)建设工程未经竣工验收,发包人擅自使用的,以转移占有建设工程之日为竣工日期。

《安徽高院意见二》

第5条 承包人已经按照合同约定或者《建筑法》第六十一条规定,向发包人提交竣工验收报告、其承包部分完整的工程技术经济资料和经签署的工程保修书,发包人拖延验收的,以上述资料提交齐全之日为竣工日期,但工程质量不合格的除外。

3. 工期索赔事由规定

《民法典》

第797条 发包人在不妨碍承包人正常作业的情况下，可以随时对作业进度、质量进行检查。

第798条 隐蔽工程在隐蔽以前，承包人应当通知发包人检查。发包人没有及时检查的，承包人可以顺延工程日期，并有权请求赔偿停工、窝工等损失。

第803条 发包人未按照约定的时间和要求提供原材料、设备、场地、资金、技术资料的，承包人可以顺延工程日期，并有权请求赔偿停工、窝工等损失。

第804条 因发包人的原因致使工程中途停建、缓建的，发包人应当采取措施弥补或者减少损失，赔偿承包人因此造成的停工、窝工、倒运、机械设备调迁、材料和构件积压等损失和实际费用。

4. 工期索赔程序规定

《建设工程司法解释一》

第10条 当事人约定顺延工期应当经发包人或者监理人签证等方式确认，承包人虽未取得工期顺延的确认，但能够证明在合同约定的期限内向发包人或者监理人申请过工期顺延且顺延事由符合合同约定，承包人以此为由主张工期顺延的，人民法院应予支持。

当事人约定承包人未在约定期限内提出工期顺延申请视为工期不顺延的，按照约定处理，但发包人在约定期限后同意工期顺延或者承包人提出合理抗辩的除外。

《浙江高院解答》

第6条 发包人仅以承包人未在规定时间内提出工期顺延申请而主张工期不能顺延的，该主张不能成立。但合同明确约定不在规定时间内提出工期顺延申请视为工期不顺延的，应遵从合同的约定。

《北京高院解答》

26. 工期顺延如何认定？

因发包人拖欠工程预付款、进度款、迟延提供施工图纸、场地及原材料、变更设计等行为导致工程延误，合同明确约定顺延工期应当经发包人签证确认，经审查承包人虽未取得工期顺延的签证确认，但其举证证明在合同约定的办理期限内向发包人主张过工期顺延，或者发包人的上述行为确实严重影响施工进度的，对承包人顺延相应工期的主张，可予支持。

(二)实务操作要点

1. 强制招投标项目、非强制招投标但经招投标的项目在招投标阶段工期控制法律服务(没有经过招标投标的建设工程施工合同亦可参考以下做法)

(1)对"合理工期"的审查。

①提醒建筑商"合理工期"应参照《建设工程工程量清单计价规范》的规定,指导建筑商审核招标文件中工期是否符合"合理工期"的标准,发包人是否存在任意压缩合理工期的情况。

合理工期,是指建设工程在正常的建设条件下,依据合理的施工工艺和管理,在建设过程中对人力、财务、资源合理有效地利用并保障建设工程质量安全与施工安全的基础上完成施工任务的必要劳动时间。

我国现行的法律法规并未对"合理工期"的标准作出明确规定,《建设工程工程量清单计价规范》规定:"招标人应依据相关工程的工期定额合理计算工期,压缩的工期天数不得超过定额工期的20%,超过者,应在招标文件中明示增加赶工费用。"

据此,笔者团队认为,合理工期的确定应当参照《建设工程工程量清单计价规范》的规定,不低于定额工期的80%。若合同工期低于定额工期80%的,则应当明确增加赶工费用。

②指导建筑商在招标文件的工期低于合理工期的情况下,应在招标答疑中向发包人提出,并且要求增加赶工费用。

根据上述《建设工程工程量清单计价规范》的规定,若合同工期低于定额工期80%的,则应当明确增加赶工费用,也就是说,即便工期低于定额工期的80%,发包人增加赶工费用的,该招标合同的工期也属于合理工期,并非发包人"任意压缩合理工期"的行为。

故,若发现招标文件中的工期低于定额工期80%,且没有约定赶工费用,建筑商应在招标答疑中向发包人提出。

(2)招投标文件中工期条款审核原则。

①提醒建筑商在招投标程序中,投标文件应对招标文件中工期约定进行实质性响应,否则投标将会作为废标处理。

《招标投标法》第27条第1款规定,投标人应当按照招标文件的要求编制投标文件。投标文件应当对招标文件提出的实质性要求和条件作出响应。

根据上述规定,投标文件应对招标文件中的实质性要求和条件作出响应,否则应作为废标处理,而招标文件中关于工期的约定即招标文件的实质性内容。在招投标过程中,建筑商应对招标文件中的工期进行实质响应,并提醒建筑商注意相关工期约定的风险。

②指导建筑商在工期通用条款的约定中采用有利于建筑商的2017年版《建设工程施工合同(示范文本)》,但亦需要提醒建筑商特别注意,上述文本中工期索赔的默认放弃条款。

2017年版《建设工程施工合同(示范文本)》规定的工期顺延情形、索赔程序等相对来说对建筑商比较有利,笔者团队建议建筑商尽量选择上述示范文本中的工期通用条款,这有利于最大限度地维护建筑商的合法权益。

但需要注意的是,2017年版示范文本中规定了建筑商的默认放弃条款,例如,承包人未在前述28天内发出索赔意向通知书的,丧失要求追加付款和(或)延长工期的权利。该类默认放弃条款应当引起建筑商注意,在施工过程中应严格按照约定时间进行索赔,以免因超过时间而默认放弃索赔权利。

(3)对开工日期的审核。

①提醒建筑商对开工日期应有明确的约定,避免因约定不明产生纠纷。

建设工程的开工日期,是建设工程合同中约定的工期计算的起点,对于确定工期违约具有极其重要的意义。

若开工日期约定不明的,双方易产生争议,可根据《建设工程司法解释一》第8条的规定,即"当事人对建设工程开工日期有争议的,人民法院应当分别按照以下情形予以认定:(一)开工日期为发包人或者监理人发出的开工通知载明的开工日期;开工通知发出后,尚不具备开工条件的,以开工条件具备的时间为开工日期;因承包人原因导致开工时间推迟的,以开工通知载明的时间为开工日期。(二)承包人经发包人同意已经实际进场施工的,以实际进场施工时间为开工日期。(三)发包人或者监理人未发出开工通知,亦无相关证据证明实际开工日期的,应当综合考虑开工报告、合同、施工许可证、竣工验收报告或者竣工验收备案表等载明的时间,并结合是否具备开工条件的事实,认定开工日期"。

②指导建筑商在专用条款中约定开工时间的起算应同时具备三个条件(施工条件已经具备、施工许可证已领取、发包人已发出开工令)。

开工日期为工期计算的起算点,双方对于开工日期有明确约定的情况下,则按照双方约定执行,若有争议,则根据上述《建设工程司法解释一》第8条的规定作出认定,故当事人对于开工日期的约定尤为重要。

实践中，笔者团队曾看到过这样的工期约定："开工日期以发包人发出的开工通知为准，工期包括：(1)任何施工前的准备工作；(2)向有关当局提交任何前期申请(包括施工许可证的申请和签发)所需之审批、处理及等候时间。"在这种约定中，开工条件的准备时间被计算在开工中，对建筑商来说十分不利。

故笔者团队认为，在关于开工日期的约定中，建筑商应尽量争取在专用条款中约定开工时间的起算应同时具备三个条件，即施工条件已经具备、施工许可证已领取、发包人已发出开工令。

对于施工条件，需要结合项目的基本情况以及合同的约定进行判断，以2017年版《建设工程施工合同(示范文本)》为例，其通用条款第2.4.2项明确约定："除专用合同条款另有约定外，发包人应负责提供施工所需要的条件，包括：(1)将施工用水、电力、通讯线路等施工所必需的条件接至施工现场内；(2)保证向承包人提供正常施工所需要的进入施工现场的交通条件；(3)协调处理施工现场周围地下管线和邻近建筑物、构筑物、古树名木的保护工作，并承担相关费用；(4)按照专用合同条款约定应提供的其他设施和条件。"

(4)对竣工日期的审核。

①指导建筑商在竣工日期的约定上，应适用2017年版《建设工程施工合同(示范文本)》通用条款第13.2.3项的约定。

2017年版《建设工程施工合同(示范文本)》通用条款第13.2.3项约定："工程经竣工验收合格的，以承包人提交竣工验收申请报告之日为实际竣工日期，并在工程接收证书中载明；因发包人原因，未在监理人收到承包人提交的竣工验收申请报告42天内完成竣工验收，或完成竣工验收不予签发工程接收证书的，以提交竣工验收申请报告的日期为实际竣工日期；工程未经竣工验收，发包人擅自使用的，以转移占有工程之日为实际竣工日期。"

根据上述约定，竣工日期按照以下三种情况存在不同的情形：第一，工程竣工验收合格的，竣工日期为建筑商提交竣工验收申请报告之日；第二，因发包人原因，延期完成竣工验收或者完成竣工验收不予签发工程接受证书的，竣工日期为建筑商提交竣工验收申请报告之日；第三，工程未经竣工验收，发包人擅自使用的，竣工日期为转移占有工程之日。

②提醒建筑商在竣工日期的约定上应尽量避免"取得竣工备案证明的日期为竣工日期"等此类约定。

在笔者团队接触的施工合同中，部分发包人以取得竣工备案证明的日期为竣工日期;这种约定对于建筑商来说极为不利。

竣工验收不同于竣工验收备案。竣工验收,是建设单位依据建设工程管理制度、竣工验收技术标准,以及建设工程合同的约定,组织有关单位对建设工程进行查验接收的行为。《建设工程质量管理条例》第16条明确规定,建设单位收到建设工程竣工报告后,应当组织设计、施工、工程监理等有关单位进行竣工验收。竣工验收备案,则是建设工程质监部门在建设单位申请备案并提交有关文件的情况下予以备案,以供查考的行为。《建设工程质量管理条例》第49条明确规定,建设单位应当自建设工程竣工验收合格之日起15日内,将建设工程竣工验收报告和规划、公安消防、环保等部门出具的认可文件或者准许使用文件报建设行政主管部门或者其他有关部门备案。

总的来说,竣工验收备案是在竣工验收合格之后实施的,相较来说,竣工验收备案日期一般比竣工验收合格日期至少晚一个月,若竣工日期约定为取得竣工验收备案证明的日期,则建筑商实际施工时间将减少一个多月,对建筑商来说极为不利。

③提醒建筑商在竣工日期约定不明的情况下,可按照《建设工程司法解释一》第9条的规定处理。

《建设工程司法解释一》第9条规定,"当事人对建设工程实际竣工日期有争议的,人民法院应当分别按照以下情形予以认定:(一)建设工程经竣工验收合格的,以竣工验收合格之日为竣工日期;(二)承包人已经提交竣工验收报告,发包人拖延验收的,以承包人提交验收报告之日为竣工日期;(三)建设工程未经竣工验收,发包人擅自使用的,以转移占有建设工程之日为竣工日期。"

在适用这条规定时,需要特别提醒建筑商注意"发包人擅自使用"的证据固定,对于"发包人擅自使用"的举证责任在于建筑商,这对于建筑商来说比较困难,笔者团队一般建议采取拨打"110"报警以及公证等方式固定"发包人擅自使用"的证据。

(5)对工期顺延情形的审核。

①指导建筑商审核2017年版《建设工程施工合同(示范文本)》通用条款中罗列的工期可顺延事宜是否被取消,若被取消,应建议建筑商向发包人进行争取。

2017年版《建设工程施工合同(示范文本)》通用条款约定的工期顺延情形对建筑商来说比较有利,且约定的顺延情形亦在实践中普遍存在,主要可分为三类工期顺延情形:

第一类是因发包人原因承包人可提起索赔的事件,具体情况如表9-1所示:

表9-1 因发包人原因承包人可提起索赔的事件

序号	索赔事件	对应合同条款
1	发包人延迟提供图纸	1.6.1 ……因发包人未按合同约定提供图纸导致承包人费用增加和(或)工期延误的,按照第7.5.1项(因发包人原因导致工期延误)约定办理
2	发包人拒绝签收往来信函	1.7.3 发包人和承包人应当及时签收另一方送达至送达地点和指定接收人的来往信函。拒不签收的,由此增加的费用和(或)延误的工期由拒绝接收一方承担
3	场外交通设施无法满足施工需求	1.10.2 ……场外交通设施无法满足工程施工需要的,由发包人负责完善并承担相关费用
4	甲供材料等侵权	1.11.3 ……因发包人提供的材料、施工设备、工程设备或施工工艺导致侵权的,由发包人承担责任
5	发包人未及时取得合法证照或办理相关审批手续	2.1 许可或批准 发包人应遵守法律,并办理法律规定由其办理的许可、批准或备案,包括但不限于建设用地规划许可证、建设工程规划许可证、建设工程施工许可证、施工所需临时用水、临时用电、中断道路交通、临时占用土地等许可和批准。发包人应协助承包人办理法律规定的有关施工证件和批件。 因发包人原因未能及时办理完毕前述许可、批准或备案,由发包人承担由此增加的费用和(或)延误的工期,并支付承包人合理的利润
6	发包人逾期提供施工现场、施工条件、基础资料	2.4.4 逾期提供的责任 因发包人原因未能按合同约定及时向承包人提供施工现场、施工条件、基础资料的,由发包人承担由此增加的费用和(或)延误的工期
7	因发包人原因造成工程质量不合格	5.1.2 因发包人原因造成工程质量未达到合同约定标准的,由发包人承担由此增加的费用和(或)延误的工期,并支付承包人合理的利润。 5.4.2 因发包人原因造成工程不合格的,由此增加的费用和(或)延误的工期由发包人承担,并支付承包人合理的利润
8	隐蔽工程重新检查质量合格的	5.3.3 重新检查 承包人覆盖工程隐蔽部位后,发包人或监理人对质量有疑问的,可要求承包人对已覆盖的部位进行钻孔探测或揭开重新检查,承包人应遵照执行,并在检查后重新覆盖恢复原状。经检查证明工程质量符合合同要求的,由发包人承担由此增加的费用和(或)延误的工期,并支付承包人合理的利润

续表

<table>
<tr><th>序号</th><th>索赔事件</th><th>对应合同条款</th></tr>
<tr><td>9</td><td>因发包人原因逾期发出开工通知</td><td>7.3.2　开工通知
除专用合同条款另有约定外,因发包人原因造成监理人未能在计划开工日期之日起 90 天内发出开工通知的,承包人有权提出价格调整要求,或者解除合同。发包人应当承担由此增加的费用和(或)延误的工期,并向承包人支付合理利润</td></tr>
<tr><td>10</td><td>发包人未能按合同约定提供图纸或所提供图纸不符合合同约定的</td><td rowspan="5">7.5.1　因发包人原因导致工期延误
在合同履行过程中,因下列情况导致工期延误和(或)费用增加的,由发包人承担由此延误的工期和(或)增加的费用,且发包人应支付承包人合理的利润:
(1)发包人未能按合同约定提供图纸或所提供图纸不符合合同约定的;
(2)发包人未能按合同约定提供施工现场、施工条件、基础资料、许可、批准等开工条件的;
(3)发包人提供的测量基准点、基准线和水准点及其书面资料存在错误或疏漏的;
(4)发包人未能在计划开工日期之日起 7 天内同意下达开工通知的;
(5)发包人未能按合同约定日期支付工程预付款、进度款或竣工结算款的;
(6)监理人未按合同约定发出指示、批准等文件的;
(7)专用合同条款中约定的其他情形。
因发包人原因未按计划开工日期开工的,发包人应按实际开工日期顺延竣工日期,确保实际工期不低于合同约定的工期总日历天数。因发包人原因导致工期延误需要修订施工进度计划的,按照第 7.2.2 项[施工进度计划的修订]执行</td></tr>
<tr><td>11</td><td>发包人未能按合同约定提供施工现场、施工条件、基础资料、许可、批准等开工条件的</td></tr>
<tr><td>12</td><td>发包人提供的测量基准点、基准线和水准点及其书面资料存在错误或疏漏的</td></tr>
<tr><td>13</td><td>发包人未能在计划开工日期之日起 7 天内同意下达开工通知的</td></tr>
<tr><td>14</td><td>发包人未能按合同约定日期支付工程预付款、进度款或竣工结算款的</td></tr>
<tr><td>15</td><td>因发包人原因引起的暂停施工</td><td>7.8.1　发包人原因引起的暂停施工
因发包人原因引起暂停施工的,监理人经发包人同意后,应及时下达暂停施工指示。情况紧急且监理人未及时下达暂停施工指示的,按照第 7.8.4 项[紧急情况下的暂停施工]执行。
因发包人原因引起的暂停施工,发包人应承担由此增加的费用和(或)延误的工期,并支付承包人合理的利润</td></tr>
</table>

续表

序号	索赔事件	对应合同条款
16	因发包人原因无法按时复工的	7.8.5 暂停施工后的复工 ……因发包人原因无法按时复工的,按照第7.5.1项(因发包人原因导致工期延误)约定办理
17	发包人提供的材料或工程设备不符合合同要求的	8.5.3 发包人提供的材料或工程设备不符合合同要求的,承包人有权拒绝,并可要求发包人更换,由此增加的费用和(或)延误的工期由发包人承担,并支付承包人合理的利润
18	监理人重新检验且证明承包人试验和检查无误	9.3.3 监理人对承包人的试验和检验结果有异议的,或为查清承包人试验和检验成果的可靠性要求承包人重新试验和检验的,可由监理人与承包人共同进行……重新试验和检验结果证明该项材料、工程设备和工程符合合同要求的,由此增加的费用和(或)延误的工期由发包人承担
19	发包人设计变更	10.3.3 变更执行 承包人收到监理人下达的变更指示后,认为不能执行,应立即提出不能执行该变更指示的理由。承包人认为可以执行变更的,应当书面说明实施该变更指示对合同价格和工期的影响,且合同当事人应当按照第10.4款[变更估价]约定确定变更估价
20	因发包人原因导致暂估价合同订立和履行延迟的	10.7.3 因发包人原因导致暂估价合同订立和履行迟延的,由此增加的费用和(或)延误的工期由发包人承担,并支付承包人合理的利润
21	因设计原因导致试车达不到验收要求	13.3.2 因设计原因导致试车达不到验收要求,发包人应要求设计人修改设计,承包人按修改后的设计重新安装。发包人承担修改设计、拆除及重新安装的全部费用,工期相应顺延。因承包人原因导致试车达不到验收要求,承包人按监理人要求重新安装和试车,并承担重新安装和试车的费用,工期不予顺延
22	因发包人采购的工程设备导致试车达不到验收要求的	13.3.2 因工程设备制造原因导致试车达不到验收要求的,由采购该工程设备的合同当事人负责重新购置或修理,承包人负责拆除和重新安装,由此增加的修理、重新购置、拆除及重新安装的费用及延误的工期由采购该工程设备的合同当事人承担
23	发包人要求提前交付单位工程	13.4.2 发包人要求在工程竣工前交付单位工程,由此导致承包人费用增加和(或)工期延误的,由发包人承担由此增加的费用和(或)延误的工期,并支付承包人合理的利润
24	因发包人其他违约行为导致工期延误	16.1.2 发包人违约的责任 发包人应承担因其违约给承包人增加的费用和(或)延误的工期,并支付承包人合理的利润。此外,合同当事人可在专用合同条款中另行约定发包人违约责任的承担方式和计算方法

第二类是因监理人原因承包人可提起索赔的事件，具体情况如表 9－2 所示：

表 9－2　因监理人原因承包人可提起索赔的事件

序号	索赔事件	对应合同条款
1	监理人未按约发送指示	4.3　监理人的指示 …… 监理人发出的指示应送达承包人项目经理或经项目经理授权接收的人员。因监理人未能按合同约定发出指示、指示错误或发出了错误指示而导致承包人费用增加和(或)工期延误的，由发包人承担相应责任
2	监理人检查和检验影响施工正常进行	5.2.3　监理人的质量检查和检验 监理人的检查和检验不应影响施工正常进行。监理人的检查和检验影响施工正常进行的，且经检查检验不合格的，影响正常施工的费用由承包人承担，工期不予顺延；经检查检验合格的，由此增加的费用和(或)延误的工期由发包人承担
3	监理人延期检验隐蔽工程	5.3.2　除专用合同条款另有约定外，监理人不能按时进行检查的，应在检查前 24 小时向承包人提交书面延期要求，但延期不能超过 48 小时，由此导致工期延误的，工期应予以顺延。监理人未按时进行检查，也未提出延期要求的，视为隐蔽工程检查合格，承包人可自行完成覆盖工作，并作相应记录报送监理人，监理人应签字确认。监理人事后对检查记录有疑问的，可按第 5.3.3 项[重新检查]的约定重新检查
4	监理人未按合同约定发出指示、批准等文件的	7.5.1　因发包人原因导致工期延误 在合同履行过程中，因下列情况导致工期延误和(或)费用增加的，由发包人承担由此延误的工期和(或)增加的费用，且发包人应支付承包人合理的利润： …… (6)监理人未按合同约定发出指示、批准等文件的
5	监理人重新检验且证明承包人试验和检查无误	9.3.3　监理人对承包人的试验和检验结果有异议的，或为查清承包人试验和检验成果的可靠性要求承包人重新试验和检验的，可由监理人与承包人共同进行……重新试验和检验结果证明该项材料、工程设备和工程符合合同要求的，由此增加的费用和(或)延误的工期由发包人承担
6	监理人不能按时参加试车	13.3.1　试车程序 监理人不能按时参加试车，应在试车前 24 小时以书面形式向承包人提出延期要求，但延期不能超过 48 小时，由此导致工期延误的，工期应予以顺延。监理人未能在前述期限内提出延期要求，又不参加试车的，视为认可试车记录

第三类是不可抗力、不利物质条件等非人为原因导致的索赔，具体情况如表9-3所示：

表9-3 不可抗力、不利物质条件等非人为原因导致的索赔

序号	索赔事件	对应合同条款
1	施工过程中保护化石、文物	1.9 化石、文物 发包人、监理人和承包人应按有关政府行政管理部门要求采取妥善的保护措施，由此增加的费用和（或）延误的工期由发包人承担
2	承包人遭遇不可预见的不利物质条件	7.6 不利物质条件 承包人遇到不利物质条件时，应采取克服不利物质条件的合理措施继续施工，并及时通知发包人和监理人。通知应载明不利物质条件的内容以及承包人认为不可预见的理由。监理人经发包人同意后应当及时发出指示，指示构成变更的，按第10条[变更]约定执行。承包人因采取合理措施而增加的费用和（或）延误的工期由发包人承担
3	承包人遭遇异常恶劣的气候条件	7.7 异常恶劣的气候条件 承包人应采取克服异常恶劣的气候条件的合理措施继续施工，并及时通知发包人和监理人。监理人经发包人同意后应当及时发出指示，指示构成变更的，按第10条[变更]约定办理。承包人因采取合理措施而增加的费用和（或）延误的工期由发包人承担
4	法律变化造成工期延误	11.2 法律变化引起的调整 基准日期后，因法律变化造成工期延误时，工期应予以顺延
5	不可抗力导致工期延误	17.3.2 不可抗力导致的人员伤亡、财产损失、费用增加和（或）工期延误等后果，由合同当事人按以下原则承担：……（4）因不可抗力影响承包人履行合同约定的义务，已经引起或将引起工期延误的，应当顺延工期，由此导致承包人停工的费用损失由发包人和承包人合理分担，停工期间必须支付的工人工资由发包人承担

②提醒建筑商在2017年版《建设工程施工合同（示范文本）》通用条款所罗列的索赔情形外，在专用条款中约定非建筑商原因造成工期延误相应顺延的情形。

笔者团队服务的建设工程项目中发现，比较常见的索赔情形包括但不限于以下几种情形：

一是发包人或者监理人拖延审批施工组织设计或者进度计划的情形。

发包人或者监理人按期审查施工组织设计或者进度计划是建筑商正常施工的必要条件，及时、全面地完成对施工组织设计或者进度计划的审核也是合同对发包人的基本要求。

2017年版《建设工程施工合同(示范文本)》通用条款第7.1.2项约定:"除专用合同条款另有约定外,承包人应在合同签订后14天内,但至迟不得晚于第7.3.2项[开工通知]载明的开工日期前7天,向监理人提交详细的施工组织设计,并由监理人报送发包人。除专用合同条款另有约定外,发包人和监理人应在监理人收到施工组织设计后7天内确认或提出修改意见。对发包人和监理人提出的合理意见和要求,承包人应自费修改完善。根据工程实际情况需要修改施工组织设计的,承包人应向发包人和监理人提交修改后的施工组织设计。"

但上述通用条款对发包人迟延审核施工组织设计或者进度计划是否可以顺延工期未进行明确约定,且发包人此种迟延行为在实践中较为常见,故笔者团队建议,在专用条款中应明确发包人或者监理人迟延审核施工组织设计或者进度计划作为可顺延工期的情形。

二是发包人指定分包或者直接发包单位延误工期的情形。

发包人指定分包或者直接发包单位延误工期,这在施工实际履行中是很普遍的现象,如××花园工程中,《住宅小区第一期发展项目A标段总承包工程合同后工程合同》实际上是一份配合施工协议,配套费收取80万元,但是5家发包人指定分包单位工期延误,要处罚300多万元,而从合同上来说5家分包的施工范围属于建筑商承包范围,建筑商又没有固定5家单位为甲方指定分包的证据,且合同中更没有约定甲方指定分包可作为工期顺延的情况,所以建筑商处于十分不利的地位。

三是法律法规、部门规章、地方性法规、地方政府规章规定可以顺延工期的事宜。

根据2017年版《建设工程施工合同(示范文本)》第11.2款的约定,基准日期后,因法律变化造成工期延误时,工期应予以顺延。笔者建议在专用条款中补充"部门规章、地方性法规以及地方政府规章"变动可作为工期延误的情形。

四是异常恶劣的气候条件。

专用条款中应对"异常恶劣的气候条件"的范围进行明确。比如,可以约定:"(1)日降雨量达50mm以上的,或连续下雨达3天以上;(2)日最高气温在35度以上或日最低气温低于0度的天气;(3)台风、大风预警黄色及以上;暴雪预警黄色及以上;雷电预警黄色及以上。"

具体确定"异常恶劣的气候条件"的范围需要根据工程所在地的实际气候条件。

(6)审核工期顺延及索赔程序。

2017年版《建设工程施工合同(示范文本)》通用条款第19条对索赔进行了约定:"19.1　承包人的索赔　根据合同约定,承包人认为有权得到追加付款和(或)延长工期的,应按以下程序向发包人提出索赔:(1)承包人应在知道或应当知道索赔事件发生后28天内,向监理人递交索赔意向通知书,并说明发生索赔事件的事由;承包人未在前述28天内发出索赔意向通知书的,丧失要求追加付款和(或)延长工期的权利;(2)承包人应在发出索赔意向通知书后28天内,向监理人正式递交索赔报告;索赔报告应详细说明索赔理由以及要求追加的付款金额和(或)延长的工期,并附必要的记录和证明材料;(3)索赔事件具有持续影响的,承包人应按合理时间间隔继续递交延续索赔通知,说明持续影响的实际情况和记录,列出累计的追加付款金额和(或)工期延长天数;(4)在索赔事件影响结束后28天内,承包人应向监理人递交最终索赔报告,说明最终要求索赔的追加付款金额和(或)延长的工期,并附必要的记录和证明材料。19.2　对承包人索赔的处理　对承包人索赔的处理如下:(1)监理人应在收到索赔报告后14天内完成审查并报送发包人。监理人对索赔报告存在异议的,有权要求承包人提交全部原始记录副本;(2)发包人应在监理人收到索赔报告或有关索赔的进一步证明材料后的28天内,由监理人向承包人出具经发包人签认的索赔处理结果。发包人逾期答复的,则视为认可承包人的索赔要求;(3)承包人接受索赔处理结果的,索赔款项在当期进度款中进行支付;承包人不接受索赔处理结果的,按照第20条[争议解决]约定处理……19.5　提出索赔的期限　(1)承包人按第14.2款[竣工结算审核]约定接收竣工付款证书后,应被视为已无权再提出在工程接收证书颁发前所发生的任何索赔。(2)承包人按第14.4款[最终结清]提交的最终结清申请单中,只限于提出工程接收证书颁发后发生的索赔。提出索赔的期限自接受最终结清证书时终止。"

①建议建筑商在索赔程序的约定上建议采取2017年版《建设工程施工合同(示范文本)》通用条款第19条的约定。

之所以建议建筑商采取上述索赔约定,主要在于2017年版《建设工程施工合同(示范文本)》通用条款第19.2条是对建筑商很有利的一个条款。建筑商在发生工期顺延情形后28天内向监理人提交索赔意向书,在索赔事件结束后28天内向监理人提交最终索赔报告;若发包人在监理人收到索赔报告之日起28天内没有进行答复的,视为同意建筑商的索赔。而实践中,发包人不答复建筑商索赔的情况普遍存在,因此建筑商应重视该条款的适用。

②提醒建筑商注意索赔程序中逾期弃权条款。

2017 年版《建设工程施工合同(示范文本)》索赔程序中,逾期弃权条款主要包括:建筑商未在索赔事件发生后 28 天内发出索赔意向通知书的,丧失要求追加付款和(或)延长工期的权利;建筑商接收竣工付款证书后,应被视为已无权再提出在工程接收证书颁发前所发生的任何索赔;建筑商提交的最终结清申请单中,只限于提出工程接收证书颁发后发生的索赔。提出索赔的期限自接受最终结清证书时终止。

《建设工程司法解释一》第 10 条第 2 款规定:"当事人约定承包人未在约定期限内提出工期顺延申请视为工期不顺延的,按照约定处理,但发包人在约定期限后同意工期顺延或者承包人提出合理抗辩的除外。"

对于索赔程序中逾期失权的条款,建筑商应予以高度重视,特别是"28 天"索赔通知期限;若没有按照上述期限进行索赔,建筑商将可能丧失索赔的权利。除此之外,笔者团队在服务过程中,发现有的建筑商虽然重视 28 天的期限约定,但在相应的索赔意向书和索赔报告中没有清楚地表达出工期顺延以及费用索赔的主张,这将无法达到索赔的效果。

2. 合同签订阶段工期控制法律服务

在这个阶段,工期控制的重点主要在于合同条款以及合同配套文件(施工组织设计等)。对于合同条款的审查,在前一部分"强制招投标项目、非强制招投标但经招投标的项目在招投标阶段工期控制法律服务"中已经详细说明,不再赘述。本部分主要是对合同配套文件,特别是施工组织设计(特别是工程进度计划)工期内容的制作进行详细说明。

(1)指导建筑商工期控制可采取最基本、最重要的技巧,即"头尾斩断中间小"的方法。

笔者团队在长期实践中,总结出了系统性的工期控制图,其中最基础、最重要的技巧之一为"头尾斩断中间小"的方法。

什么叫"头尾斩断中间小"呢? 简单来说,开工时间往后,竣工时间往前,在合同约定总工期不变的情况下,建筑商实际施工时间将会变长。

开工时间往后的基本技巧:明确进场不等于开工,实践中,建筑商需要在开工日期前进场,进行准备工作,在发包人开工条件未具备的情况下,建筑商可以利用进场准备期间。

竣工时间往前的基本技巧:一般来说采取以下方式:在正式竣工验收前,进行预验收；和发包人协商进行甩项竣工验收；等等。

总体来说，在“头尾斩断中间小”方法适用上，需要建筑商结合项目的具体情况，合理利用开竣工时间的约定，达到工期控制的目的。

(2)指导建筑商在施工组织设计、进度计划编制应注意把建筑商自己的工期拉长，但不能高于定额工期；把发包人指定分包单位的工期缩短，但不得低于合理工期。

施工组织设计是用来指导施工项目全过程各项活动的技术、经济和组织的综合性文件，是施工技术与施工项目管理有机结合的产物，它是工程开工后施工活动能有序、高效、科学合理进行的保证。

施工组织设计一般包括四项基本内容：①施工方法与相应的技术组织措施，即施工方案；②施工进度计划；③施工现场平面布置；④有关劳力、施工机具，建筑安装材料、施工用水、电、动力及运输、仓储设施等暂设工程的需要量及其供应与解决办法。前两项指导施工，后两项则是施工准备的依据。

招投标项目有两类施工组织设计：一类是招投标文件的组成部分；另一类是在合同履行过程中，双方根据工程的实际情况调整或重新制作的。对于非强制性招投标的工程，一般也都有施工组织设计。

由此可见，建筑商制作施工组织设计并将之提交发包人，其实质是向发包人作出了自己的意思表示，并且希望该意思表示能为发包人所接受。而该意思表示的内容是对所承包工程的施工方法，技术组织措施，施工进度计划，施工现场平面布置，有关劳力，施工机具，建筑安装材料，施工用水、电、动力及运输、仓储设施等暂设工程的需要量及其供应与解决办法作出详细而周密的安排，并在施工过程中严格地按此执行。

因此，在合同履行的过程中，建筑商制作施工组织设计并将之提交发包人的行为符合要约的构成要件，从法律性质上讲，其就是一个要约行为。而发包人在施工组织设计上签字盖章即表明其同意建筑商按照该施工组织设计上的安排进行施工，双方就施工组织设计的内容达成了一致的意思表示。如果组织设计经过发包人修改，根据《民法典》第488条的规定，则成为一份新的要约；如果建筑商在经过发包人修改的施工组织设计上签字盖章则构成一份新的合同。实践中，建筑商制作施工组织设计往往仅有监理签字、盖章认可。但笔者团队认为，最好要有发包人的确认，这样可以避免因合同相对性的问题而导致施工组织设计不能作为合同使用。

施工组织设计在招投标中是标书的一部分，是建筑商投标文件中的技术标。它是特殊的要约，中标通知书的发出是对施工组织设计的认可，因此，施工组织设计应成为合同的一部分。

所以施工组织设计一定要上升到法律高度来看待：这是一份合同，是一份直接证据、原始证据、重要证据。由于有些工程做好以后，如基础、安装，难以检测，也无法确定工程内容，因此一定要把施工组织设计做好，为以后结算打下基础。所以，利用施工组织设计在施工过程中进行签证是一个行之有效的办法，会给建筑商带来高额利润。下面附上笔者团队通过施工组织设计进行有效签证与索赔的成功案例。

▶ 延伸案例

原告（反诉被告）：浙江××建筑集团股份有限公司

被告（反诉原告）：××置业发展有限公司

工程地点：上海某区

工程名称：××项目A标

合同暂定价为：约73,892,872元

合同工期：开工日期为2002年3月20日；竣工日期为2004年1月30日；合同工期总日历天数：小高层14个月，高层20个月（内含桩基工程）

2002年2月，被告与原告签订了《建设工程施工合同》。工程竣工后，原告及时向被告送交工程竣工结算资料，但原告送审后，被告借故拖延审价，进而拖延工程款的支付。

2004年11月，原告委托笔者团队诉至上海市第二中级人民法院。

原告诉讼请求如下：

1. 依法判令被告向原告支付工程款计68,349,545元及其利息暂计2,583,613元。

2. 依法对原告所承建的“××项目一期A标”工程进行拍卖或折价，并且确认原告对拍卖或折价的价款享有法定优先受偿权。

3. 本案诉讼费用由被告承担。

在该案的争议焦点中，关于“签证报告及补充报告中的其他争议问题”，双方存在一个较大争议即土方外运数量的争议。

原告认为，应以经工程师审核同意的《施工组织设计》中载明的“土方全部外运”为准；被告认为应以监理提供的未经原告认可的联系单为准。这项争议涉及工程造价120万元，如果土方全部外运，工程造价要增加120万元。

因我方提供的《施工组织设计》地下部分施工方案明确载明“土方全部外运”，该《施工组织设计》又经工程师审核同意。最终，法院采纳了笔者团队的观点，仅在土方数量上就帮助建筑商挽回损失1,640,077元。

这个案例，是笔者团队通过“运用施工组织设计”进行诉讼法律服务的典型案例，不仅帮建筑商挽回了损失，甚至创造了收益。

3. 实际履约阶段工期控制法律服务

(1)开工准备阶段的工期控制法律服务。

①指导建筑商在进场前，应按照合同的约定，编制详细进度计划和施工组织设计，并提请发包人和监理单位批准。

建筑商在与发包人签署施工合同后，应按照合同约定的期限向发包人提交一份书面的、详细的施工组织设计和进度计划，建筑商在编制时要注意切实可行和预留余地，并要取得发包人和监理单位的批准。

对于施工组织设计提交和批准程序应按照合同的约定。比如，2017年版《建设工程施工合同(示范文本)》通用条款约定：“7.1.2　施工组织设计的提交和修改　除专用合同条款另有约定外，承包人应在合同签订后14天内，但至迟不得晚于第7.3.2项[开工通知]载明的开工日期前7天，向监理人提交详细的施工组织设计，并由监理人报送发包人。除专用合同条款另有约定外，发包人和监理人应在监理人收到施工组织设计后7天内确认或提出修改意见。对发包人和监理人提出的合理意见和要求，承包人应自费修改完善……7.2.1　施工进度计划的编制　承包人应按照第7.1款[施工组织设计]约定提交详细的施工进度计划，施工进度计划的编制应当符合国家法律规定和一般工程实践惯例，施工进度计划经发包人批准后实施……”

之所以要在合同签订后重新提交详细的施工组织设计和进度计划，是因为有了经发包人和监理人批准的施工组织设计和进度计划后，在合同履行过程中就有了一个时间参照标准，建筑商可以此作为主张工期延长和费用索赔的依据。

当工程工期的延误是发包人的原因造成的，或者能够证明其施工进度不理想是由于不可抗力等客观原因导致的，如果发包人拒绝延长工程工期的，建筑商为了确保原工期，只能进行赶工，建筑商有权以此向发包人主张赶工费。

②指导建筑商如何处理不具备开工条件下，发包人强令开工的情况。

建筑商应按照发包人或监理人发出开工通知或者开工报告上载明的时间开工，同时，建筑商应审查按照合同约定由发包人负责的开工条件是否具备，以2017年版《建设工程施工合同（示范文本）》为例，根据该文本通用条款第1.6.1项、第2.1款及第2.4款的约定，发包人应负责提供的施工所需要的开工条件主要包括以下几项：发包人应按合同约定提供图纸；发包人应按合同约定提供施工现场、施工条件、基础资料、许可、批准等条件（包括建设工程施工许可证、施工所需临时用水、临时用电等许可和批准）；发包人应按照合同约定提供测量基准点、基准线和水准点及其书面资料。

在笔者团队曾服务的项目中，就有此类情形，施工现场动迁未完成的情况下，发包人下达口头指令，要求建筑商在7天后开工，对此，笔者团队做了以下四步工作：

第一步，对施工现场的现状进行公证，通过公证的手段，笔者团队将在该时间项目现场未动迁完毕的证据固定下来。

第二步，要求发包人对其口头进场通知予以书面确认。

第三步，在开工时间届满前，向发包人提交了不具备开工条件的报告，要求延期开工，并提交一份索赔报告（因为按照双方合同的约定，项目动迁是发包人所负责的，现发包人未完成动迁工作，由此导致的工期延误应由发包人承担）。

第四步，此后每隔28天，都向发包人提交索赔通知；在开工条件具备后，向发包人提交了最终索赔报告。

需要特别说明的是，该项目中未动迁的部分在工程施工关键线路上，故建筑商可以要求工期顺延。若未动迁部分在非关键线路上，且该施工工序持续增加的时间超过工程总体可接受的浮动时间，非关键线路就会转变为关键线路，建筑商亦可主张工期顺延。

（2）开工后至工程±0.00完成前的工期控制法律服务。

在这个阶段，主要涉及桩基施工、基坑支护及土方开挖、地下室施工等施工内容，因实践中出现的状况较为复杂，笔者在这里主要说明常见情况下的索赔操作：

①指导建筑商如何处理桩基施工中遇到地下障碍物。

在桩基施工中经常会遇到地下障碍物，若地下障碍物导致桩基施工无法顺利进行，应按照合同进行处理。

以2017年版《建设工程施工合同（示范文本）》为例，地下障碍是否可以主张工期顺延和费用索赔,应看地下障碍是否属于不利物质条件。其通用条款第7.6款约定,不利物质条件,是指有经验的承包人在施工现场遇到的不可预见的自然物质条件、非自然的物质障碍和污染物,包括地表以下物质条件和水文条件以及专用合同条款约定的其他情形,但不包括气候条件。也就是说,若地下障碍物构成不利物质条件的,需要"有经验的承包人在施工现场遇到的不可预见"。

笔者团队曾为某项目提供非诉讼法律服务。2017年11月3日,在项目桩基施工中,地下出现不明障碍物,由于发包人提交给建筑商的地质勘察报告中没有相关的说明;截至2017年12月2日,建筑商共花费30天时间处理地下障碍物。当时双方签订的合同文本为2013年版《建设工程施工合同(示范文本)》,且专用条款中并未对索赔程序作特殊约定。为此,笔者团队为建筑商做了如下工作:

第一步,参与监理单位组织的协调会议,并要求监理单位将会议内容做成书面会议纪要。

第二步,2017年11月10日,建筑商向发包人提交了要求工期顺延及费用索赔的索赔意向通知书,主要内容为:工期从遇到不明障碍物之日2017年11月3日起延长至地下障碍物处理完毕之日止,同时,工期顺延期间的相关窝工损失也由发包人承担。

第三步,2017年12月5日,建筑商向发包人提交最终索赔报告,要求工期顺延30天,并要求索赔窝工损失50万元。

按照2013年版《建设工程施工合同(示范文本)》通用条款第19.2款的约定,发包人应在监理人收到索赔报告或有关索赔的进一步证明材料后的28天内,由监理人向承包人出具经发包人签认的索赔处理结果,发包人逾期答复的,则视为认可索赔要求。

本案中,发包人在28天内未对建筑商的索赔进行答复,所以按照该文本通用条款的上述约定,建筑商的索赔要求均被视为认可,即工期相应顺延30天,并获得50万元的费用索赔。

②指导建筑商如何处理发包人口头指令导致基坑塌方事故。

工程变更是工程施工过程中由发包人提出或者由建筑商提出发包人批准的工程的任何改变。工程变更对工程施工影响很大,往往会造成工期的变化和费用的增减,引起争议,甚至会导致质量事故的发生。对于建筑商来说,在工程变更中了解如何固定证据、如何维护自身权益,是极为重要的。

在实践中,出现最多的变更原因为发包人新的变更指令(如发包人有的新的意图、修改项目计划、削减项目预算)，在发包人指令下达后，作为有经验的建筑商应审核发包人的指令是否违背设计和规范要求。

在笔者团队曾服务的某项目中，建筑商向发包人提交了一份土方开挖工程专项施工方案，其中土方放坡比例为设计图纸要求比例。2016 年 4 月 12 日，发包人口头下达指令，要求变更放坡比例。最后，在施工中，基坑出现塌方，所幸没有造成人员伤亡，为处理该塌方事故，建筑商共花费 23 天时间。该项目适用 2013 年版《建设工程施工合同(示范文本)》。在这起索赔事件中，笔者团队为建筑商做如下操作：

该事件索赔有三个关键点：①口头指令的固定；②设计变更但没有设计单位的图纸及说明；③索赔程序。

笔者具体操作如下：

第一步，在合同签订时，笔者团队考虑到发包人口头指令的特殊性，要求发包人在专用条款中参考 1999 年版《建设工程施工合同(示范文本)》作出如下补充约定："发包人或者监理单位可发出口头指令，并在 48 小时内给予书面确认，建筑商对发包人或者监理单位的指令应予执行。发包人或者监理单位不能及时给予书面确认的，建筑商应于发包人或者监理单位发出口头指令后 7 天内提出书面确认要求。发包人或者监理单位在建筑商提出确认要求后 48 小时内不予答复的，视为口头指令已被确认。"

第二步，发包人口头指令发出后，笔者团队立即按照专用条款的约定，将口头指令以书面形式记录后在次日报送发包人确认，但发包人未在 48 小时内予以答复，视为口头指令已被确认。建筑商在遇到这种发包人口头指令的情况下，必须要求发包人通过书面方式确认下来，否则一旦发生争议，发包人将会否认该口头指令，并可能会进一步追究建筑商未按图施工的责任。

第三步，建筑商在口头指令确定过程中，立即向发包人发函，提出该指令涉及设计变更，要求提供设计单位的图纸和说明，否则拒绝施工。

第四步，在发包人未提供设计图纸，建筑商继续施工的情况下，笔者团队立即向建筑商发出书面风险告知书，说明建筑商负有按图施工的义务，若发包人指令存在明确错误，作为有经验的建筑商应指出该错误，并拒绝施工，否则建筑商可能将会承担过错责任。

第五步，在塌方事故发生后，建筑商立即向发包人提交了一份索赔意向书，要求工期顺延天数从事故发生之日起至塌方事故处理完毕且能正常施工之日计算，并要求发包人承担该顺延期间产生的停窝工损失。

第六步,笔者团队立即指导建筑商制定人材机清单(包括现场管理人人员名单、职务、现场班组人员以及施工机械设备的型号、数量等),并由监理单位盖章确认。

第七步,在事故处理完毕后(23 天),建筑商向发包人提交了最终索赔报告,要求发包人顺延 23 天工期,并要求发包人赔偿 23 天的停窝工所造成的损失,即人员工资、机械台班、周转材料等损失 120 多万元。

面对建筑商一整套工期索赔的证据,经多轮磋商,发包人最终让步,同意给予建筑商 20 天工期以及 80 万元损失。

(3)工程 ±0.00 至主体结构封顶的工期控制法律服务。

①指导建筑商如何处理因设计错误引起的质量问题。

《建设工程司法解释一》第 11 条规定,"建设工程竣工前,当事人对工程质量发生争议,工程质量经鉴定合格的,鉴定期间为顺延工期期间"。第 13 条规定,"发包人具有下列情形之一,造成建设工程质量缺陷,应当承担过错责任:(一)提供的设计有缺陷……承包人有过错的,也应当承担相应的过错责任"。

在建设工程质量出现问题,且双方无法达成一致的情况下,通常需要通过建设工程质量鉴定进行确定,而质量鉴定则需要相应的时间,该时间是否可以顺延,要根据鉴定结果来确定:若鉴定结果为合格,鉴定期间导致的工期延误可以顺延;若鉴定结果为不合格,则工期不予顺延。

在笔者团队服务的非诉讼项目中,曾遇到过这样一个情况,在开工前的图纸会审中,建筑商曾向发包人提出:梁的钢筋配比不符合要求,要求发包人进一步论证,发包人对建筑商的要求不予采纳。到 2015 年 10 月 14 日,即施工至主体结构六层的时候,五层结构中梁出现细裂缝,双方产生纠纷。发包人认为是建筑商施工质量的问题,建筑商认为是设计的原因。后双方共同委托了有资质的第三方质量鉴定单位进行质量鉴定,共花费 2 个多月的时间,至 2015 年 12 月 18 日,鉴定单位出具鉴定意见,主要原因为设计方案存在缺陷。该项目采用 2013 年版《建设工程施工合同(示范文本)》。在这个案件的索赔过程中,由于笔者团队提供的是全过程的非诉讼服务,在合同签订阶段即已经介入。我们主要采取了如下措施:

第一步,在图纸会审阶段,认真做好会议记录,把建筑商的意见客观地写在会议纪要中。

第二步,出现事故以后,通过公证照片、录像等形式,将现场的情况用证据的形式固定下来。

第三步，建筑商在 2015 年 10 月 20 日提交了索赔意向书，要求工期从 2015 年 10 月 14 日顺延至事故处理完毕之日，并就该期间的停窝工损失进行索赔。

第四步，建筑商在 2015 年 11 月 10 日向发包人和监理人提交了正式的索赔报告，该报告除了主张工期顺延外，主要将停窝工期间每日的人工、材料、机械设备、财务成本、临时设施以及水电费损失上报给发包人和监理人，每天产生的损失金额为 6 万元。

第五步，建筑商在 2015 年 12 月 2 日提交了阶段性索赔通知，至 2015 年 12 月 1 日止，要求工期顺延 49 天，累计停窝工损失 294 万元。

第六步，2015 年 12 月 18 日，在鉴定单位出具了质量问题意见以及修复方案后，建筑商于 2015 年 12 月 22 日向发包人和监理人提交了最终索赔报告，要求发包人顺延工期 65 天，并赔偿停窝工损失 390 万元。

第七步，在 2015 年 12 月 18 日，鉴定单位出具了质量问题意见以及修复方案后，即对五层以下的结构进行加固，对六层以上的梁结构的钢筋配比进行增加。建筑商当天即向发包人提出索赔意向，要求对五层以下的加固方案处理的时间顺延 30 天，同时要求发包人赔偿 30 天停窝工损失，每天 6 万元，共计 180 万元。

2015 年 12 月 25 日，发包人回复：五层以下加固方案不在关键线路上，并不影响总工期，所以不同意工期顺延，也不同意 30 天的停窝工损失。

在后续结算中，我方据理力争，最终发包人同意对此事件顺延 15 天工期，并补偿建筑商 60 万元。

②指导建筑商如何处理发包人未按期支付工程进度款。

《民法典》第 803 条规定："发包人未按照约定的时间和要求提供原材料、设备、场地、资金、技术资料的，承包人可以顺延工程日期，并有权请求赔偿停工、窝工等损失。"

按约支付工程价款是发包人的基本义务，发包人迟延支付工程价款的，将会造成建筑商资金不足，从而影响材料、设备的采购以及工人工资的支付，进而导致项目出现停、窝工的情况。

发包人迟延支付工程价款已经成为我国建设工程施工领域的顽疾，几乎每个项目都有款项拖延支付的问题，建筑商提出工程价款迟延支付的索赔也成为常态。

对于是否构成迟延支付，需要根据合同的相关约定进行判断，以笔者团队曾服务的非诉讼项目为例：在一个案例中，双方的合同专用条款约定，"承包人正式开工后应在每月 25 日前将该月已完工程量及进度款报表提供给监理单位，经监理单位现场监理工程师核实和发包人现场代表认可后据此支付已完成工程量的 85%，承包人必须在每月 25 日前提交已完工程量的报表（必须经现场监理工程师审定的工程量），作为工程价款支付的依据……发包人支付进度款的期限：次月 10 日前……”项目采用 2017 年版《建设工程施工合同(示范文本)》。

2019 年 5 月，在主体结构施工过程中，发包人出现迟延支付工程价款情况，至 2019 年 8 月，每月工程价款支付或多或少均存在延期，每笔延期天数 5 ~ 20 天不等，对此建筑商采取了以下措施：

第一步，2019 年 5 月 20 日，建筑商向发包人提交索赔意向书，内容为：“发包人应在 2019 年 5 月 10 日前支付 2019 年 4 月的工程价款，但贵公司至今仍未支付，故，要求发包人给予工期相应顺延，即自 2019 年 5 月 10 日起至贵发包人实际支付完毕该笔工程价款时所经过的天数相应顺延，并补偿建筑商上述工期延误期间的损失。”

第二步，2019 年 5 月 28 日，建筑商向发包人提交索赔报告，向发包人上报因迟延支付工程价款期间的窝工损失，包括人工费用的损失、机械费的损失、周转材料费的损失、临时设施超时使用的损失、水电费超时使用的损失、财务成本损失等，每日损失 8 万元。

第三步，2019 年 6 月 15 日，建筑商向发包人提交阶段性索赔报告，内容为：“2019 年 4 月工程价款至 2019 年 4 月 28 日支付完毕，要求工期顺延 18 天，并赔偿损失；2019 年 5 月工程价款至今仍未支付，要求工期顺延和赔偿损失。”

第四步，笔者团队指导建筑商每月向发包人提交阶段性的索赔报告。

第五步，2019 年 8 月最后一笔延期支付的进度款支付完毕后，建筑商向发包人提交最终索赔报告，要求工期顺延 70 天，并赔偿窝工损失 560 万元。

发包人未在合同约定的 28 天内予以答复，所以均被视为同意建筑商的上述请求。

（4）主体结构封顶至竣工验收合格期间的工期控制法律服务。

在本阶段，工期风险控制的重点集中在发包人指定分包单位和发包人直接发包单位的管理上，若建筑商能对上述两类单位进行有效的管理，不单单能避免工期的风险，还能通过向发包人的索赔创造收益。

①指导建筑商如何处理发包人指定分包单位延误致使总工期延误。

指定分包的管理涉及三个方面：指定分包证据的固定；分包单位进场管理；分

包单位延期索赔。

在笔者团队提供非诉讼服务的项目中，曾碰到这样的索赔事项：门窗安装工程由发包人指定分包，门窗工程安装单位本应在2015年10月25日进场施工（施工组织设计安排门窗安装时间为2015年10月25日至12月31日，工期68天），但门窗安装单位延误进场，于2015年11月4日才进场，到2016年1月11日施工完毕，工期延误10天。对此，笔者团队是这样操作的：

第一步，2015年10月25日，建筑商向发包人提交一份工期索赔意向书，内容为门窗安装工程为发包人指定分包工程，按照原计划门窗安装单位应在2015年10月25日进场施工，但至今门窗安装单位仍未确定，故要求工期从2015年10月25日顺延至门窗安装单位实际进场之日止，并要求赔偿该期间的停窝工损失。

第二步，发包人确定门窗单位后，口头要求建筑商与门窗安装单位签订分包合同。对此，建筑商与发包人进行磋商，最终确定三方签订合同，明确该项目为甲方指定分包项目。

第三步，2015年11月4日，门窗单位进场时，建筑商作为总包方要求进行交底工作，包括：中标通知书、施工合同、进度计划表以及开工报告；进场前或进场时，与建筑商签订配合协议书、安全管理协议书；进场前提供安全、质量、进度、工资支付的承诺书；进场前提供其单位的资质证书等资料，并提供工程管理人员及施工人员的名单；等等。

第四步，2015年11月6日，建筑商向发包人提交最终索赔报告，就为门窗安装工程迟延确定分包单位事宜，要求顺延工期10天，赔偿窝工损失每天5万元，合计50万元。

发包人对建筑商的索赔作出如下答复：门窗工程原先有4天的机动时间，故应在延误天数的基础上扣减4天机动时间，即工期实际延误天数为6天，对于停窝工损失，发包人同意赔偿50%，即25万元。

②指导建筑商如何处理发包人直接发包项目延误致使工期延误。

在笔者团队服务的项目中，曾碰到发包人直接发包项目的索赔：室外总体工程是由发包人直接发包的，按照施工计划，室外总体工程施工时间为60天，从2016年2月1日到4月1日。因春季多雨，影响施工，实际完工时间为2016年5月1日，延长30天时间。建筑商依次进行了如下操作：

第一步，2016年4月10日，向发包人提交了要求工期顺延报告，要求工期顺延天数从2016年4月2日顺延至绿化工程和室外道路完工之日止。

第二步,2016 年 4 月 20 日,向发包人提交一份索赔意向书。

第三步,2016 年 5 月 5 日,向发包人提交了工期顺延的签证,要求工期顺延 30 天。

第四步,2016 年 5 月 18 日,向发包人提交了一份最终的索赔报告,要求发包人赔偿工期延误造成的损失 14 万元。

发包人对建筑商的工期顺延与索赔报告进行了如下答复:

2016 年 4 月 12 日,发包人答复:同意工期顺延要求。

2016 年 5 月 26 日,发包人答复:同意索赔要求。

4. 2017 年版《建设工程施工合同(示范文本)》专用条款填写说明

关于 GF 文本专用条款的制作,以 2017 年版示范文本为例,可参考如下:

第三部分　专用条款(节选)

1. 一般约定

1.1　词语定义

1.1.1　合同

1.1.1.10　其他合同文件包括:<u>中标通知书,投标书及其附件,标准,规范及有关技术文件,图纸,工程报价单,施工组织设计,会议纪要,备忘录,工程变更、签证单等。</u>

1.1.2　合同当事人及其他相关方

1.1.2.4　监理人

名　　称:<u>应填写监理单位的全称</u>;

资质类别和等级:<u>应清楚的填写监理单位的类别和等级</u>;

联系电话:<u>详细填写</u>;

电子信箱:<u>详细填写</u>;

通信地址:<u>详细填写</u>。

1.1.2.5　设计人

名　　称:<u>应填写设计单位的全称</u>;

资质类别和等级:<u>应清楚的填写设计单位的类别和等级</u>;

联系电话:<u>详细填写</u>;

电子信箱:<u>详细填写</u>;

通信地址:<u>详细填写</u>。

1.1.3 工程和设备

1.1.3.7 作为施工现场组成部分的其他场所包括：无。如有，应约定具体场所，因此而产生的额外费用由发包人承担。

1.1.3.9 永久占地包括：根据设计图纸确定。

1.1.3.10 临时占地包括：如因工程建设需要临时租用建筑物或借用土地，由发、承包双方共同办理相关审批手续，如因此而产生的额外费用由发包人承担。

1.3 法律

适用于合同的其他规范性文件：财建〔2004〕369号《建设工程价款结算暂行办法》、省、市、县(区)地方政府颁布的有关法规及规范性文件。

1.4 标准和规范

1.4.1 适用于工程的标准规范包括：现行国家、地方验收规范和质量评定标准。

1.4.2 发包人提供国外标准、规范的名称：________

发包人提供国外标准、规范的份数：一般为无。若有，应详细填写国外标准、规范的份数；

发包人提供国外标准、规范的名称：一般为无，若有，应详细填写国外标准、规范的名称。

1.4.3 发包人对工程的技术标准和功能要求的特殊要求：

若无就填写为无。如有，应详细填写技术及功能的特殊要求，并明确费用由发包人承担。

1.5 合同文件的优先顺序

合同文件组成及优先顺序为：本合同协议书，本合同专用条款，本合同通用条款，中标通知书、投标书及其附件，标准、规范及有关技术文件，图纸，工程量清单及其说明，工程报价单。

上述合同文件对同一内容如有不一致的，以最新签署的合同文件为准。

1.6 图纸和承包人文件

1.6.1 图纸的提供

发包人向承包人提供图纸的期限：开工前20天；

发包人向承包人提供图纸的数量：提供正式施工图纸八套，包括贰套用于编制竣工图的施工图纸；

发包人向承包人提供图纸的内容：合格、完整的施工图纸。

1.6.4 承包人文件

需要由承包人提供的文件,包括: 施工组织设计,工程量月报表,阶段性的施工进度计划表;

承包人提供的文件的期限为: 总施工进度计划表在开工前7天内提供;工程量月报表为每月的25日前提供;阶段性的施工进度计划根据施工实际情况提供。

承包人提供的文件的数量为: 一式四份;

承包人提供的文件的形式为: 纸质版本及电子版本;

发包人审批承包人文件的期限: 发包人在收到承包人文件后7天内予以明确或提出修改意见,逾期不确认也不提出书面意见的,视为同意 。

1.6.5 现场图纸准备

关于现场图纸准备的约定: 承包人在施工现场保存一套施工图纸,用于相关的检查、核对 。

1.7 联络

1.7.1 发包人和承包人应当在 7 天内将与合同有关的通知、批准、证明、证书、指示、指令、要求、请求、同意、意见、确定和决定等书面函件送达对方当事人。

1.7.2 发包人接收文件的地点: 工程现场办公室及发包人住所地;

发包人指定的接收人为: 姓名,职务 。

承包人接收文件的地点: 工程现场办公室 ;

承包人指定的接收人为: 姓名,职务 。

监理人接收文件的地点: 工程现场办公室及监理人住所地 ;

监理人指定的接收人为: 姓名,职务 。

1.10 交通运输

1.10.1 出入现场的权利

关于出入现场的权利的约定: 除现场管理人员及施工人员外,其他人员出入现场需通知承包人并得到承包人的同意。

1.10.3 场内交通

关于场外交通和场内交通的边界的约定: 以项目规划红线为场内外边界。

关于发包人向承包人免费提供满足工程施工需要的场内道路和交通设施的约定: 发包人在开工前应免费提供给承包人满足整个施工过程需要的场内道路和交通设施 。

1.10.4　超大件和超重件的运输

运输超大件或超重件所需的道路和桥梁临时加固改造费用和其他有关费用由发包人与承包人共同承担。

1.11　知识产权

1.11.1　关于发包人提供给承包人的图纸、发包人为实施工程自行编制或委托编制的技术规范以及反映发包人关于合同要求或其他类似性质的文件的著作权的归属：著作权属于发包人。

关于发包人提供的上述文件的使用限制的要求：承包人可以为实现本合同目的而复制、使用，但不能用于与合同无关的其他事项。

1.11.2　关于承包人为实施工程所编制文件的著作权的归属：著作权属于发包人。

关于承包人提供的上述文件的使用限制的要求：承包人提供的上述文件，可以为实现本合同目的而复制、使用，但不得将上述文件提供给任何第三人。

1.11.4　承包人在施工过程中所采用的专利、专有技术、技术秘密的使用费的承担方式：如确需使用，费用由发包人承担。

1.13　工程量清单错误的修正

出现工程量清单错误时，是否调整合同价格：是。

当一方提出修正要求后，双方应在一个月内完成核价，并作为结算依据。

如一方提出修正要求，另一方未能在7天以内进行书面答复的，则视为认可一方的修正报价。

允许调整合同价格的工程量偏差范围：1. 项目实施过程中发包人和承包人若发现清单项目及工程量有误差的按实调整；2. 经调整后的工程量及合同价格作为结算依据。

2. 发包人

2.2　发包人代表

发包人代表：

姓　　名：详细填写；

身份证号：详细填写；

职　　务：详细填写；

联系电话：详细填写；

电子信箱：详细填写；

通信地址：详细填写。

发包人对发包人代表的授权范围如下：全面负责本合同的履行，负责工程的质量、进度和工程安全、办理签证、见证、变更、登记、验收手续和其他事宜。

2.4 施工现场、施工条件和基础资料的提供

2.4.1 提供施工现场

关于发包人移交施工现场的期限要求：开工前15天将满足施工条件的场地移交给承包人。

2.4.2 提供施工条件

关于发包人应负责提供施工所需要的条件，包括：1. 将水、电、电讯线路接至施工现场并能满足整个施工过程的需要；2. 提供施工场地及公共道路满足整个施工过程的需要；3. 在开工前10天提供工程地质和地下管线资料；4. 在开工前办理完成施工所需的相关证件和批件；5. 在开工前10天以书面形式提供水准点和坐标控制点，并进行现场交验；6. 在开工前10天，完成图纸会审和设计交底工作；7. 其他按相关规定和约定应由发包人负责提供的施工所需要的条件。

2.5 资金来源证明及支付担保

发包人提供资金来源证明的期限要求：招标时。

发包人是否提供支付担保：是。

发包人提供支付担保的形式：保函。

3. 承包人

3.1 承包人的一般义务

承包人提交的竣工资料的内容：竣工图及所需技术档案资料。

承包人需要提交的竣工资料套数：4套。

承包人提交的竣工资料的费用承担：由承包人承担，发包人要求提供超过约定数量的资料，超过部分产生的费用由发包人承担。

承包人提交的竣工资料移交时间：竣工验收合格后一个月内。

承包人提交的竣工资料形式要求：纸质形式和电子文档。

承包人应履行的其他义务：另行协商与签订书面协议。

3.2 项目经理

3.2.1 项目经理：

姓　　名：详细填写；

身份证号：详细填写；

建造师执业资格等级：详细填写；

建造师注册证书号：详细填写；

建造师执业印章号：详细填写；

安全生产考核合格证书号：详细填写；

联系电话：详细填写；

电子信箱：详细填写；

通信地址：详细填写；

承包人对项目经理的授权范围如下：对本工程现场进行全过程管理，包括负责工程质量、安全生产、环境保护、文明施工、施工进度、成本控制（涉及费用签证须经承包人盖章确认）等。

关于项目经理每月在施工现场的时间要求：每月不得少于20天。

承包人未提交劳动合同，以及没有为项目经理缴纳社会保险证明的违约责任：由此造成的损失由承包人承担。

项目经理未经批准，擅自离开施工现场的违约责任：承包人项目经理，在工程现场的时间少于20天的，每少一天承担违约金1000元。

3.2.3 承包人擅自更换项目经理的违约责任：未经发包人同意，承包人不得擅自更换项目经理，如擅自更换，承包人承担违约金10000元/次/人。

3.2.4 承包人无正当理由拒绝更换项目经理的违约责任：发包人对于严重不负责并造成严重后果的，或造成重大安全事故、质量事故的项目经理，有要求承包人予以更换。承包人拒绝更换的，承担违约金10000元/人。

3.3 承包人人员

3.3.1 承包人提交项目管理机构及施工现场管理人员安排报告的期限：开工后7天内。

3.3.3 承包人无正当理由拒绝撤换主要施工管理人员的违约责任：发包人对于严重不负责并造成严重后果的，或造成重大安全事故、质量事故的主要施工管理人员（指技术负责人、施工员、安全员、质量员），有要求承包人予以撤换。承包人拒绝更换的，承担违约金10000元/次/人。

3.3.4 承包人主要施工管理人员离开施工现场的批准要求：应经承包人项目经理批准。

3.3.5 承包人擅自更换主要施工管理人员的违约责任：承包人更换主要施工管理人员需在其到岗后3天通知发包人，否则承担每次1000元的违约责任。

承包人主要施工管理人员擅自离开施工现场的违约责任：承包人主要施工管理人员未经其项目经理同意擅自离开施工现场，又未在其岗位上安排替补人员，承担1000元/人/次。

3.5 分包

3.5.1 分包的一般约定

禁止分包的工程包括：基础和主体结构工程。

主体结构、关键性工作的范围：梁、板、柱。

3.5.2 分包的确定

允许分包的专业工程包括：除基础和主体结构外的其他专业工程。

其他关于分包的约定：承包人应将分包的专业工程事先上报给发包人，并将专业分包单位的施工计划上报给发包人。

3.5.4 分包合同价款

关于分包合同价款支付的约定：承包人分包的专业工程的合同价款，由承包人自行支付。

3.6 工程照管与成品、半成品保护

承包人负责照管工程及工程相关的材料、工程设备的起始时间：自发包人向承包人移交施工现场之日起，承包人负责照管工程及工程相关的材料、工程设备，直至承包人向发包人移交工程之日止。

3.7 履约担保

承包人是否提供履约担保：提供。

承包人提供履约担保的形式、金额及期限的：合同签订后15天内提供合同价1%的银行保函，工程竣工验收合格后10天内退还。

4. 监理人

4.1 监理人的一般规定

关于监理人的监理内容：

按《建设工程监理规范GB 50319—2013》组织实施施工监理。

关于监理人的监理权限：全面负责质量、进度的控制，核实工程量、安全管理、合同管理、信息管理、工程验收、办理、确认相关签证事宜。

关于监理人在施工现场的办公场所、生活场所的提供和费用承担的约定：由承包人向监理提供工程现场办公室一间，如发包人或监理人需要增加的，由此增加的费用由发包人承担。

4.2　监理人员

总监理工程师：

姓　　名：＿＿＿＿详细填写＿＿＿＿；

职　　务：＿＿＿＿详细填写＿＿＿＿；

监理工程师执业资格证书号：＿＿＿＿详细填写＿＿＿＿；

联系电话：＿＿＿＿详细填写＿＿＿＿；

电子信箱：＿＿＿＿详细填写＿＿＿＿；

通信地址：＿＿＿＿详细填写＿＿＿＿；

关于监理人的其他约定：＿＿＿＿/＿＿＿＿。

4.4　商定或确定

在发包人和承包人不能通过协商达成一致意见时，发包人授权监理人对以下事项进行确定：

(1)＿＿＿＿/＿＿＿＿；

(2)＿＿＿＿/＿＿＿＿；

(3)＿＿＿＿/＿＿＿＿。

5. 工程质量

5.1　质量要求

5.1.1　特殊质量标准和要求：质量要求为合格。

关于工程奖项的约定：如要得奖或创杯，应详细约定，并约定得奖或创杯后的奖励。

5.3　隐蔽工程检查

5.3.2　承包人提前通知监理人隐蔽工程检查的期限的约定：隐蔽工程检查前24小时。

监理人不能按时进行检查时，应提前＿12＿小时提交书面延期要求。

关于延期最长不得超过：＿24＿小时。

6. 安全文明施工与环境保护

6.1　安全文明施工

6.1.1　项目安全生产的达标目标及相应事项的约定：杜绝重伤、死亡事故，轻伤负伤率小于0.2%；杜绝重大机械事故；杜绝急性职业中毒、严重环境污染事故；杜绝重大火灾事故；按当地相关政府部门的规定控制噪声、粉尘、渣土对环境的污染。

6.1.4　关于治安保卫的特别约定：承包人应做好施工区及生活区的治安保卫工作，按照相关规定设置夜间照明、警示信号等，按照当地公安部门的要求，做好联防工作。

关于编制施工场地治安管理计划的约定：由承包人编制，并在开工前3天内提交给发包人。

6.1.5　文明施工

合同当事人对文明施工的要求：承包人按相关规定做到文明施工，确保安全文明措施的投入，确保文明施工通过政府相关部门的验收。

6.1.6　关于安全文明施工费支付比例和支付期限的约定：工程开工后七天内发包人向承包人支付安全文明施工费的80%，结构封顶后七天内支付安全文明施工费的20%。

7.工期和进度

7.1　施工组织设计

7.1.1　合同当事人约定的施工组织设计应包括的其他内容：/。

7.1.2　施工组织设计的提交和修改

承包人提交详细施工组织设计的期限的约定：在开工前七天提供。

发包人和监理人在收到详细的施工组织设计后确认或提出修改意见的期限：收到后七天予以确认或提出修改意见，逾期不确认也不提出书面意见的，视为同意。

7.2　施工进度计划

7.2.2　施工进度计划的修订

发包人和监理人在收到修订的施工进度计划后确认或提出修改意见的期限：收到后三天予以确认或提出修改意见，逾期不确认也不提出书面意见的，视为同意。

7.3　开工

7.3.1　开工准备

关于承包人提交工程开工报审表的期限：开工前七天。

关于发包人应完成的其他开工准备工作及期限：开工前七天。

关于承包人应完成的其他开工准备工作及期限：开工前七天。

7.3.2 开工通知

因发包人原因造成监理人未能在计划开工日期之日起 60 天内发出开工通知的，承包人有权提出价格调整要求，或者解除合同。

7.4 测量放线

7.4.1 发包人通过监理人向承包人提供测量基准点、基准线和水准点及其书面资料的期限：开工前七天。

7.5 工期延误

7.5.1 因发包人原因导致工期延误

(7)因发包人原因导致工期延误的其他情形：发包人直接发包的工程，发包人指定分包的工程，发包人供应的材料，发包人指定承包人供应的材料或由发包人定牌、定价的材料，未能按照承包人的进度计划施工完毕或(和)未能按照承包人进度要求进场或(和)确认的，工期相应顺延；其他由于非承包人原因造成的工期延误。

7.5.2 因承包人原因导致工期延误

因承包人原因造成工期延误，逾期竣工违约金的计算方法为：

因承包人原因造成工期延误的，每日承担合同价的万分之一的违约金。

因承包人原因造成工期延误，逾期竣工违约金的上限：工期延误违约金最高上限为合同价的1%。

7.6 不利物质条件

不利物质条件的其他情形和有关约定： /

7.7 异常恶劣的气候条件

发包人和承包人同意以下情形视为异常恶劣的气候条件：

(1) 日降雨量达50mm以上的，或连续下雨达3天以上；

(2) 日最高气温在35度以上或日最低气温低于0度的天气；

(3) 台风、大风预警黄色及以上；暴雪预警黄色及以上；雷电预警黄色及以上。

7.9 提前竣工的奖励

7.9.2 提前竣工的奖励：工期每提前一天，发包人按合同价的万分之一给予承包人奖励。

8. 材料与设备

8.4 材料与工程设备的保管与使用

8.4.1 发包人供应的材料设备的保管费用的承担：在施工期间内，且发包人将供应的材料设备移交给承包人后，由承包人妥善保管并承担保管费用。

8.6 样品

8.6.1 样品的报送与封存

需要承包人报送样品的材料或工程设备，样品的种类、名称、规格、数量要求：由承包人采购的材料或设备，如承、发包双方约定需要报送样品的，承包人应在采购前14天向监理人报送样品，样品的种类、名称、规格、数量能表明材料或工程设备的质量、型号、颜色、表面处理、质地、误差和其他特征要求；监理人在收到承包人报送的样品后5天内签发审批意见，逾期视为认可该样品，经确认的样品由监理人和承包人共同封样，并由承包人保管，承包人在施工中提供的材料和工程设备应与样品相符；因承包人提供的材料和工程设备为了与样品相符而增加合同价款，该增加的合同价款作相应的调整。

8.8 施工设备和临时设施

8.8.1 承包人提供的施工设备和临时设施

关于修建临时设施费用承担的约定：由承包人承担，如超出原约定范围而增加费用的，该增加的费用由发包人承担。

9. 试验与检验

9.1 试验设备与试验人员

9.1.2 试验设备

施工现场需要配置的试验场所：承包人在施工组织设计中明确。

施工现场需要配备的试验设备：承包人在施工组织设计中明确。

施工现场需要具备的其他试验条件：如有需要，承、发包双方另行约定。

9.4 现场工艺试验

现场工艺试验的有关约定：如有需要，承、发包双方另行约定。

10. 变更

10.1 变更的范围

关于变更的范围的约定：增加或减少合同中任何工作，或追加额外的工作；取消合同中的任何工作；改变合同中任何工作的质量标准或其他特性；改变工程的基线、标高、位置和尺寸；改变工程的时间安排或施工顺序。

发包人的变更必须符合国家及地方的相关规定,否则承包人有权不予施工,同时造成的损失及工期延误由发包人承担。

10.4 变更估价

10.4.1 变更估价原则

关于变更估价的约定: 当合同单价(中标单价)中已有适用的价格,按合同已有的价格对变更部分的造价进行计价;合同单价(中标单价)中没有的项目单价,由承包人根据当时该项目的实际单价编制该项目的综合单价,报发包人和监理人认可。发包人和监理人在收到承包人上报的该项目综合单价后七天内予以确认或提出书面意见,既未确认又不提出书面意见的,视为认可。

10.5 承包人的合理化建议

监理人审查承包人合理化建议的期限: 收到承包人合理化建议后7天审查完毕并报送发包人 。

发包人审批承包人合理化建议的期限: 收到监理人报送的合理化建议后7天内审核完毕 。

承包人提出的合理化建议降低了合同价格或者提高了工程经济效益的奖励的方法和金额为: 承包人提出的合理化建议被发包人采纳的,发包人按其降低的合同价格的50%给予承包人奖励,提高工程经济效益的,按其提高经济效益的30%给予承包人奖励 。

10.7 暂估价

暂估价材料和工程设备的明细详见附件11:《暂估价一览表》。

10.7.1 依法必须招标的暂估价项目

对于依法必须招标的暂估价项目的确认和批准采取第 采用通用条款第2 种方式确定。

10.7.2 不属于依法必须招标的暂估价项目

对于不属于依法必须招标的暂估价项目的确认和批准采取第 采用通用条款第1 种方式确定。

第3种方式:承包人直接实施的暂估价项目

承包人直接实施的暂估价项目的约定: 如有,双方另行协商确定 。

10.8 暂列金额

合同当事人关于暂列金额使用的约定: 承包人如需使用暂列金额的,由承包人向发包人提出申请,发包人在收到承包人申请后7天内予以批准或提出意见,逾期视为同意承包人提出的申请。

11. 价格调整

11.1 市场价格波动引起的调整

市场价格波动是否调整合同价格的约定：是。

因市场价格波动调整合同价格，采用以下第 2 种方式对合同价格进行调整：

第 1 种方式：采用价格指数进行价格调整。

(1)关于各可调因子、定值和变值权重，以及基本价格指数及其来源的约定：/；

第 2 种方式：采用造价信息进行价格调整。

(2)关于基准价格的约定：以投标当月当地的工程价格信息为基准价格。

专用合同条款：①承包人在已标价工程量清单或预算书中载明的材料单价低于基准价格的：专用合同条款合同履行期间材料单价涨幅以基准价格为基础超过 5 %时，或材料单价跌幅以已标价工程量清单或预算书中载明材料单价为基础超过 5 %时，其超过部分据实调整。

②承包人在已标价工程量清单或预算书中载明的材料单价高于基准价格的：专用合同条款合同履行期间材料单价跌幅以基准价格为基础超过 5 %时，材料单价涨幅以已标价工程量清单或预算书中载明材料单价为基础超过 5 %时，其超过部分据实调整。

③承包人在已标价工程量清单或预算书中载明的材料单价等于基准单价的：专用合同条款合同履行期间材料单价涨跌幅以基准单价为基础超过 ± 5 %时，其超过部分据实调整。

第 3 种方式：其他价格调整方式：/。

12. 合同价格、计量与支付

12.1 合同价格形式

1. 单价合同。

综合单价包含的风险范围：除本合同约定的调整方式；法律、行政法规和国家有关政策变化影响合同价款；工程造价管理部门公布的价格调整外，其他风险范围由承包人承担。

风险费用的计算方法：按合同相关约定，合同没有约定的按照国家、地方的相关规定。

风险范围以外合同价格的调整方法：双方另行约定。

2. 总价合同。

总价包含的风险范围：/

风险费用的计算方法：/

风险范围以外合同价格的调整方法：/

3. 其他价格方式：/

12.2　预付款

12.2.1　预付款的支付

预付款支付比例或金额：预付款为合同价款总额的10%。

预付款支付期限：承包人进场后7天内支付。

预付款扣回的方式：预付款在发包人支付工程进度款时分十次等额扣回，即每次支付工程进度时扣回预付款的10%。当期工程价款支付金额不足以扣回预付款的，当期暂不扣回，累计至下期支付工程进度款时扣回。

12.2.2　预付款担保

承包人提交预付款担保的期限：预付款支付前7天。

预付款担保的形式为：银行保函。

12.3　计量

12.3.1　计量原则

工程量计算规则：《建设工程工程量清单计价规范》(GB 50500—2013)；国家、地方建设主管部门颁发的计价办法和计价定额；招标文件、工程量清单及补充协议、答疑纪要；建设工程设计文件及相关资料；施工现场情况、工程特点及施工组织设计或施工方案；与建设项目相关的标准、规范等技术资料；市场价格信息或工程造价管理机构发布的工程造价信息；其他相关资料。

12.3.2　计量周期

关于计量周期的约定：按月计量。

12.3.3　单价合同的计量

关于单价合同计量的约定：承包人在每月25日前向监理人报送上月20日至当月19日已完成工程量报告，并附进度款申请单、已完成工程量表和其他相关资料。监理人在收到承包人提交的工程量报告后5天内完成对承包人提交的工程量表的审核并报送发包人，以确定当月实际完成的工程量。监理人对工程量有异议的，有权要求承包人进行共同复核和抽样复测，承包人未按监理人要求参加复核和抽样复测的，监理人复核或修正的工程量视为承包人实际完成的工程量。监理人对工程量虽有异议,但未通知承包人参加复核和抽样复测的,监理人复核和抽样复测的工程量计量结果无效,应以承包人提交的工程量报告为准。监理人在收到承包人提交的工程量报表后5天内未能审核完成的,承包人报送的工程量视为承包人实际完成的工程量,作为工程价款支付依据。

12.3.4 总价合同的计量

关于总价合同计量的约定: /

12.3.5 总价合同采用支付分解表计量支付的,是否适用第12.3.4项[总价合同的计量]约定进行计量: /

12.3.6 其他价格形式合同的计量

其他价格形式的计量方式和程序: /

12.4 工程进度款支付

12.4.1 付款周期

关于付款周期的约定: 按月支付。

12.4.2 进度付款申请单的编制

关于进度付款申请单编制的约定: 每月进度完成后提交已完工工程的月报表,作为工程进度款支付的依据。

12.4.3 进度付款申请单的提交

(1)单价合同进度付款申请单提交的约定: 承包人在每月25日前向监理人报送上月20日至当月19日已完成工程量报告,并附上已完成工程量报表和有关资料。

(2)总价合同进度付款申请单提交的约定: /

(3)其他价格形式合同进度付款申请单提交的约定: /

12.4.4 进度款审核和支付

(1)监理人审查并报送发包人的期限: 收到承包人进度款付款申请单后5天内完成审核并报发包人,逾期视为认可。

发包人完成审批并签发进度款支付证书的期限: 收到监理人报送的进度款付款审核单后5天内完成审批并签发进度款支付证书,逾期视为已签发进度款支付证书。

(2)发包人支付进度款的期限: 在每月的10日前支付上月的工程进度款。

发包人逾期支付进度款的违约金的计算方式: 发包人逾期支付工程价款的,按全国银行同业拆借中心发布的同期贷款市场报价利率(LPR)的2倍支付利息。

12.4.6 支付分解表的编制

12.4.6.2 总价合同支付分解表的编制与审批：___/___

12.4.6.3 单价合同的总价项目支付分解表的编制与审批：___/___

13. 验收和工程试车

13.1 分部分项工程验收

13.1.2 监理人不能按时进行验收时，应提前___12___小时提交书面延期要求。关于延期最长不得超过：___24___小时。

13.2 竣工验收

13.2.2 竣工验收程序

关于竣工验收程序的约定：___按照通用条款执行。___

发包人不按照本项约定组织竣工验收、颁发工程接收证书的违约金的计算方法：___发包人不按约定组织竣工验收，颁发工程接收证书的，每逾期一天，应以合同价为基数，按全国银行间同业拆借中心发布的同期贷款市场报价利率(LPR)的2倍支付违约金。___

13.2.5 移交、接收全部与部分工程

承包人向发包人移交工程的期限：___退场前15天内移交___。

发包人未按本合同约定接收全部或部分工程的，违约金的计算方法为：___每逾期一天，应以合同价为基数，按全国银行间同业拆借中心发布的同期贷款市场报价利率(LPR)的2倍支付违约金。___

承包人未按时移交工程的，违约金的计算方法为：___每逾期一天，应以合同价为基数，按全国银行间同业拆借中心发布的同期贷款市场报价利率(LPR)的2倍支付违约金。___

13.3 工程试车

13.3.1 试车程序

工程试车内容：___按通用条款及相关规定执行。___

(1)单机无负荷试车费用由___超出承包人承包范围的，费用由发包人___承担；

(2)无负荷联动试车费用由___超出承包人承包范围的，费用由发包人___承担。

13.3.3 投料试车

关于投料试车相关事项的约定：___按通用条款执行。___

13.6 竣工退场

13.6.1 竣工退场

承包人完成竣工退场的期限：___颁发工程接收证书后30天内___。

14. 竣工结算

14.1 竣工结算申请

承包人提交竣工结算申请单的期限：竣工验收合格后60天内。

竣工结算申请单应包括的内容：竣工结算合同价格；发包人已支付承包人的款项；应扣留的质量保证金；发包人应支付承包人的合同价款。

14.2 竣工结算审核

发包人审批竣工付款申请单的期限：发包人收到承包人提交的竣工结算报告和结算资料后60天内结算完成，在上述期限内不能结算完成的，以承包人的送审价为本工程的造价，并被视为已签发了竣工付款证书。

发包人完成竣工付款的期限：发包人在签发竣工付款证书后14天内完成竣工付款，逾期按全国银行间同业拆借中心发布的同期贷款市场报价利率（LPR）的两倍支付违约金。

关于竣工付款证书异议部分复核的方式和程序：按照通用条款执行。

14.4 最终结清

14.4.1 最终结清申请单

承包人提交最终结清申请单的份数：四份。

承包人提交最终结清申请单的期限：缺陷责任制证书颁发后七天内。

14.4.2 最终结清证书和支付

（1）发包人完成最终结清申请单的审批并颁发最终结清证书的期限：发包人在收到承包人最终结清申请单后7天完成审批并向承包人颁发最终结清申请单，逾期不审批完成又不提出意见的，视为同意承包人提交的最终结清申请单，并视为已颁发了最终结清证书。

（2）发包人完成支付的期限：发包人在颁发最终结清申请单后7天内完成支付，逾期按全国银行间同业拆借中心发布的同期贷款市场报价利率（LPR）的两倍支付违约金。

15. 缺陷责任期与保修

15.2 缺陷责任期

缺陷责任期的具体期限：竣工验收合格后12个月。

15.3 质量保证金

关于是否扣留质量保证金的约定：是。在工程项目竣工前，承包人按专用合同条款第3.7条提供履约担保的，发包人不得同时预留工程质量保证金。

15.3.1 承包人提供质量保证金的方式

质量保证金采用以下第 2 种方式：

(1)质量保证金保函，保证金额为： /

(2) 3 %的工程款；

(3)其他方式： /

15.3.2 质量保证金的扣留

质量保证金的扣留采取以下第 2 种方式：

(1)在支付工程进度款时逐次扣留，在此情形下，质量保证金的计算基数不包括预付款的支付、扣回以及价格调整的金额；

(2)工程竣工结算时一次性扣留质量保证金；

(3)其他扣留方式： /

关于质量保证金的补充约定： /

15.4 保修

15.4.1 保修责任

工程保修期为：见附件：工程质量保修书。

15.4.3 修复通知

承包人收到保修通知并到达工程现场的合理时间：在保修期内发生质量问题，发包人应当书面通知承包人，承包人在收到发包人的通知后2天内到达现场维修，如承包人拒绝维修的，发包人可在书面通知后委托其他单位维修，发生的费用由承包人承担，但该质量问题非承包人原因造成或非承包人承包范围或修复范围超出缺陷、损坏范围的除外。

16. 违约

16.1 发包人违约

16.1.1 发包人违约的情形

发包人违约的其他情形：发包人未能按约定的时间及计划提供甲供材料、确认甲指乙供的材料、确认定牌定价的材料、设备；发包人直接发包的施工单位及指定分包施工单位，未能按承包人的进度计划要求进场和施工完毕。

16.1.2 发包人违约的责任

发包人违约责任的承担方式和计算方法：

(1)因发包人原因未能在计划开工日期前7天内下达开工通知的违约责任：

工期相应顺延,并赔偿承包人由此增加的费用。

(2)因发包人原因未能按合同约定支付合同价款的违约责任:工期相应顺延,并赔偿承包人由此增加的费用。

(3)发包人违反第10.1款[变更的范围]第(2)项约定,自行实施被取消的工作或转由他人实施的违约责任:支付给承包人合理的利润。

(4)发包人提供的材料、工程设备的规格、数量或质量不符合合同约定,或因发包人原因导致交货日期延误或交货地点变更等情况的违约责任:纠正至符合合同约定,并给予承包人工期相应顺延及赔偿承包人由此增加的费用。

(5)因发包人违反合同约定造成暂停施工的违约责任:工期相应顺延,并赔偿承包人由此增加的费用。

(6)发包人无正当理由没有在约定期限内发出复工指示,导致承包人无法复工的违约责任:工期相应顺延,并赔偿承包人由此增加的费用。

(7)其他:非承包人原因造成承包人工期延误、费用增加的,由发包人承担。

16.1.3 因发包人违约解除合同

承包人按16.1.1项[发包人违约的情形]约定暂停施工满 28 天后发包人仍不纠正其违约行为并致使合同目的不能实现的,承包人有权解除合同。

16.2 承包人违约

16.2.1 承包人违约的情形

承包人违约的其他情形:违反安全文明施工、日常工程管理、未尽承包人的管理职责。

16.2.2 承包人违约的责任

承包人违约责任的承担方式和计算方法:工期不予顺延,增加的费用由承包人承担。

16.2.3 因承包人违约解除合同

关于承包人违约解除合同的特别约定:承担由此造成的损失。

发包人继续使用承包人在施工现场的材料、设备、临时工程、承包人文件和由承包人或以其名义编制的其他文件的费用承担方式:发包人在使用前,需与承包人另行达成协议并明确相应费用。

17. 不可抗力

17.1 不可抗力的确认

除通用合同条款约定的不可抗力事件之外,视为不可抗力的其他情形:6级以上地震;海啸;8级以上大风;日降雨量30mm以上,日最高气温高于35度的高温天气;日最低气温低于0度的严寒天气;洪水等其他自然灾害;政府指令等原因导致道路不通无法施工;公共卫生突发事件。

17.4　因不可抗力解除合同

合同解除后,发包人应在商定或确定发包人应支付款项后 15 天内完成款项的支付。

18. 保险

18.1　工程保险

关于工程保险的特别约定:按通用条款执行。

18.3　其他保险

关于其他保险的约定:按通用条款执行。

承包人是否应为其施工设备等办理财产保险:按通用条款执行或当地政府部门的相关规定执行。

18.7　通知义务

关于变更保险合同时的通知义务的约定:按通用条款执行。

20. 争议解决

20.3　争议评审

合同当事人是否同意将工程争议提交争议评审小组决定:/

20.3.1　争议评审小组的确定

争议评审小组成员的确定:/

选定争议评审员的期限:/

争议评审小组成员的报酬承担方式:/

其他事项的约定:/

20.3.2　争议评审小组的决定

合同当事人关于本项的约定:/

20.4　仲裁或诉讼

因合同及合同有关事项发生的争议,按下列第 (1) 种方式解决:

(1)向＿＿＿＿＿＿＿＿仲裁委员会申请仲裁;

(2)向＿＿＿＿＿＿＿＿人民法院起诉。

21. 其他条款

发包人或者监理单位可发出口头指令,并在48小时内给予书面确认,建筑商对发包人或者监理单位的指令应予执行。发包人或者监理单位不能及时给予书面确认的,建筑商应于发包人或者监理单位发出口头指令后7天内提出书面确认要求。发包人或者监理单位在建筑商提出确认要求后48小时内不予答复的,视为口头指令已被确认。

当然在实践过程中,发包人比较强势,往往会在专用条款中约定一些不利用建筑商的条款,但建筑商一定要据理力争,尽量约定一些有利于自身的条款,以最大限度地维护自身的利益。

四、风险提示

1. 合理工期标准在我国现行的法律中并未明确规定,笔者倾向于参照《建设工程工程量清单计价规范》的规定。若合同工期低于合理工期,建筑商应及时向发包人提出,并主张相应的赶工费用。

2. 工期条款建议采用2017年版《建设工程施工合同(示范文本)》的约定,但需要注意该合同文本中工期顺延及费用索赔的默认放弃条款,同时应尽量争取在专用条款中对可预见的索赔情况进行补充约定。

3. 合理利用施工组织设计以及工程进度计划,可对工期顺延及费用索赔产生重要的影响。

4. 在索赔事件发生后,建筑商应第一时间进行证据固定,并按照合同约定的程序向发包人主张索赔。若索赔事件持续发生,建筑商应在合同约定时间内或者合理时间间隔继续递交延续索赔通知,并在索赔时间结束后,向发包人提交最终索赔报告。

10. 工程正常完工、正常结算时，建筑商如何行使工程款优先受偿权

一、产品的重要性、作用及适用范围

（一）重要性和作用

建设工程价款优先受偿权（以下简称优先受偿权）指建设工程的建筑商按照合同的约定完成建设工程或者建设工程施工合同解除后，发包人未按约支付工程款，建筑商依法享有就工程折价或拍卖的价款优先受偿的权利。

优先受偿权具有以下特点：第一，对特种债权予以特殊保护，是法律为维护社会公平正义，维护弱者生存权和社会秩序而赋予特种债权人的一项民事权利；第二，优先权不能由当事人约定，只能由法律规定；第三，建设工程价款优先受偿权优先于抵押权，不以登记为条件，不适用先来后到的效力规则。

建筑商应积极应对纠纷，在纠纷发生时行使优先受偿权，就可以尽量避免无法取得工程价款的风险，从而实现自身利益。

（二）适用范围

1. 适用条件：建设工程正常完工、正常结算。
2. 适用内容：建筑商行使优先受偿权。

二、产品典型案例

原告（上诉人）：中城建××××公司

被告一（被上诉人一）：上海市××××学院

被告二（被上诉人二）：上海××××公司

被告三（被上诉人三）：上海××××学院

（一）基本案情

2009年9月6日，原告与被告一签订《上海市建设工程施工合同》，约定被告一将涉案工程发包给原告施工。后，双方另行签订《补充协议（一）》及《补充协议（二）》，其中约定被告二每月向原告支付工程进度款。2009年10月，工程开工。2012年8月，原告与三被告签订《工程款及债务处理协议》，约定：工程造价暂按13,259万元计算，最终以审计报告为准，双方共同努力于2012年12月底前审计完毕。截至2012年8月2日，以暂定工程造价13,259万元计算，三被告拖欠原告工程价款、未支付工程价款的损失、应偿还借款等一次性结算款合计为15,914万元。工程完工后，原告于2013年4月22日将工程全部移交给被告一。2013年11月，原告与被告一共同确认涉案工程造价为177,481,292元。此后由于被告迟迟未按约定支付工程价款，原告委托笔者团队将本案诉至法院。

（二）诉讼服务

笔者团队接受原告委托后，认为本案最大的争议焦点在于涉案工程是否属于不宜折价、拍卖的建筑物，这直接影响承包人的优先受偿权是否能够实现。笔者团队认为涉案工程虽然属于学校，但是属于民办学校，并且涉案时仍是空置房屋，没有招生并办学的情形，故将涉案工程拍卖不会影响社会公共利益，应属于可以拍卖、折价的标的物，原告应就涉案工程拍卖的价款享有优先受偿权。

（三）判决结果

一审法院认为涉案工程用于学校，而且尚未补办齐全相关的报建审批手续，应属于不宜折价、拍卖的建设工程，故原告的优先受偿权无法得到确认。

二审法院则采纳了我所的观点，综合考虑后认定涉案工程不属于不宜折价、拍卖的建设工程，原告就涉案工程拍卖的价款享有优先受偿权。

产品说明书

（一）法律依据

《民法典》第807条

《建设工程司法解释一》第35～42条

（二）实务操作要点

1. 指导建筑商确定优先受偿权的主体。
2. 指导建筑商确定优先受偿权的客体。
3. 指导建筑商确定优先受偿权的受偿范围。

4. 指导建筑商确定优先受偿权的行权期限。

5. 提醒建筑商享有优先受偿权的前提条件是质量合格。

三、产品内容

（一）法律依据

《民法典》

第 807 条 发包人未按照约定支付价款的，承包人可以催告发包人在合理期限内支付价款。发包人逾期不支付的，除根据建设工程的性质不宜折价、拍卖外，承包人可以与发包人协议将该工程折价，也可以请求人民法院将该工程依法拍卖。建设工程的价款就该工程折价或者拍卖的价款优先受偿。

《建设工程司法解释一》

第 35 条 与发包人订立建设工程施工合同的承包人，依据民法典第八百零七条的规定请求其承建工程的价款就工程折价或者拍卖的价款优先受偿的，人民法院应予支持。

第 36 条 承包人根据民法典第八百零七条规定享有的建设工程价款优先受偿权优于抵押权和其他债权。

第 37 条 装饰装修工程具备折价或者拍卖条件，装饰装修工程的承包人请求工程价款就该装饰装修工程折价或者拍卖的价款优先受偿的，人民法院应予支持。

第 38 条 建设工程质量合格，承包人请求其承建工程的价款就工程折价或者拍卖的价款优先受偿的，人民法院应予支持。

第 39 条 未竣工的建设工程质量合格，承包人请求其承建工程的价款就其承建工程部分折价或者拍卖的价款优先受偿的，人民法院应予支持。

第 40 条 承包人建设工程价款优先受偿的范围依照国务院有关行政主管部门关于建设工程价款范围的规定确定。

承包人就逾期支付建设工程价款的利息、违约金、损害赔偿金等主张优先受偿的，人民法院不予支持。

第 41 条 承包人应当在合理期限内行使建设工程价款优先受偿权，但最长不得超过十八个月，自发包人应当给付建设工程价款之日起算。

第 42 条 发包人与承包人约定放弃或者限制建设工程价款优先受偿权，损害建筑工人利益，发包人根据该约定主张承包人不享有建设工程价款优先受偿权的，人民法院不予支持。

(二)实务操作要点

1. 指导建筑商确定优先受偿权的主体

(1)法律明确规定的优先受偿权的主体

从《民法典》和《建设工程司法解释一》的上述规定来看,明确规定承包人享有其承建工程的价款优先受偿权,并且根据《建设工程司法解释一》的规定,这里的“承包人”仅指与发包人直接订立施工合同的承包人。

(2)法律已排除的不享有优先受偿权的主体

与发包人订立建设工程勘察、设计、监理合同的勘察人、设计人、监理人,不是享有优先受偿权的主体。勘察人、设计人、监理人不是与发包人订立“施工合同”的承包人,他们与发包人订立的是勘察、设计、监理合同,故根据《民法典》和《建设工程司法解释一》的规定,这些主体不享有优先受偿权。

(3)存在争议的优先受偿权的主体

①实际施工人

“实际施工人”的提法,最早出现于2004年的《建设工程司法解释》(已废止),是为了区别《合同法》(已废止)中规定的合法施工人,而使用的创新表述方式。按照该司法解释的规定,“实际施工人”主要包括三大类:违法转包合同的承包人;违法分包合同的承包人;借用资质(挂靠)签订合同的承包人。

2011年《全国民事审判工作会议纪要》第29条明确了实际施工人不享有建设工程价款优先受偿权。该条规定:“因违法分包、转包等导致建设工程合同无效的,实际施工人请求依据合同法第二百八十六条规定对建设工程行使优先受偿权的,不予支持。”但是,最高人民法院在其后的一些判决中仍然支持了实际施工人对建设工程行使优先受偿权的主张。各地高级人民法院发布的司法文件对实际施工人是否享有优先受偿权的问题,基本都认定实际施工人在一定条件下可以行使优先受偿权。

通常情况下,导致“实际施工人”这一概念产生的原因多在于建筑商违反法律规定与合同约定非法转包、违法分包或挂靠,而发包人没有过错。因此,如果允许实际施工人向发包人主张工程价款优先受偿权,实属变相鼓励违法行为,对发包人极为不公平。

②与发包人订立施工合同的个人

《建筑法》第26条规定:承包建筑工程的单位应当持有依法取得的资质证书,

并在其资质等级许可的业务范围内承揽工程。禁止建筑施工企业超越本企业资质等级许可的业务范围或者以任何形式用其他建筑施工企业的名义承揽工程。禁止建筑施工企业以任何形式允许其他单位或者个人使用本企业的资质证书、营业执照,以本企业的名义承揽工程。

虽然《建筑法》规定建筑商必须是具备相应资质的施工企业,但理论上和实践中,仍存在某工程由个人作为建筑商施工完成的情形。除备案所需的施工合同由名义上的建筑商签订外,还存在个人和发包人签订的实际履行的施工合同或者个人、发包人和名义上的建筑商的三方施工合同。笔者认为,该种形式下虽然施工合同是无效的,但是在工程质量合格的前提下,可以参考法律对施工合同无效时的规定,直接签订施工合同的个人仍可参照合同约定折价补偿,同样也可以享有优先受偿权。律师在为此类个人提供优先受偿权的诉讼服务时,也应与其签订风险提示书,告知其中的法律风险。

2. 指导建筑商确定建设工程价款优先受偿权的客体

(1)法律明确的优先受偿权的客体

《民法典》第 807 条的规定对优先受偿权的客体采用了排除法来定义,毕竟要一一列举具体内容的话太过累赘且难以详尽。实践中,可以折价、拍卖并作为优先受偿权客体的工程常见的有住宅、办公楼、商铺商场、厂房等。

(2)不享有优先受偿权的客体

不享有优先受偿权的客体是不宜折价、拍卖的工程,对此最高人民法院曾归纳出三种不宜折价、拍卖的情形:

①违章建筑

违章建筑因为违法行为无法完成初始登记,从而无法被处分;基于不能处分之客观情况,就无法对其通过折价、拍卖的方式予以转让。如果违章建筑属于主建筑的附属部分,而主建筑是可以拍卖的,那么在主建筑拍卖时可附带违章建筑一并拍卖,但是违章建筑拍卖后仍然不能取得权属登记。但是,实践中也有另一种解决方案,即允许补办相关建设手续的可以予以拍卖。故对于违章建筑主张优先受偿权时,律师应当谨慎分析违章建筑的成因,建议与当事人签订风险提示书,告知其中的法律风险。

②工程质量不合格且难以修复的建筑

《建设工程司法解释一》第 38 条规定:建设工程质量合格,承包人请求其承建工程的价款就工程折价或者拍卖的价款优先受偿的,人民法院应予支持。工程质量合格是承包人享有优先受偿权的前提;质量不合格且难以修复的建筑,是不能投入使用的,当然就更不能通过折价、拍卖处分该建设工程。

③不适合抵押的财产

对国家机关办公的房屋及军事设施,公共道路、桥梁、机场、港口、公共图书馆、博物馆等公用建筑,学校、幼儿园、医院等以公益为目的的事业单位、社会团体的教育设施、医疗卫生设施、寺庙等宗教场所和其他社会公益设施,不宜通过折价、拍卖的方式转让。但是,民办经营性学校在特定条件下也是可以拍卖的;目前在拍卖网站上也经常有民办学校拍卖的公告,笔者团队也处理过民办学校司法拍卖的案子。

3. 指导建筑商确定建设工程价款优先受偿权的受偿范围

根据《建设工程司法解释一》第 40 条的规定,承包人优先受偿权的范围仅限于工程价款,不包括利息、违约金、损害赔偿金等。工程价款包括:人工费、材料和工程设备费、施工机具使用费和管理费、利润以及一定风险范围内的风险费用。

这些费用就是享有优先受偿权的组成内容。

4. 指导建筑商确定建设工程价款优先受偿权的行权期限

根据《建设工程司法解释一》第 41 条的规定,承包人行使建设工程价款优先受偿权的最长期限为 18 个月,自发包人应当给付建设工程价款之日起算。律师在为当事人提供相关法律服务时,应当提醒当事人及时主张优先受偿权,最长不超过发包人应当给付工程价款之日起 18 个月。如果当事人不予理会,那么建议律师向当事人发出书面风险提示进一步强调。

5. 提醒承包人享有优先受偿权的前提条件是工程质量合格

工程质量合格是享有优先受偿权的首要前提。如果建设工程质量不合格,发包人有权拒绝支付工程价款,建筑商要求发包人支付工程价款的主张得不到法院支持时,建设工程价款优先受偿权也就无从谈起。律师在为当事人提供法律服务时,如果发现存在工程质量问题和纠纷,应提醒当事人先处理好工程质量问题和纠纷,及时进行修复,需要通过诉讼解决的也应当及时与律师沟通。

11. 建筑商如何规范内部承包、避免转包挂靠

一、产品的重要性、作用及适用范围

（一）产品的重要性和作用

我国建筑市场以买方市场为中心，建筑市场供大于求，建筑商之间竞争激烈。然而建筑业实行严格的建筑业企业资质管理，一些低资质、小规模甚至无资质的建筑商及个人为求生存，出现了大量非法转包、违法分包、借用资质挂靠等情形，继而在建筑领域出现了“实际施工人”这一特殊的主体。而很多建筑施工企业基本以出借资质、转包收取管理费为主要收入来源，继而也有很多公司由于对于挂靠项目疏于管理，导致债台高筑并走入破产边缘。

转包、挂靠涉及发包人、建筑商（转包人）及实际施工人、农民工、材料供应商等主体，且其间会出现发包人与建筑商（转包人）的施工合同，转包人与实际施工人的转包合同、违法分包合同、层层转包合同、材料采购合同、用工合同等大量合同，而国家对于非法转包、违法分包的严控和管理时常导致合同无效情形出现，因而该如何保护各方主体利益的问题就此凸显。

同时，建筑商“内部承包模式”作为在建筑施工行业历史发展过程中形成的一种模式，在建筑行业的发展中起到了不可磨灭的重要作用，至今仍被大量施工企业采用，并且其合法性受到多地司法实践的承认。

因此，规范“内部承包模式”，避免被认定为转包和挂靠，从而最大限度地规避风险，平衡各方利益，是本法律服务产品的主要目的。

（二）适用范围

1. 适用内容：建筑商内部承包合同的签订和履行。
2. 适用主体：建筑商。

二、产品典型案例

再审申请人(一审被告、二审上诉人):谢某芬

被申请人(一审原告、二审上诉人):华升建设集团有限公司

(一)一审情况

一审中,原告华升建设集团有限公司诉称:2011 年 3 月 18 日,原告与被告谢某芬就“晋江双龙路东拓泽沟、涵口安置房工程”签订《华升建设集团有限公司建设工程项目施工管理责任书》,2012 年 2 月 12 日,原告与谢某就“晋江双龙路苏厝安置房工程”签订《华升建设集团有限公司建设工程项目施工管理责任书》,上述协议就双方的权利义务等均明确进行了约定,包括但不限于管理费、税金、考核、经济损失的承担等。

2013 年 3 月 1 日,谢某将“苏厝工程”债权、债务均转让于被告谢某芬。后被告由于施工管理存在问题退出,原告结算后发现被告超领工程款,故应当将超领部分返还。法院立案后将所涉争议委托相关机构进行了财务审计及工程造价鉴定。根据工程造价鉴定报告及财务审计报告,原告支付的款项已远远超过被告完成的工程量,判令被告应予以返还。

其中一个争议焦点为原告、被告之间是工程承包(转包)合同关系还是内部承包合同关系,是否合法有效。

一审法院认为,工程承包与内部承包区分的关键在于原被告在签订合同上是否为平等的民事法律主体,合同约定的承包内容是否包死;若约定承包方交纳固定承包费并自负盈亏,则属于工程承包(转包);若约定根据指标完成情况实施奖罚措施、利润提成,系属工程内部承包。若建设工程施工合同的承包人与其下属分支机构或在册职工签订合同,将其承包的全部或部分工程承包给其下属分支机构或职工施工,并在资金、技术、设备、人力等方面给予支持,可认定为企业内部承包合同。

综观本案原告、被告签订的项目管理责任书中对于考核基数的约定以及原告于 2010 年 3 月起就为被告缴纳社会保险并延续至 2014 年,原被告签订涉案工程项目管理责任书的时间为 2011 年 3 月 18 日,原告提供的诚信手册亦表明被告系原告经营负责人,原告也为被告提供了施工组织设计方案,并在施工过程中提供了资金支持,应认定原被告之间为内部承包合同关系,原被告双方签订的项目施工管理责任书的性质应为内部承包合同,系双方真实意思表示,应属合法有效。

(二)二审情况

一审原告、被告均不服判决结果,提起上诉。

二审中,上诉人华升建设集团有限公司上诉请求:撤销(2014)绍虞民初字第1581号民事判决第1~3项;改判被上诉人向上诉人支付款项共计42,097,594.37元;改判被上诉人向上诉人支付利息损失(以23,344,685.08元为本金,自2013年3月1日起计算至被上诉人实际履行日止;以16,437,870.35元为本金,自2015年1月1日起计算至被上诉人实际履行日止;利息均按照中国人民银行同期同类贷款利率计算);本案一审、二审诉讼费、鉴定费均由被上诉人承担。

上诉人谢某芬上诉请求:驳回华升公司起诉或全部诉讼请求,或裁定将案件移送至福建省泉州市中级人民法院合并审理,或将案件发回重审;一审、二审诉讼费、鉴定费均由被上诉人承担。

二审法院认为其中一个争议焦点为:一审认定双方为内部承包施工合同关系是否正确。

关于该争议焦点,二审法院认为,建设工程施工合同的承包人与其下属分支机构或在册职工签订合同,将其承包的全部或部分工程承包给其下属分支机构或职工施工,并在资金、技术、设备、人力等方面给予支持的,可认定为企业内部承包合同。本案中,华升公司在原审中提交的社会保险个人参保证明、晋江市建筑行业诚信手册,表明华升公司与谢某芬之间存在合法的社会保险关系,谢某芬系华升公司经营负责人,两者之间存在一定的隶属关系;在案其他证据亦能表明华升公司为涉案工程提供了资金支持;双方签订的《项目施工管理责任书》载明"甲方(华升公司)有权对乙方(谢某芬)的施工活动进行全程检查和监督",结合施工设计方案载明的"报总包单位审核意见",均可表明谢某芬系在建筑施工企业华升公司的管理和监督下进行项目施工。综合上述情况,可以认定华升公司与谢某芬之间系内部承包合同关系,原审对涉案《华升建设集团有限公司建设工程项目施工管理责任书》的性质和效力的认定应属正确,并无不当。

二审法院判决:驳回上诉,维持原判。

后谢某芬申请再审。

(三)再审情况

法院对本案关于谢某芬与华升公司之间法律关系性质问题的争议审查如下:原审判决认定两者之间系内部承包合同关系,谢某芬提出系挂靠关系。经审查,华升公司提交证据表明其于2010年3月起就为谢某芬缴纳社会保险并延续至2014

年，双方签订涉案工程《项目施工管理责任书》的时间为2011年3月18日，华升公司提供的《晋江市建筑行业诚信手册》亦载明谢某芬系华升公司经营负责人。因此，原审认定谢某芬系华升公司员工依据充分。从《项目施工管理责任书》约定内容看，具有内部承包关系性质。结合华升公司为谢某芬提供了施工组织设计方案，并在施工过程中提供了资金支持的情况，原审认定华升公司与谢某芬之间系内部承包合同关系，并无不当。

再审法院最终裁定：驳回谢某芬的再审申请。

产品说明书

（一）法律依据

《建筑工程施工发包与承包违法行为认定查处管理办法》第4条、第8条、第10条

（二）实务操作

1. 指导建筑商认识内部承包与转包、挂靠的区别。
2. 指导建筑商正确签订内部承包书面合同。
3. 指导建筑商完善对项目部管理人员的要求。
4. 指导建筑商规范材料采购和分包合同的签订以及履约过程。
5. 指导建筑商规范内部承包项目款项支付流程。

三、产品内容

（一）法律依据

《建筑工程施工发包与承包违法行为认定查处管理办法》

第4条 建设单位与承包单位应严格依法签订合同，明确双方权利、义务、责任，严禁违法发包、转包、违法分包和挂靠，确保工程质量和施工安全。

第8条 存在下列情形之一的，应当认定为转包，但有证据证明属于挂靠或者其他违法行为的除外：

（一）承包单位将其承包的全部工程转给其他单位（包括母公司承接建筑工程后将所承接工程交由具有独立法人资格的子公司施工的情形）或个人施工的；

（二）承包单位将其承包的全部工程肢解以后，以分包的名义分别转给其他单位或个人施工的；

（三）施工总承包单位或专业承包单位未派驻项目负责人、技术负责人、质量管

理负责人、安全管理负责人等主要管理人员,或派驻的项目负责人、技术负责人、质量管理负责人、安全管理负责人中一人及以上与施工单位没有订立劳动合同且没有建立劳动工资和社会养老保险关系,或派驻的项目负责人未对该工程的施工活动进行组织管理,又不能进行合理解释并提供相应证明的;

(四)合同约定由承包单位负责采购的主要建筑材料、构配件及工程设备或租赁的施工机械设备,由其他单位或个人采购、租赁,或施工单位不能提供有关采购、租赁合同及发票等证明,又不能进行合理解释并提供相应证明的;

(五)专业作业承包人承包的范围是承包单位承包的全部工程,专业作业承包人计取的是除上缴给承包单位"管理费"之外的全部工程价款的;

(六)承包单位通过采取合作、联营、个人承包等形式或名义,直接或变相将其承包的全部工程转给其他单位或个人施工的;

(七)专业工程的发包单位不是该工程的施工总承包或专业承包单位的,但建设单位依约作为发包单位的除外;

(八)专业作业的发包单位不是该工程承包单位的;

(九)施工合同主体之间没有工程款收付关系,或者承包单位收到款项后又将款项转拨给其他单位和个人,又不能进行合理解释并提供材料证明的。

两个以上的单位组成联合体承包工程,在联合体分工协议中约定或者在项目实际实施过程中,联合体一方不进行施工也未对施工活动进行组织管理的,并且向联合体其他方收取管理费或者其他类似费用的,视为联合体一方将承包的工程转包给联合体其他方。

第 10 条 存在下列情形之一的,属于挂靠:

(一)没有资质的单位或个人借用其他施工单位的资质承揽工程的;

(二)有资质的施工单位相互借用资质承揽工程的,包括资质等级低的借用资质等级高的,资质等级高的借用资质等级低的,相同资质等级相互借用的;

(三)本办法第八条第一款第(三)至(九)项规定的情形,有证据证明属于挂靠的。

(二)实务操作要点

1. 指导建筑商认识内部承包与转包、挂靠的区别

在建筑领域,所谓的内部承包,是指建筑商将其承包的全部或部分工程交由其下属分支机构或本企业在职职工个人承包施工,建筑商对工程施工过程及质量进

行管理,并在资金、技术、设备、人力等方面给予支持的内部经营方式。内部承包的法律来源是《关于改革国营施工企业经营机制的若干规定》第2条:“施工企业内部可以根据承包工程的不同情况,按照所有权与经营权适当分离的原则,实行多层次、多形式的内部承包经营责任制,以调动基层施工单位的积极性。可组织混合工种的小分队对或专业承包队,按单位工程进行承包,实行内部独立核算;也可以由现行的施工队进行集体承包,自负盈亏。不论采取哪种承包方式,都必须签订承包合同,明确规定双方的责权利关系。”虽然该规定是1987年颁布的适用于国营施工企业的规定,但对非国有性质的公司对此借鉴使用,没有法律禁止性的规定。虽然法律并不禁止企业的内部承包行为,但禁止以内部承包的名义变相从事转包、分包、挂靠的行为,因此建筑商应当正确把握内部承包的认定标准。

律师应当指导建筑商,对内部承包的认定主要注意以下两个方面:

(1)建筑商与承包人是否存在管理与被管理的隶属关系。内部承包的承包人分为两类:一类是建筑商的下属分支机构,其与建筑商是管理与被管理的隶属关系,而不是独立的法人,对此不存在争议;另一类是建筑商的在职职工,尤其是在册的项目经理个人承包施工,应当与建筑商存在隶属关系。

(2)建筑商是否对工程进行了施工过程及质量管理,建筑商是否提供了资金、技术、设备或人力等方面的支持。在内部承包合同中,建筑商往往会和承包人约定收取一定比例的管理费,但并非有管理费的约定就能被认定为内部承包,还需要建筑商有实际的管理行为,并提供人力、物力、资金上的支持。

在以上两个方面认定的基础上,还可以从内部承包人是否与建筑施工企业按照承包合同约定对经营利润进行分配、是否接受建筑施工企业的任免、调动和聘用以及从其他方面综合考虑。

2. 指导建筑商正确签订内部承包书面合同

(1)指导建筑商完善内部承包人主体资格要求(劳动合同、社保、建造师执业资格证书)。

为规避挂靠和转包的违法性,建筑商通常采取内部承包的方式处理此类问题。

既然是内部承包,那么承包人是建筑商的职工才符合内部承包的要求。在我国劳动、社会保险法律法规日渐完善的情况下,判断承包人是否为建筑商的职工,其表现形式必然为签订书面劳动合同、缴纳社会保险。

2003年之后,工程项目的项目经理由注册建造师代替,因此工程项目施工需要由注册建造师对工程项目施工负有全面管理责任;单位工程的承包人,应当系注册建造师。

2019年1月1日起实施的《建筑工程施工发包与承包违法行为认定查处管理办法》第8条规定:“存在下列情形之一的,应当认定为转包,但有证据证明属于挂靠或者其他违法行为的除外:……(三)施工总承包单位或专业承包单位未派驻项目负责人、技术负责人、质量管理负责人、安全管理负责人等主要管理人员,或派驻的项目负责人、技术负责人、质量管理负责人、安全管理负责人中一人及以上与施工单位没有订立劳动合同且没有建立劳动工资和社会养老保险关系,或派驻的项目负责人未对该工程的施工活动进行组织管理,又不能进行合理解释并提供相应证明的……”根据此规定,未签订劳动合同、缴纳社会保险且未派驻项目负责人的均会被认定为转包或挂靠。

在判断内部承包人是否具有合法主体资格时,法院往往从劳动合同、社保缴纳、建造师证注册单位等方面综合考虑,如三者一致,则一般应认定为内部承包。但对劳动合同、社保缴纳与建造师证的注册单位不一致或者不完备的情况如何认定,实践中存在争议。笔者认为,在这种情况下,首先应当以建造师证作为判断隶属关系的依据,理由在于,按照《注册建造师管理规定》的规定,注册建造师无论是初始注册还是变更注册,都以受聘于相关单位为前提,并须通过聘用单位进行注册。其次,如果内部承包人没有建造师执业资格证,则以社保缴纳证明为依据。最后,在内部承包人没有社保缴纳证明情况下,则以劳动合同和工资支付证明作为依据。

举例而言:

①项目经理在A公司工作,但没有劳动合同、社保缴纳证明以及建造师执业资格证。此种情况下,通常不能认定为内部承包。

②项目经理的劳动合同、社保缴纳在A公司,但注册建造师证登记在B公司。此种社保和证书登记不一致情况目前已经较为少见,除非能够证明劳动合同、社保缴纳在A公司有合理的理由,否则,不能认定B公司与项目经理是内部承包。

③项目经理的注册建造师证登记在B公司,但没有社保缴纳和劳动合同。此种情况下,通常应当认定存在隶属关系,社保和劳动合同问题仅是用工手续不规范。

④项目经理在A公司有项目,在B公司也有项目,不能认定为内部承包。

在判断项目经理与建筑商是否具有隶属关系时,还有重要的一点是关系(劳动关系、建造师注册关系)建立的时间持续性,如果是临时性(持续性等于或短于项目施工时间),则更容易被认定为转包或挂靠。

(2)指导建筑商签订内部承包合同时对重点条款的设置。

内部承包合同除具备合同的基本条款外,应重点注意以下条款:

①明确约定承包项目的具体范围。

②明确工程造价的计价方式，建议将施工合同作为内部承包合同的附件，并要求内部承包人执行施工合同相应的计价方式、支付节点等条款。如果工程存在建筑商通过自有资金或银行贷款替内部承办人垫资施工的情况，则还应当约定垫资的金额、期限、垫资利息等条款。

③明确约定建设单位支付的工程款全部进入建筑商账户，由建筑商在财务方面统一管理，内部承包人不得要求建设单位直接向其支付。对于工程最终内部结算，明确必须以建设单位结算完成、款项支付到位且所有民工工资、分包款、材料款结清为前提。同时，建设单位拖延结算或结算后款项迟延收回、无法收回的风险由内部承包人承担。

④明确约定内部承包人将施工过程中聘用的农民工名单、工资发放清单及对外签署的文件（包括但不限于合同、协议、签证、往来函件）等资料及施工图、技术资料等全部资料提供一套给建筑商备案，以便于建筑商准确掌握工程详细情况。内部承包人未提供上述资料或提供虚假资料的，视为内部承包人同意建筑商有权直接与第三方结算并认可建筑商的支付金额，建筑商可以在与内部承包人结算时直接扣除或向内部承包人另行追偿。

⑤明确约定内部承包人应当优先支付农民工工资，并按照合同约定期限支付材料款、租金等款项，内部承包人逾期支付上述款项导致第三方向建筑商主张权利或索赔的，建筑商有权代内部承包人支付相应款项，并与内部承包人结算时直接扣除相应款项或向内部承包人另行追偿。

⑥明确约定建筑商有权对内部承包人材料采购、人员工资等价格进行核定，防止内部承包人与第三人串通损害建筑商的权益。

⑦将内部承包人应当缴纳的管理费细化为派驻人员工资、合理支出费用等，避免因内部承包合同被认定为挂靠、转包而导致管理费被没收的风险。

⑧明确约定内部承包合同履行期间内部承包人对外所欠债务（包括但不限于工程质量问题、工期延误、对外合同纠纷、工伤事故等）均由其承担，并要求其以担保人、抵押物、保证金或银行保函等方式提供履约担保。如果采用保证金的形式，建筑商也可考虑在内部承包合同中约定从建设单位支付的工程款中预提保证金，并视工程的具体情况及项目经理的综合实力对保证金的金额、退还条件等内容进行专门约定。

⑨内部承包人出现违反施工合同及内部承包合同的情形，导致建筑商依法解

除合同的,双方应对工程项目的技术资料、财务资料、各类合同、人员及对外债权债务如何进行交接、如何界定权利义务进行明确约定。

▶ 延伸问题1　是否可以不签订内部承包合同?

工程项目具有施工期限长、投资大、涉及众多利益主体、法律关系复杂的特点,为在双方发生争议时有明确的依据,减少双方争议焦点,降低各自风险,建筑商与内部承包人之间应当签订书面合同。即使内部承包合同在诉讼过程中有可能被法院或者仲裁机构认定为名为内部承包实为挂靠、非法转包而无效,但是毕竟合同是证实双方合同关系以及权利义务内容的直接证据,因此内部承包合同应当签订,只是在具体操作过程中要区别服务对象提出不同的合同管理方式。

▶ 延伸问题2　内部承包人可否为单位?母公司是否可以承接项目后交由子公司或者分公司?

既然是内部承包,承包人就应当是建筑商的分支机构或者个人,这在部分高级人民法院的规定中可以得到证实,如《浙江高院解答》第1条为:"如何认定内部承包合同?如何认定其效力?建设工程施工合同的承包人与其下属分支机构或在册职工签订合同,将其承包的全部或部分工程承包给其下属分支机构或职工施工,并在资金、技术、设备、人力等方面给予支持的,可认定为企业内部承包合同;当事人以内部承包合同的承包方无施工资质为由,主张该内部承包合同无效的,不予支持。"《北京高院解答》第5条为:"如何认定建筑商的内部承包行为?建设工程施工合同的承包人将其承包的全部或部分工程交由其下属的分支机构或在册的项目经理等企业职工个人承包施工,承包人对工程施工过程及质量进行管理,对外承担施工合同权利义务的,属于企业内部承包行为;发包人以内部承包人缺乏施工资质为由主张施工合同无效的,不予支持。"

母公司承接项目后不得交予子公司施工,否则会被认定为非法转包。根据《全国人大常委会法制工作委员会对建筑施工企业母公司承接工程后交由子公司实施是否属于转包以及行政处罚两年追溯期认定法律适用问题的意见》以及《建筑工程施工发包与承包违法行为认定查处管理办法》第8条的规定,承包单位将其承包的全部工程转给其他单位(包括母公司承接建筑工程后将所承接工程交由具有独立法人资格的子公司施工的情形)或个人施工的,若无证据证明属于挂靠或其他违法行为,应认定为转包。

▶ 延伸问题3　内部承包人无法缴纳社保时如何处理?

鉴于《建筑工程施工发包与承包违法行为认定查处管理办法》对项目负责人等要

求必须签订劳动合同、建立劳动工资支付关系和社会养老保险关系，如内部承包人确实因为特殊原因无法缴纳社会保险，可以以符合条件的人的名义签订内部承包合同，再由实际内部承包人作为名义承包人的连带责任担保人。

3. 指导建筑商完善对项目部管理人员的要求

（1）派驻的项目经理资格和现场管理要求。

派驻的项目经理必须具有符合工程项目要求的注册建造师资格并符合建设工程施工合同对项目经理的要求。严格按照法律法规的规定，围绕工程质量、安全文明生产、环境保护、节能、合法用工等进行现场管理。

（2）其他项目管理人员的要求。

技术负责人、质量管理负责人、安全管理负责人等主要管理人员应当与建筑商签订劳动合同并建立工资支付关系和社会养老保险关系。

4. 指导建筑商规范材料采购和分包合同的签订以及履约

（1）指导建筑商建立和完善合同签订流程控制。

内部承包合同履行过程中，建筑商经常因为内部承包人拖欠材料款、人工费等被拖入诉讼，人民法院通常认定内部承包人的行为系职务行为、表见代理等，判决建筑商承担付款或连带责任。为最大限度降低建筑商的风险，应当对内部承包人对外签订合同进行规范和管理。

第一，规范合同签订流程，对外合同的签订必须经过公司办公自动化（OA）录入，不允许承包人对外签订合同。要对内部承包人使用、刻制印章进行规范，原则上不允许内部承包人使用建筑商的公章、合同专用章，以便发生纠纷后区分责任。对内部承包人刻制的项目专用章、技术专用章的行为进行监管，掌握刻章的时间、地点，并应当对所刻制印章的印模进行备案管理，应由内部承包人在印模上签字确认。

第二，建立供应商资格名录，完备供应商价格调整规则。要求内部承包人在项目中采购服务、设备、材料等均应在名录中选择合适的供应商。

第三，完善内部承包人合同备案制度。

（2）指导建筑商对材料、分包合同的合同内容进行设置和审查。

建议建筑商开发适用本企业的各类合同范本，要求内部承包人签订相应合同时使用。主要内容如下：

①合同相对方的主体资格，注意查询对方登记信息、资质情况及是否属于失信

被执行人等，内部承包人应当与项目部作为共同的一方主体。

②价款约定应当符合市场公允价格，以防止材料商与内部承包人串通损害建筑商的利益。

③将对方的营业执照、身份证明作为合同附件，并要求对方提供正确的通信地址、电子邮箱、联系电话等相关信息。

④对于材料的用量进行控制，并约定超过约定的用量或者价格的必须经过公司的审批。

⑤对合同的违约责任条款进行审查控制。

(3)指导建筑商对项目部印章以及技术资料专用章加强管理。

建筑商应当要求内部承包人制定印章管理制度，确定专门管理印章人员，对印章的使用进行逐一备案登记，并将加盖印章的资料留存一份备查。

▶ 延伸问题 4　建筑商放任内部承包人自行对外签订合同是否可以不承担责任？

内部承包作为建筑商进行经营的一种方式。内部承包人的行为通常会被认定为职务行为，尤其是在对外签订的合同中加盖了项目部的印章的，由此产生的法律责任会由建筑商承担。

▶ 延伸问题 5　材料商、分包单位依据内部承包人签订合同对建筑商提起诉讼时该如何应对？

首先，应当审查原告提起诉讼的证据中是否有书面合同，书面合同的主体是建筑商还是内部承包人个人，合同中的印章是否为按规定流程刻制的印章，是否与备案合同一致等。其次，审查材料商、分包单位主张的材料或分包工程量是否实际发生，量是否属实。最后，如果不符合上述条件，建筑商应该可以合同相对性提出不承担责任的抗辩，也可以双方恶意串通损害建筑商利益为由认定合同无效从而不予承担责任。

▶ 延伸问题 6　是否可以将全部施工内容拆分为劳务分包合同、委托采购合同、租赁合同？

将全部施工内容拆分为劳务分包、委托采购、租赁合同并不违反法律、行政法规的规定，各合同单独来看应为有效合同。这样操作的优势是合同不会因为挂靠、转包被认定为无效，从而承担行政处罚的后果；劣势是加大了建筑商的工作量及管理难度。

5. 指导建筑商规范内部承包项目款项支付流程

(1)指导建筑商严格控制与建设单位之间的款项收取流程。

在建筑商与内部承包人签订内部承包合同的情况下,建设工程施工合同的主体系建筑商与建设单位,并且根据现行税务管理的规定,建设单位必须把工程款支付给建筑商,并由建筑商开具符合法律规定的发票。建筑商应在施工合同中约定收款账户的名称、账号等信息,并明确约定未经书面约定不得变更。

(2)指导建筑商建立和完善与分包单位、材料商之间的款项支付流程。

为避免内部承包合同被认定为挂靠或非法转包,也为规避施工单位债务风险,施工单位可以要求内部承包人每月报送支付款项报表,审查备案合同约定的付款条件、付款期限再向分包单位、材料商付款,要求对方提供符合法律规定的票据。

(3)指导建筑商规范民工工资的发放。

同上述理由,首先,要求内部承包人做出按期支付农民工工资、如有拖欠由施工单位代为支付的书面承诺;其次,按照法律要求开设农民工工资支付账户,要求内部承包人对农民工实行实名制管理,每月以书面方式报送农民工名单,并建立支付台账;最后,如出现欠付工资情况,由施工单位发放并及时在应付内部承包人款项中扣除。

▶ 延伸问题7　建设单位工程款不满足工程施工需要时,垫付资金在资金支付上如何处理?可以作为借款处理吗?

根据《建设工程司法解释一》第25条的规定,在建设工程施工合同中除政府工程外,原则上允许垫资并支持支付利息。垫付资金将来要作为工程款的一部分进行结算,因此对外支付主体应当是建筑商。该笔款项如果是内部承包人自己的款项,那么建议在内部承包合同中约定明确,以内部承包合同作为支付依据。如果是建筑商垫付,亦应采取借款合同的方式处理,但应当注意所约定利息不得高于相关司法解释中规定的年利率,并且应当注意高利转贷、职业放贷的法律规定对于借款合同的限制。

▶ 延伸问题8　工程履约保证金在资金支付上如何处理?

工程履约保证金作为建筑商履行合同的担保,发包人可以在签订施工合同前要求建筑商交纳,也可以在签订合同后交纳,但一般情况下都要求从建筑商账户支付。如果内部承包合同约定该款项应当由内部承包人支付,从资金支付的角度来说,应当是内部承包人支付给建筑商、建筑商支付给发包人,那么承包合同就是内部承包人支付款项的依据。

四、风险提示

1. 转包、挂靠行为属于国家法律禁止的行为。一旦被认定为转包和挂靠，转包、挂靠施工合同无效，建筑商将面临被罚款、责令停业整顿、降低资质甚至吊销资质证书的严重后果。与此同时所收管理费也有被罚没的风险。

2. 内部承包人在施工过程中拖欠材料款、人工工资，出现工程质量问题等，建筑商被起诉承担付款义务或承担连带赔偿责任。但要注意，建筑商承担相关责任后，因内部承包人一般为自然人，承担风险能力较差，可能导致建筑商的损失无法弥补。

3. 要注意发包人欠缺履约能力而无法足额支付工程款的情况下，内部承包人要求建筑商支付工程款的法律风险。

4. 要注意发包方以转包方违法转包为由解除施工合同或要求转包方承担违约责任。

5. 要注意发包方以挂靠为由主张施工合同无效的法律风险。

12. 建筑商如何在设计交底(图纸会审)阶段进行质量控制

一、产品的重要性、作用及适用范围

(一)重要性和作用

设计交底,是指在施工图完成并经审查合格后,设计单位在设计文件交付施工时,按照法律规定的义务就施工图设计文件向建筑商和监理单位进行详细的说明。图纸会审,是指建筑商、发包人以及设计单位等相关单位,在收到审查合格的施工图设计文件后,全面细致熟悉和审查施工图纸的活动。简单来说,图纸会审就是各方就图纸等设计文件所召开的会议,主要是建筑商就设计文件向设计单位提出疑问,由设计单位进行解答。而设计交底则是设计单位就设计文件需要特别说明的事宜向建筑商作出说明。虽然是两件事情,但在施工实践中两者却是同时进行的,需要在施工图审查合格后、开工前进行,不存在先后顺序之分,故下文中将只用"设计交底"代称"设计交底以及图纸会审"。

一般来说,在设计交底过程中,就建筑商对设计文件中不明确部分的疑问,会出现三种处理方式:

(1)设计单位就建筑商的提问当场作出答复,并形成设计交底会议纪要,由各方签字确认,作为设计文件的补充;

(2)设计单位会后再进行核算,并就建筑商的提问作出书面答复;

(3)设计单位发现确有设计缺陷的,通过设计变更程序进行变更。

工程设计是决定整个建设工程质量的基础,按图施工是对建筑商的基本要求,否则,即使施工质量再好,也难以保障建设工程质量不出问题,如果工程不合格,需要进行返工修复,严重的甚至需要拆除重建。因此保证设计文件准确无误,是工程质量控制的基础性工作,而设计交底既是设计文件准确无误的保障,也是设计、监理与施工之间沟通的桥梁。

2017 年版《建设工程施工合同(示范文本)》通用条款第 1.6.1 项规定:“发包人应按照专用合同条款约定的期限、数量和内容向承包人免费提供图纸,并组织承包人、监理人和设计人进行图纸会审和设计交底。发包人至迟不得晚于第 7.3.2 项[开工通知]载明的开工日期前 14 天向承包人提供图纸。”

(二)适用范围

1. 适用时间:建筑商设计交底(图纸会审)阶段。

2. 适用主体:建设工程施工合同中的建筑商。

二、产品典型案例

案例 1:

发包人:××置业有限公司

建筑商:浙江××建设集团有限公司

(一)基本案情

工程名称:××号地块项目工程

工程地点:××区

承包范围:售楼处、宅区以及商业区,其中住宅区包括 8 幢高层住宅

合同工期:售楼处计划工期为 2016 年 12 月 1 日至 2017 年 7 月 31 日,住宅区以及商业区计划为 2017 年 1 月 30 日至 2019 年 11 月 30 日

合同价款:暂定 234,229,018 元

质量标准:符合国家有关验收标准

2016 年 10 月,建筑商与发包人签订《××号地块项目总承包工程施工合同》,约定由建筑商承包发包人开发的××号地块项目工程,承包范围包括售楼处、住宅区以及商业区,其中住宅区包括 8 幢高层住宅。合同工期约定售楼处项目先行,售楼处计划工期为 2016 年 12 月 1 日至 2017 年 7 月 31 日,住宅区以及商业区计划为 2017 年 1 月 30 日至 2019 年 11 月 30 日。合同暂定总价为 234,229,018 元。

本工程从合同签订开始,建筑商就委托笔者团队提供全过程非诉讼法律服务,故笔者团队在整个施工过程中对建筑商进行风险把控。在非诉服务中,在设计交底阶段,发包人提供的设计文件中高层建筑的屋面防水只有一层,但是按照《屋面工程技术规范》(GB50345 – 2012)高层建筑应设置两道防水。

针对设计交底中的问题,笔者团队向建筑商做了风险提醒,但建筑商开始未给

予足够的重视，认为设计是发包人提供的，即便质量出现问题，也应由发包人承担责任。

针对建筑商这种想法，笔者团队在2016年11月就本案所涉相关法律问题及时向建筑商出具了友情提醒书，就设计交底阶段的问题尤其是屋面防水设计问题，着重说明了以下几点内容：

(1)注意设计文件是否存在错误。

《屋面工程技术规范》(GB50345－2012)第3.0.5项为强制性规定，该规定明确高层建筑防水等级为I级，应设置两道防水。涉案项目的初步设计中包含屋面两道防水，并说明“设计单位只要在下一步施工设计中严格按照本报告进行修改、补充和完善”。综合上述信息，笔者团队认为发包人提供的设计文件存在缺陷，而且该缺陷为明显缺陷，作为合格的建筑商，建筑商应在图纸会审中明确指出此点。

(2)明确合同中设计交底阶段各方的责任分担。

双方在《××号地块项目总承包工程施工合同》中约定：“承包方必须在接到中标通知书5个日历日之内完成施工图的审核，对施工图内存在缺陷部分提出书面的审核意见。承包方必须对审图负责，施工前必须将结构图、建筑图等各专业图纸进行审核，将矛盾与错误在施工前查出，并报与发包方及设计院在施工前处理。对待每一份设计变更，同样应认真与其他所有相关图纸对照审核，若因审图疏漏而造成损失，则由承包方承担一切责任。”根据上述合同的约定，合同明确约定建筑商对施工图纸负有审核并提出书面审核意见的义务，而且该合同明确约定审图疏漏造成的后果，由建筑商承担一切责任。

(3)注意合同履行中的风险控制。

针对上述问题，笔者团队给建筑商提供了一个“三步走”的方案：

第一步：按照合同要求，在接到中标通知书5个日历日内以书面方式向发包人、设计单位以及监理单位提出审查意见，函件中须要明确该防水设计不符合设计规范的强制性要求，后期将会出现质量问题。

第二步：若发包人不同意修正，应与发包人签订书面补充协议，明确该设计缺陷的责任应由发包人承担，与建筑商无关。

第三步：若发包人既不同意修正，也不同意签订补充协议，应更加注重证据的收集与固定。特别注意，一旦出现质量问题，即便建筑商尽到了审核义务，建筑商也应承担一定比例的质量责任。

(二)本案处理结果

在建筑商走到第二步时,发包人内部也对此问题开始重视,并要求设计单位修改了该缺陷。

案例 2:

发包人:××置业有限公司

建筑商:浙江××建设有限公司

(一)基本案情

工程名称:"××小区"项目工程

工程地点:××区

承包范围:住宅楼以及商业区,面积10万多平方米

质量标准:合格

2005年9月,建筑商与发包人签订1999年版《建设工程施工合同(示范文本)》,约定由建筑商承包发包人开发的"××小区"项目工程,小区面积为10万多平方米,其中地下室一层,面积为7000多平方米。合同约定质量为合格。

在设计交底时,建筑商提出按照施工现场的图纸条件,应进行抗拔桩施工,否则地下室将会出现质量问题。对此,设计单位回复称,设计文件符合相关规范要求,无须进行抗拔桩施工。

在施工过程中,设计单位认识到抗拔桩不打可能会出现质量问题,故通过发包人向建筑商发函,对于施工工序,要求先覆土后回填。

但是,由于施工界面问题,建筑商并没有按照该指令采用先回填后覆土的方案。最终,该项目7000多平方米的地下室全部上浮,出现严重质量问题。

(二)本案处理结果

按图施工是建筑商的基本义务,建筑商因施工界面问题,未遵照设计单位的变更指令,盲目施工,导致质量问题,承担主要责任。

产品说明书

(一)法律依据

《建筑法》第58条

《建设工程质量管理条例》第28条

《建设工程司法解释一》第13条

（二）实务操作要点

1. 在设计交底中，建筑商知晓发包人提供的设计文件存在明显缺陷的，律师应指导建筑商及时以书面方式向发包人明确告知该设计缺陷，提出意见和建议。

2. 在建筑商及时履行告知义务后，若发包人没有给予明确指令或者指令有误，律师应指导建筑商按照合同约定程序处理，并明确拒绝该降低质量的设计要求；若发包人坚持要求建筑商执行，建筑商应要求发包人出具承诺，即因该设计出现质量问题的，由发包人承担全部责任。

3. 在设计交底过程中，律师指导建筑商及时发现设计缺陷；若建筑商未发现设计缺陷，且在施工中该缺陷问题造成质量问题，建筑商应承担过错责任。

4. 应告知建筑商在设计交底中的设计缺陷超过有经验的建筑商应当预见的范围的，建筑商一般不承担过错和赔偿责任。

三、产品内容

（一）法律依据

《建筑法》

第58条 建筑施工企业对工程的施工质量负责。

建筑施工企业必须按照工程设计图纸和施工技术标准施工，不得偷工减料。工程设计的修改由原设计单位负责，建筑施工企业不得擅自修改工程设计。

《建设工程质量管理条例》

第28条 施工单位必须按照工程设计图纸和施工技术标准施工，不得擅自修改工程设计，不得偷工减料。

施工单位在施工过程中发现设计文件和图纸有差错的，应当及时提出意见和建议。

《建设工程司法解释一》

第13条 发包人具有下列情形之一，造成建设工程质量缺陷，应当承担过错责任：（一）提供的设计有缺陷……承包人有过错的，也应当承担相应的过错责任……

（二）实务操作要点

1. 在设计交底中，建筑商知晓发包人提供的设计文件存在明显缺陷的，律师应指导建筑商及时以书面方式向发包人明确告知该设计缺陷，提出意见和建议

设计文件明显缺陷的，建筑商应及时提出并要求设计单位整改，例如，施工图由审图机构审查合格后加盖审图专用章(实践中也称为“蓝图”;相对的,没有加盖审图专用章的,则为“白图”),才能使用。若发包人提供的是白图,此时,建筑商应要求发包人提供蓝图,且有权拒绝施工;若发包人要求按照白图施工,应要求其向建筑商出具承诺,即因白图施工导致的一切法律后果(包括质量、安全、工期延误的损失)都由发包人承担,如果发包人不出具承诺,建筑商应停止施工,并按照合同约定的索赔程序以及内容进行索赔。

对设计文件做必要的审查,是专业建筑商的应尽的义务,该义务一般在施工合同中会有明确的约定。比如,2017 年版《建设工程施工合同(示范文本)》通用条款第 1.6.2 项为:“承包人在收到发包人提供的图纸后,发现图纸存在差错、遗漏或缺陷的,应及时通知监理人。监理人接到该通知后,应附具相关意见并立即报送发包人,发包人应在收到监理人报送的通知后的合理时间内作出决定。合理时间是指发包人在收到监理人的报送通知后,尽其努力且不懈怠地完成图纸修改补充所需的时间。”

虽然,及时地提醒和建议并不意味着建筑商对设计缺陷导致的质量问题就可以完全免责,但至少可以减轻建筑商应承担的责任。

2. 在建筑商及时履行告知义务后,若发包人没有给予明确指令或者指令有误,律师应指导建筑商按照合同约定程序处理,并明确拒绝该降低质量的设计要求;若发包人坚持要求建筑商执行,建筑商应要求发包人出具承诺,即因该设计出现的质量问题,由发包人承担全部责任

《建筑法》第 54 条规定:“建设单位不得以任何理由,要求建筑设计单位或者建筑施工企业在工程设计或者施工作业中,违反法律、行政法规和建筑工程质量、安全标准,降低工程质量。建筑设计单位和建筑施工企业对建设单位违反前款规定提出的降低工程质量的要求,应当予以拒绝。”

实践中,若设计文件确有缺陷,在建筑商的建议下,发包人一般会纠正设计缺陷,但发包人也有可能基于成本等方面的考虑,放任该设计缺陷的存在。强令建筑商继续施工,对此种情况,律师应指导建筑商明确拒绝发包人降低工程质量的要求,并按照双方合同约定处理,必要的时候可建议建筑商停工。

示范文本通用条款中的一些款项,对此有具体约定。

比如,2017 年版《建设工程施工合同(示范文本)》第 4.3 款约定:“监理人应按照发包人的授权发出监理指示。监理人的指示应采用书面形式,并经其授权的监理人员签字。紧急情况下,为了保证施工人员的安全或避免工程受损,监理人员可以口头形式发出指示，该指示与书面形式的指示具有同等法律效力，但必须在发出口头指示后24小时内补发书面监理指示，补发的书面监理指示应与口头指示一致。监理人发出的指示应送达承包人项目经理或经项目经理授权接收的人员。因监理人未能按合同约定发出指示、指示延误或发出了错误指示而导致承包人费用增加和(或)工期延误的，由发包人承担相应责任……承包人对监理人发出的指示有疑问的，应向监理人提出书面异议，监理人应在48小时内对该指示予以确认、更改或撤销，监理人逾期未回复的，承包人有权拒绝执行上述指示……”第4.4款约定：“合同当事人进行商定或确定时，总监理工程师应当会同合同当事人尽量通过协商达成一致，不能达成一致的，由总监理工程师按照合同约定审慎做出公正的确定。总监理工程师应将确定以书面形式通知发包人和承包人，并附详细依据。合同当事人对总监理工程师的确定没有异议的，按照总监理工程师的确定执行。任何一方合同当事人有异议，按照第20条[争议解决]约定处理。争议解决前，合同当事人暂按总监理工程师的确定执行；争议解决后，争议解决的结果与总监理工程师的确定不一致的，按照争议解决的结果执行，由此造成的损失由责任人承担。”

3. 在设计交底过程中，律师应指导建筑商及时发现设计缺陷；若建筑商未发现设计缺陷，且在施工中因该缺陷问题造成质量问题，建筑商应承担过错责任

根据《建设工程司法解释一》第13条第2款的规定，“承包人有过错的，也应当承担相应的过错责任”。也就是说，若建筑商没有过错，则无须对设计缺陷导致的质量问题承担责任。

对于“承包人有过错”的理解，部分地方法院对此作出解答，比如，《北京高院解答》第29条提出，“承包人具有下列情形之一的，应当认定其对建设工程质量缺陷存在过错：(1)承包人明知发包人提供的设计图纸、指令存在问题或者在施工过程中发现问题，而没有及时提出意见和建议并继续施工的……”

以云南荣华建筑经营有限公司、昆明雪力丹枫家居用品商场建设投资有限公司建设工程施工合同纠纷案为例，雪力公司将其开发的“雪力商务广场”项目发包给荣华公司施工，在图纸会审中，设计单位提供的结构施工图与暖通施工图存在矛盾，但会审各方均未提出。在施工过程中，因图纸问题导致新风管洞口未预留，修复费用共计523万余元，法院认为，本案项目的图纸由雪力公司提供，应由雪力公司承担主要责任，而荣华公司作为有经验的施工方，未在图纸会审过程中发现并解决图纸矛盾,负有次要责任,法院酌情认定其承担的责任为20%。[①]

4. 应告知建筑商在设计交底中的设计缺陷超过有经验的建筑商应当预见的范围的,建筑商一般不承担过错和赔偿责任

关于设计缺陷是否超过建筑商的能力范畴,需要根据项目实际履行情况进行审核,一般来说可以通过以下几个方面进行衡量:

(1)设计文件是否符合设计深度的要求。

设计深度,是指设计图纸所要达到的深浅程度。《建设工程质量管理条例》第21条规定:"设计单位应当根据勘察成果文件进行建设工程设计。设计文件应当符合国家规定的设计深度要求,注明工程合理使用年限。"为了保证建设工程设计文件深度,住房和城乡建设部颁发了《建筑工程设计文件编制深度规定》,具体规定了不同设计阶段设计文件的内容所要达到的最低标准。比如,施工图设计文件,应满足设备材料采购、非标准设备制作和施工的需要。

符合设计深度是对审计文件的最低要求,也是一项设计成果形式上是否合格的判断标准,更是判断一项设计成果是否存在质量缺陷的基础性标准。

(2)设计文件是否违反法律法规的相关规定。

我国现行的相关法律规范主要包括《建筑法》《建设工程质量管理条例》《建设工程安全生产管理条例》《建设工程勘察设计管理条例》等。

《建筑法》第49条规定,"涉及建筑主体和承重结构变动的装修工程,建设单位应当在施工前委托原设计单位或者具有相应资质条件的设计单位提出设计方案;没有设计方案的,不得施工"。第56条规定,"建筑工程的勘察、设计单位必须对其勘察、设计的质量负责。勘察、设计文件应当符合有关法律、行政法规的规定和建筑工程质量、安全标准、建筑工程勘察、设计技术规范以及合同的约定。设计文件选用的建筑材料、建筑构配件和设备,应当注明其规格、型号、性能等技术指标,其质量要求必须符合国家规定的标准"。

《建设工程质量管理条例》第11条规定,"施工图设计文件审查的具体办法,由国务院建设行政主管部门、国务院其他有关部门制定。施工图设计文件未经审查批准的,不得使用"。

《建设工程勘察设计管理条例》第29条规定,"建设工程勘察、设计文件中规定采用的新技术、新材料,可能影响建设工程质量和安全,又没有国家技术标准的,应

---

① 参见云南省高级人民法院(2019)云民终1405号民事判决书。

当由国家认可的检测机构进行试验、论证,出具检测报告,并经国务院有关部门或者省、自治区、直辖市人民政府有关部门组织的建设工程技术专家委员会审定后,方可使用”。

(3)设计文件是否违反了工程建设强制性标准的规定。

《标准化法》第2条第3款规定:“……强制性标准必须执行。国家鼓励采用推荐性标准。”

《实施工程建设强制性标准监督规定》第3条第2款规定:“国家工程建设标准强制性条文由国务院住房城乡建设主管部门会同国务院有关主管部门确定。”

《混凝土结构工程施工质量验收规范》第5.2.3条规定:“对按一、二、三级抗震等级设计的框架和斜撑构建(含梯段)中的纵向受力普通钢筋应采用HRB335E、HRB400E、HRB500E、HRBF335E、HRBF400E或HRBF500E钢筋……”若设计文件中违反了该国家标准中的强制性规范,应认定设计文件存在缺陷,该缺陷也属于明显错误,建筑商应及时提出。

(4)设计文件是否符合合同约定。

如果工程合同对项目有特殊要求,那么建筑商在图纸会审中应审查设计文件是否能满足合同的约定。

综上所述,一个有经验的建筑商,没有注意到设计文件的上述问题,或者注意到后没有向发包人提出的,其应对由此造成的损失承担质量责任。

13. 建筑商如何在工程测量放线阶段进行质量控制

一、产品的重要性、作用及适用范围

(一)重要性和作用

测量基准点、基准线和水准点均属于测量放线阶段的主要内容,在工程开始施工前,首先通过测量把施工图纸上的建筑物在实地进行放样定位以及测定控制高程,为下一步的施工提供基准。工程测量对于墙柱平面放线、建筑物垂直度控制、主体标高控制等起到决定性作用、测量放线能够为下一道工序提供依据。

通常建筑商的测量放线工作是根据发包人提供的测量水准点、基准线和水准点等书面资料完成的。实践中,发包人提供基准点、基准线、水准点信息错误导致测量放线的位置、标高、尺寸出现错误的情况也偶有发生,在这种情况下,建筑商与发包人之间往往相互指责、推脱责任。这时候就需要专业律师的介入,为建筑商提供专业的法律服务。

(二)适用范围

1. 适用时间:建设工程测量放线阶段。
2. 适用主体:建设工程施工合同中的建筑商。

二、产品典型案例

申请执行人:慈溪市慈吉教育集团(发包人)

申请复议人(原被执行人):浙江省建工集团有限责任公司(建筑商)

(一)基本案情

工程名称:慈吉集团慈吉中学 A、B、C 三幢宿舍楼工程

质量标准:合格

2000 年 12 月 29 日，发包人与建筑商签订《建设工程承包合同》约定由建筑商承建慈吉集团慈吉中学 A、B、C 三幢宿舍楼工程。后双方对竣工验收、工程质量及工程价款等事项进行多次协商，但均未达成协议，故该工程一直未能完成竣工验收。

2002 年，建筑商向宁波中院起诉索要工程价款，经鉴定，工程造价为 22,481,328 元，一审判决后一方当事人提起上诉；二审法院发回重审。

重审期间，发包人就本工程质量问题提起反诉。法院委托鉴定单位对系争工程质量进行检测，《检验报告》显示：系争工程楼层标高与设计不符。

原审法院又委托原设计单位进行修复方案鉴定，鉴定单位于 2005 年 8 月出具方案，其中就标高及层高调整方案为顶升（迫降）方案，对建筑物标高、层高的修复费用为 35,799,101 元。

另外，法院查明，系争工程楼层标高不符是由于建筑商测量放线不规范所致。

原审法院重审认为，顶升（迫降）方案修复费用大大超过工程造价，经济上不合理，且施工难度高、风险大，涉案工程标高与设计值最大相差 66 毫米，层高与设计值不符之处最大值为 98 毫米，不予调整仍可满足正常使用，故判令发包人支付建筑商工程价款 12,289,043 元，建筑商在 6 个月内对工程质量问题予以维修，维修后工程质量符合国家建设工程规范要求，发包人返还建工集团质量保证金 50 万元。

二审判决建筑商在 6 个月内对工程质量予以加固、修复，通过竣工验收合格；发包人应支付给建筑商工程价款 11,243,767 元。

2008 年 12 月，发包人向宁波中院申请执行，要求责令建工集团对工程进行加固、修复、通过竣工验收合格。原审法院多次召集双方就修复方案进行协商。建筑商无法就标高及层高进行修复。

但发包人认为，修复方案不能达到工程设计要求，无法全面修复工程质量问题，并表示如果建筑商无法根据设计图纸及技术标准进行修复，愿意自行修复，修复费用以工程造价为限。

2012 年 9 月 4 日，原审法院作出执行裁定：发包人自行组织对建筑商所承建的慈吉中学宿舍楼 A、B、C 楼的工程予以加固、修复；建筑商应支付给发包人折抵后修复费用 9,647,017 元。

建筑商提起异议，被驳回后，向上一级人民法院提出执行复议。

（二）争议焦点

本执行复议的争议焦点为标高及层高修复方案及造价问题。

法院认为,工程修复和竣工验收需施工方和业主方紧密协作和配合。因本案双方存在严重分歧:建筑商无法提供能全面修复工程;发包人认可的浙江省建筑设计院出具的修复加固方案,建工集团又不予认可。故本案缺乏由建筑商履行修复义务的实际操作可能。

根据《民事诉讼法》第252条以及最高人民法院《关于人民法院执行工作若干问题的规定(试行)》第60条第2款的规定,本案可以通过替代履行的方式解决修复问题。至于替代履行的主体,法律并未将业主方排除在外,故法院确定由发包人自行修复,并不违反法律规定。

关于修复费用,应以替代履行实际发生的数额为准。但本案鉴定的修复费用远高于工程造价,现发包人作出让步,同意修复费用以工程造价为限,属于发包人处分权利的行为,并未损害建筑商的利益,予以支持。

(三)裁判结果

驳回建筑商复议申请。

(四)案例评析

建筑商在施工过程中应对基准点、基准线、水准点等测量的准确性负责,一旦发生错误,建筑商应承担责任。

产品说明书

(一)法律依据

《民法典》第805条

《建设工程质量管理条例》第9条

(二)实务操作要点

1. 指导建筑商在建设工程施工合同中对于发包人提供基准点、基准线、水准点等资料作出明确约定,避免由于未约定或者约定不明发生纠纷。

2. 指导建筑商按约与发包人办理工程基准、水准等资料的交接,并做好交接记录,特别需要注意的是,交接记录应由各交接单位盖章及负责人签字确认,并存档。

3. 提示建筑商对发包人提供的水准点等原始资料负有审查义务外,还负有在测量放线过程中的矫正义务,即相应水准点的准确性最后由建筑商负责,一旦可以认定一个有经验的建筑商应该发现该等资料错误而未发现的,建筑商也应承担相应的责任。

4.测量放线完毕后,指导建筑商通知监理单位及发包人等单位共同办理测量放线的验收工作,并签署工序验收单。

三、产品内容

(一)法律依据

《民法典》

第805条 因发包人变更计划,提供的资料不准确,或者未按照期限提供必需的勘察、设计工作条件而造成勘察、设计的返工、停工或者修改设计,发包人应当按照勘察人、设计人实际消耗的工作量增付费用。

《建设工程质量管理条例》

第9条 建设单位必须向有关的勘察、设计、施工、工程监理等单位提供与建设工程有关的原始资料。原始资料必须真实、准确、齐全。

(二)实务操作要点

1.指导建筑商在建设工程施工合同中对于发包人提供基准点、基准线、水准点等资料作出明确约定,避免由于未约定或者约定不明发生纠纷

各种示范文本的通用条款对此都有原则性的规定:

2017年版《建设工程施工合同(示范文本)》第7.4.1项约定:"除专用合同条款另有约定外,发包人应在至迟不得晚于第7.3.2项[开工通知]载明的开工日期前7天通过监理人向承包人提供测量基准点、基准线和水准点及其书面资料。发包人应对其提供的测量基准点、基准线和水准点及其书面资料的真实性、准确性和完整性负责。

承包人发现发包人提供的测量基准点、基准线和水准点及其书面资料存在错误或疏漏的,应及时通知监理人。监理人应及时报告发包人,并会同发包人和承包人予以核实。发包人应就如何处理和是否继续施工作出决定,并通知监理人和承包人。"

FIDIC《施工合同条件》第4.7款规定:"承包商应按照合同规定的或工程师通知的原始基准点、基准线和基准标高对工程放线。承包商应负责对工程的所有部分正确定位,并纠正在工程的位置、标高、尺寸或定线中的任何错误。

雇主应对规定的或通知的这几项基准的任何错误负责,但承包商应在使用前做出合理的努力,对其准确性进行核实。

如果承包商在实施工程中，由于这几项基准中的某项错误，必然遭受延误和(或)招致增加费用，而有经验的承包商不能合理地发现此类错误，并避免因此延误和(或)增加费用，承包商应通知工程师，并根据第20.1款承包商的索赔的规定，有权要求赔偿。”

但是，这些通用条款的约定并不明确，建筑商应在专业条款中结合项目实际情况进一步深化。

比如，在笔者团队服务的某一非诉讼项目中，建筑商与发包人就“定位和放线”做如下约定：“发包人应在开工日期前通过监理人向总承包人提交测量基准点、基准线和水准点及其他书面资料。

总承包人需对发包人提供的测量基准点、基准线和水准点及其书面资料进行复核，若存在错误或者疏漏的，应及时通知监理人。监理人应及时报告发包人，并会同发包人、总承包人予以核实。发包人应就如何处理和是否继续施工作出决定，并通知监理人和总承包人。

定位放线工作完成后，总承包人应通知监理人，要求发包人及时组织相关部门或机构进行复验，如果此类复验发现总承包人的定位放线有误，总承包人应立即予以矫正并承担矫正的费用。

总承包人应负责保护和维护所有的水准点，如果任何水准点发生移位或者破坏，总承包人应自费立即和准确地进行恢复。总承包人在拆除任何水准点之前，应首先获得监理人的许可。工程竣工后，总承包人需向发包人办理好基准点和水准点移交手续。”

上述约定明确了各方在测量放线中的责任，更为重要的是，该条款约定了发包人的复验义务，若出现定位放线问题，建筑商可据此减轻相应责任。

2. 指导建筑商按约与发包人办理工程基准、水准等资料的交接，并做好交接记录，特别需要注意的是，交接记录应由各交接单位盖章及负责人签字确认，并存档

发包人提供基准点、基准线和水准点等原始资料的，建筑商应与发包人做好交接手续，交接手续中需要明确各基准点、基准线、水准点等的准确数据。

这些文件直接证明了发包人提供的水准资料是否准确，是划分双方责任的关键证据之一。

水准点上的落款时间直接证明发包人对水准点资料的移交时间，如果影响工期，可以作为工期顺延以及费用索赔的相应依据。这些文件必须由发包人、建筑商、监理单位及设计单位四方共同确认，若缺少任何一方的盖章签字，应及时提醒建筑商及时补充，避免影响该文件的效力。

3. 提示建筑商对发包人提供的水准点等原始资料负有审查义务外，还负有在测量放线过程中的矫正义务，即相应水准点的准确性最后由建筑商负责，一旦可以认定一个有经验的建筑商应该发现该等资料错误而未发现的，建筑商也应承担相应的责任

2017 年版《建设工程施工合同（示范文本）》第 7.4.2 项约定："承包人负责施工过程中的全部施工测量放线工作，并配置具有相应资质的人员、合格的仪器、设备和其他物品。承包人应矫正工程的位置、标高、尺寸或准线中出现的任何差错，并对工程各部分的定位负责。

施工过程中对施工现场内水准点等测量标志物的保护工作由承包人负责。"

FIDIC《设计采购施工合同条件》第 4.7 款规定："承包商应根据合同中规定的原始基准点、基准线和基准标高，给工程放线。承包商应负责对工程的所有部分正确定位，并应纠正工程的位置、标高、尺寸或者定线中的任何差错。"

《标准施工招标文件》第 8.3 款规定："发包人应对其提供的测量基准点、基准线和水准点及其书面资料的真实性、准确性和完整性负责。发包人提供上述基准资料错误导致承包人测量放线工作费返工或造成工程损失的，发包人应当承担由此增加的费用和（或）工期延误，并向承包人支付合理利润。承包人发现发包人提供的上述基准资料存在明显错误或疏忽，应及时通知监理人。"

4. 测量放线完毕后，指导建筑商通知监理单位及发包人等单位共同办理测量放线的验收工作，并签署工序验收单

从测量放线来说，工程施工开始前，发包人需按合同约定的时间，将水准点资料移交给建筑商。建筑商在接收相关资料后，也需要在开工前组织相应的测量人员对水准点资料进行复核、复测并确认；监理单位对复核、复测过程应当进行跟踪旁站；复核、复测无误后，由发包人、建筑商、监理人共同签署验收单。

以笔者团队代理的一个案子为例对此做具体介绍。

▶ 延伸案例

山东××公司与××建设（集团）有限公司签订《建设工程施工合同》，由××建设（集团）有限公司承建山东××公司开发建设的教学楼项目。该项目未经竣工验收，发包人擅自使用多年。后建筑商向基层法院起诉索要工程价款，发包人提起反诉，要求建筑商赔偿因其施工工程存在违反设计、标准、规范及其他严重质量问题给原告造成的损失1000万元(具体金额以司法鉴定为准)。

一审中,发包人向基层法院申请工程质量鉴定,主要涉及舍得楼以及莲花楼标高问题。

鉴定单位浙江建科院出具《司法鉴定报告(初稿)》,确定舍得楼施工标高与设计标高仅相差约7厘米,莲花楼标高与设计标高相差约9.6厘米左右,并提出处理方案为顶升。

针对顶升方案,修复费用鉴定单位出具鉴定报告,标高修复总费用为:3712.9104万元,其中舍得楼标高修复费用为1971.8497万元,莲花楼标高修复费用为1741.0607万元。

后由于案件诉讼标的超过基层法院管辖范围,经建筑商申请,本案移送中级人民法院审理。

笔者团队向中级人民法院提出,工程进行顶升不是对工程质量缺陷进行整改,反而是对结构的破坏,且造价巨大、工期较长,不具有经济性、可行性,并申请采用地坪处理方案。

法院同意了我方关于地坪处理方案的申请,并委托司法鉴定单位进行鉴定。

从上述案例可以看出,测量放线一旦出现质量问题,建筑商将会面临巨额的损失赔偿责任,故建筑商应在合同履行中,严格按照相关规范要求进行测量放线,并做好相关资料移交以及验收手续。

14. 建筑商如何在桩基工程施工阶段进行质量控制

一、产品的重要性、作用及适用范围

(一)重要性和作用

桩基基础是由若干根桩和桩顶的承台组成的一种常见的深基础。它具有承载能力大、抗震性能好、沉降量小等特点,在实践中被广泛采用。

根据施工方法的不同,桩基可分为预制桩和灌注桩两大类。预制桩是在工厂或者施工现场制成各种材料和形成桩(如钢筋混凝土桩、钢桩、木桩等),然后用沉桩设备将桩打入、压入、旋入或振入土中。灌注桩是在施工现场的桩位上先成孔,然后在孔内灌注混凝土,也可以加入钢筋后灌注混凝土,根据成孔方式的不同,又可分为钻孔灌注桩、挖空灌注桩、冲孔灌注桩等。简言之,预制桩为先成桩后打桩,灌注桩则是先成孔后灌注。

根据使用功能的不同,桩基可分为工程桩、围护桩以及抗拔桩三大类。工程桩以及抗拔桩可采取预制桩以及灌注桩的施工方法,围护桩一般采用灌注桩的施工方法。

通过"威科先行法律信息库"以关键词"桩基工程、质量鉴定、质量问题"进行检索,从2001年至2019年,一审案例为211件,且每件案例所涉金额巨大,而且实践中桩基工程普遍为发包人指定分包项目,但往往由建筑商直接与桩基分包单位签订合同,出现质量问题后,建筑商无法追究发包人的过错责任。在这种情况下,桩基工程施工中质量控制法律服务对建筑商来说是尤为重要的。

(二)适用范围

1. 适用时间:建设工程桩基工程施工阶段。
2. 适用主体:建设工程施工合同中的建筑商。

二、产品典型案例

案例1：

申请再审人(一审原告、反诉被告,二审上诉人):海擎重工机械有限公司(以下简称海擎公司)

被申请人(一审被告、反诉原告,二审被上诉人):江苏中兴建设有限公司(以下简称中兴公司)

(一)基本案情

工程名称:海擎公司重型钢结构厂房桩基及基础工程

工程范围:重型钢结构厂房桩基及基础工程(图纸以内全部工程),图纸作为合同附件

合同工期:60天

工程造价:1330万元

工程质量:合格

2007年12月15日,经招投标程序,海擎公司与中兴公司签订《钢结构厂房桩基及基础工程合同》,约定重型钢结构厂房桩基及基础工程由中兴公司承建。20日,中兴公司进场施工。26日,中兴公司致函海擎公司,因现场地质条件复杂,需解决降水,建议提高室内±0.00标高及场区标高至合理位置,请示设计院增加桩长提高承台(并修改承台),解决排水问题。

2008年2月27日,海擎公司发函中兴公司:双方所订施工合同,是不变价格(有设计变更除外),因此关于施工的一切事宜,均由施工方处理。3月11日,中兴公司通知监理单位出现三、四类桩,并提出对于三、四类桩的处理意见。3月19日,各方召开会议,商讨三、四类桩处理。5月21日,由海擎公司委托,基桩进行质量检测,检测474根桩,三类桩210根,四类桩91根。对于该检测报告结论双方均无异议。

双方对桩基质量问题无法协商一致,海擎公司将中兴公司诉至法院。

庭审中,经中兴公司申请,法院委托连云港市建设工程质量监督站对于本案争议工程产生倾斜、断裂做质量鉴定,原因为:

①发包人没有按照基本建设的正常施工程序办理施工图审查与质监和安监等手续。

②建筑商在基坑土方开挖前,没有按正常的施工程序编报详细的施工方案,报

经监理审查，组织专家论证。

③监理单位在土建建筑商进行基坑内土方开挖前，没有对建筑商编制的土方开挖方案进行审查，同时也没有采取有效措施制止建筑商在土方开挖方案没经审查就进行开挖以及发包人介入基坑内土方开挖与运输的现象。

（二）争议焦点

本案工程质量出现问题，责任应当如何承担。

（三）法院审理

法院查明，海擎公司尚未取得经过审查的图纸。

法院认为，涉案工程质量出现重大问题，发包人与建筑商均有过错。

海擎公司违反诚信原则，在签订合同之前未提交岩土工程详细勘查报告，未提交经过审核的施工图纸，违反基本建设程序，为质量事故发生埋下隐患；海擎公司未能对于建筑商提出的“增加桩长、提高承台”的合理建议予以充分重视并研究相应措施，而是一味强调工程造价为不变价，故应承担主要责任。

作为专业建筑商，中兴公司在没有看到岩土详细勘查报告及经过审核的施工图情况下，即投标承揽工程，本身就不够慎重，发现特殊地质情况后虽提出建议，但在海擎公司不予认可之后仍不计后果冒险施工，对桩基出现的质量问题采取了一种放任态度。中兴公司为谋取合同利益而忽视质量风险，一味蛮干，最终导致质量问题，应承担相应的责任。

（四）判决结果

由海擎公司对本案工程质量问题的发生承担70%的责任，中兴公司承担30%的责任。

（五）案例评析

从事建设工程活动，必须严格执行基本建设程序，坚持先勘察、后设计、再施工原则。发包人未提前交付地质勘查报告，施工图设计文件未经过建设主管部门审查批准，对于这种情况，建筑商应及时提出；未提出的，应承担相应的过错责任。

案例2：

上诉人（一审本诉原告、反诉被告）：福建万丰革业有限公司（以下简称万丰公司）

被上诉人（一审本诉被告、反诉原告）：福建发展集团有限公司（以下简称福建发展公司）

（一）基本案情

工程名称：福鼎市龙安开发区工业园区的一期共6幢厂房，分别为1#车间、2#

车间、3#车间和4#车间、1#综合楼和2#综合楼工程

工程地点:福鼎市

工程面积:27,830.23平方米

工程质量:合格

2007年10月至12月,万丰公司分别与福建发展公司签订《建设工程施工合同》,将位于福鼎市龙安开发区工业园区的一期共6幢厂房工程,委托福建发展公司负责施工。

2008年1月2日,万丰公司与许某华签订《静压管桩劳务承包合同》。

2008年11月,3#车间地基出现不均匀沉降、墙体发生倾斜、房樑断裂破。

2009年4月26日,万丰公司与温州市浙南建设集团园艺公司(金寿云)签订《桩基施工协议书》,对3#车间桩基进行加固。

就涉案工程桩基质量问题,双方无法达成一致意见,故万丰公司向法院起诉。

庭审中,经万丰公司申请,法院委托浙江省建筑科学设计研究院有限公司对涉案工程质量进行鉴定,《鉴定报告》"7.3……根据桩长磁测井法检测结果与施工记录对比可知,桩身均未进入持力层或进入持力层深度不足""7.12 按实际检测结果进行的结构承载力验算表明:按静压法施工的实际桩基承载力不能满足《建筑桩基技术规范》(JGJ94-94)的要求……"3#车间地基沉降的主要原因在于桩基施工存在问题,即桩基施工没有达到设计要求、桩基施工方法由锤击法改为静压法施工、桩身均未进入持力层或进入持力层深度不足等。

(二)争议焦点

关于福建发展公司应否对3#车间桩基工程质量问题承担责任的问题。

万丰公司观点:福建发展公司作为3#车间的总承包方,应对3#车间桩基质量问题承担责任。3#车间桩基分包给许某华是双方都同意的,但福建发展公司仍作为总承包方,收取了桩基的管理费,对工程质量包括分包的桩基质量负有管理义务。

福建发展公司观点:3#车间质量问题系桩基施工问题,桩基施工系由万丰公司自行组织案外人许某华施工,桩基的施工工程款是由万丰公司直接支付给施工方许某华,福建发展公司没有收取管理费,且万丰公司未经竣工验收即投入使用。

(三)法院审理

法院经审理认为,2008年1月2日,上诉人万丰公司与案外人许某华签订《静压管桩劳务承包合同》,由案外人许某华承包3#车间静压预应力管桩桩基工程项目压桩劳务,并擅自将原设计要求的锤击法施工改变为静压法施工,导致3#车间桩身

均未进入持力层或进入持力层深度不足。

上诉人万丰公司关于3#车间桩基基础工程经被上诉人福建发展公司同意分包给许某华施工且被上诉人福建发展公司从中收取管理费的主张,没有证据予以支持。

因此,被上诉人福建发展公司不是3#车间桩基的实际管理者或施工人,其无须对3#车间桩基工程质量问题承担责任。

(四)判决结果

福建发展公司无须对3#车间桩基工程质量问题承担责任。

(五)案例评析

发包人直接发包桩基项目,且总承包单位未收取管理费的,总承包单位既不是桩基项目的实际管理者,也不是施工人,对于桩基项目的质量不承担责任。

产品说明书

(一)法律依据

《建筑法》第29条、第58条、第59条

《建设工程质量管理条例》第28条、第29条、第31条

《建设工程司法解释一》第13条

(二)实务操作要点

1. 施工前文件及资料管理法律服务

(1)指导建筑商根据合同以及相关规范要求,审查桩基工程施工前所应具备的文件及资料。

(2)若经审查发现桩基施工前所应具备的文件或者资料不齐全,指导建筑商以书面方式要求发包人提供相应的文件(如勘察资料等)或者及时办理审批手续(如专项施工方案的审批),并且提醒建筑商在文件或者资料不齐全的情况下,桩基工程在施工中出现质量问题的,作为有经验的建筑商,应承担过错责任。

2. 原材料进场检验法律服务

(1)指导建筑商应择优选择材料供应商,所提供的材料应附有出厂合格证或者质量证明书等文件,如材料商供应的钢筋需要生产许可证、商品混凝土、水泥等需要建材备案证明等。

(2)指导建筑商对进场材料的外观质量进行检查,包括材料的规格、型号、尺寸等,对不符合合同约定的规格、型号、尺寸等外观质量应在合同约定期限内提

出，并由监理单位以及发包人确认。

（3）指导建筑商对涉及结构安全的试块、试件以及有关材料，如混凝土试块、钢筋等，应当在建设单位或者监理单位的监督下现场取样，送给具有相应资质等级的质量检测单位进行检测，并妥善保管好相关的检测报告。

（4）指导建筑商对建筑材料进场履行检验义务，若进场检验未做到位，对因建筑材料产生的质量问题，建筑商应承担过错责任。

3. 施工前试验桩检测及相邻关系法律服务

（1）指导建筑商在施工前按照设计文件要求进行试验桩检测，并确定单桩极限承载力，检测前应根据建设工程施工合同的约定通知监理单位或者发包人共同参与检测，试桩数量应满足设计要求，检测不合格的不应使用。

（2）若设计要求试桩检测，但发包人取消试桩，应指导建筑商对取消指令进行书面方式固定，若根据施工技术规范以及建筑商经验确需要试桩检测，应按照建设工程施工合同约定，协助建筑商以书面方式向发包人提出异议以及合理化建议。

（3）指导建筑商根据施工方案以及设计要求，落实相关隔振、减振、防挤、检测等必要措施，一旦发现可能影响相邻建筑质量的情况，应立即停止施工，通报发包人与监理单位，并会同有关单位采取措施予以处理。

4. 分包单位管理法律服务

（1）若桩基工程存在违法分包的情况，应及时以书面方式告知建筑商法律风险。

（2）若桩基项目为甲方指定分包项目，应指导建筑商与指定分包单位、发包人签订三方协议，明确各方责任。

（3）就甲方指定分包工程，律师应指导建筑商签订备忘录。

三、产品内容

（一）法律依据

《建筑法》

第 29 条　建筑工程总承包单位可以将承包工程中的部分工程发包给具有相应资质条件的分包单位；但是，除总承包合同中约定的分包外，必须经建设单位认可。施工总承包的，建筑工程主体结构的施工必须由总承包单位自行完成。

建筑工程总承包单位按照总承包合同的约定对建设单位负责；分包单位按照

分包合同的约定对总承包单位负责。总承包单位和分包单位就分包工程对建设单位承担连带责任。

禁止总承包单位将工程分包给不具备相应资质条件的单位。禁止分包单位将其承包的工程再分包。

第58条 建筑施工企业对工程的施工质量负责。

建筑施工企业必须按照工程设计图纸和施工技术标准施工,不得偷工减料。工程设计的修改由原设计单位负责,建筑施工企业不得擅自修改工程设计。

第59条 建筑施工企业必须按照工程设计要求、施工技术标准和合同的约定,对建筑材料、建筑构配件和设备进行检验,不合格的不得使用。

《建设工程质量管理条例》

第28条 施工单位必须按照工程设计图纸和施工技术标准施工,不得擅自修改工程设计,不得偷工减料。

施工单位在施工过程中发现设计文件和图纸有差错的,应当及时提出意见和建议。

第29条 施工单位必须按照工程设计要求、施工技术标准和合同约定,对建筑材料、建筑构配件、设备和商品混凝土进行检验,检验应当有书面记录和专人签字;未经检验或者检验不合格的,不得使用。

第31条 施工人员对涉及结构安全的试块、试件以及有关材料,应当在建设单位或者工程监理单位监督下现场取样,并送具有相应资质等级的质量检测单位进行检测。

《建设工程司法解释一》

第13条 发包人具有下列情形之一,造成建设工程质量缺陷,应当承担过错责任……(二)提供或者指定购买的建筑材料、建筑构配件、设备不符合强制性标准;

(三)直接指定分包人分包专业工程。

承包人有过错的,也应当承担相应的过错责任。

(二)实务操作要点

1. 施工前文件及资料管理法律服务

(1)指导建筑商根据合同以及相关规范要求,审查桩基工程施工前所应具备的文件及资料。

以灌注桩为例,在施工前应具备以下资料:建筑场地岩土工程勘察报告;桩基工程施工图及图纸会审纪要，施工前应组织图纸会审，会审纪要连同施工图等应作为施工依据，并应列入工程档案；建筑场地和邻近区域内的地下管线、地下构筑物、危房、精密仪器车间等的调查资料；主要施工机械及其配套设备的技术性能资料；桩基工程的施工组织设计；水泥、砂、石、钢筋等原材料及其制品的质检报告；有关荷载、施工工艺的试验参考资料。

灌注桩施工前，提醒建筑商审核上述资料是否完备，若欠缺相关资料，应明确告知建筑商，在桩基工程出现质量问题时，上述资料是确定参建各方（包括发包人、建筑商、材料供应商等）责任的重要依据，若资料欠缺，作为桩基施工的建筑商，将无法减免自身质量责任。

另外，结合笔者团队经验，在实践中最常见且易产生争议的资料缺失主要是桩基设计图纸以及桩基专项施工方案。按图施工是建筑商的基本义务，若设计图纸为白图，即便桩基工程出现质量问题是由于设计原因，作为有经验的建筑商，亦应对该质量问题承担过错责任。桩基专项施工方案须根据合同约定经监理单位或者发包人批准，桩基专项施工方案除保障桩基施工质量外，在非建筑商原因导致桩基质量问题时，建筑商可根据桩基专项施工方案的内容向发包人主张索赔。

（2）若经审查发现桩基施工前所应具备的文件或者资料不齐全，指导建筑商以书面方式要求发包人提供相应的文件（如勘察资料等）或者及时办理审批手续（如专项施工方案的审批），并且提醒建筑商在文件或者资料不齐全的情况下，桩基工程在施工中出现质量问题的，作为有经验的建筑商，应承担过错责任。

《建设工程质量管理条例》第5条第1款规定："从事建设工程活动，必须严格执行基本建设程序，坚持先勘察、后设计、再施工的原则。"

2017年版《建设工程施工合同（示范文本）》通用条款第2.4.3项约定："发包人应当在移交施工现场前向承包人提供施工现场及工程施工所必需的毗邻区域内供水、排水、供电、供气、供热、通信、广播电视等地下管线资料，气象和水文观测资料，地质勘察资料，相邻建筑物、构筑物和地下工程等有关基础资料，并对所提供资料的真实性、准确性和完整性负责。按照法律规定确需在开工后方能提供的基础资料，发包人应尽其努力及时地在相应工程施工前的合理期限内提供，合理期限应以不影响承包人的正常施工为限。"

2. 原材料进场检验法律服务

（1）指导建筑商应择优选择材料供应商，所提供的材料应附有出厂合格证或者质量证明书等文件，如材料商供应的钢筋需要生产许可证、商品混凝土、水泥等需要建材备案证明等。

2017年版《建设工程施工合同(示范文本)》通用条款第8.2款约定:“承包人负责采购材料、工程设备的,应按照设计和有关标准要求采购,并提供产品合格证明及出厂证明,对材料、工程设备质量负责。合同约定由承包人采购的材料、工程设备,发包人不得指定生产厂家或供应商,发包人违反本款约定指定生产厂家或供应商的,承包人有权拒绝,并由发包人承担相应责任。”

(2)指导建筑商对进场材料的外观质量进行检查,包括材料的规格、型号、尺寸等,对不符合合同约定的规格、型号、尺寸等外观质量应在合同约定期限内提出,并有监理单位以及发包人确认。

2017年版《建设工程施工合同(示范文本)》通用条款第8.1款约定:“发包人自行供应材料、工程设备的,应在签订合同时在专用合同条款的附件《发包人供应材料设备一览表》中明确材料、工程设备的品种、规格、型号、数量、单价、质量等级和送达地点。承包人应提前30天通过监理人以书面形式通知发包人供应材料与工程设备进场。承包人按照第7.2.2项[施工进度计划的修订]约定修订施工进度计划时,需同时提交经修订后的发包人供应材料与工程设备的进场计划。”第8.3.1项约定:“发包人应按《发包人供应材料设备一览表》约定的内容提供材料和工程设备,并向承包人提供产品合格证明及出厂证明,对其质量负责。发包人应提前24小时以书面形式通知承包人、监理人材料和工程设备到货时间,承包人负责材料和工程设备的清点、检验和接收。发包人提供的材料和工程设备的规格、数量或质量不符合合同约定的,或因发包人原因导致交货日期延误或交货地点变更等情况的,按照第16.1款[发包人违约]约定办理。”

以预制桩进场为例,进场时应附有的单据和文书一般在双方合同中予以约定,通常情况下主要包括:管桩结构图;原材料质量合格证;钢筋试验报告;预应力张拉记录;混凝土试块强度报告;桩体外观检查记录;桩体、桩接头力学性能检测报告;蒸汽养护记录;产品质量问题处理文件(保修书等);其他资料。

如果甲方提供的预制桩,外观质量经检查不符合合同约定,建筑商应按照合同约定的时间向发包人提出,要求发包人予以更换;造成工期延误的,应同时向发包人主张工期顺延以及费用索赔。

(3)指导建筑商对涉及结构安全的试块、试件以及有关材料,如混凝土试块、钢筋等,应当在建设单位或者监理单位的监督下现场取样,送具有相应资质等级的质量检测单位进行检测,并妥善保管好相关的检测报告。

2017 年版《建设工程施工合同(示范文本)》通用条款第 8.4.2 项约定:“承包人采购的材料和工程设备由承包人妥善保管,保管费用由承包人承担。法律规定材料和工程设备使用前必须进行检验或试验的,承包人应按监理人的要求进行检验或试验,检验或试验费用由承包人承担,不合格的不得使用。”

如在钢筋进场时,应按照国家现行相关标准的规定抽取试件对钢筋的力学性能进行检测,包括屈服强度、抗拉强度、伸长率等,在各方监督向现场取样后移送质量检测单位进行质量检测,质量检测不合格的不得使用,在这个抽检过程中,建筑商应保管好相关材料并注意:①取样记录需要监理单位或者建设单位的质量管理人员签字或盖章确认;②取样完成后,建筑商应与建设单位或者监理单位的人员共同送检,并共同签署与质量检测单位的移交资料;③质量检测单位需要有相应的资质,并保管好检测报告。

(4)指导建筑商对建筑材料进场履行检验义务,若进场检验未做到位,对因建筑材料产生的质量问题,建筑商应承担过错责任。

《建筑法》第 59 条规定:“建筑施工企业必须按照工程设计要求、施工技术标准和合同的约定,对建筑材料、建筑构配件和设备进行检验,不合格的不得使用。”

《建设工程质量管理条例》第 29 条规定:“施工单位必须按照工程设计要求、施工技术标准和合同约定,对建筑材料、建筑构配件、设备和商品混凝土进行检验,检验应当有书面记录和专人签字;未经检验或者检验不合格的,不得使用。”

建筑材料进场检验是建筑商的法定义务,即便是甲供材,若建筑商未尽到检验义务,建筑商也需要对因甲供材导致的质量问题承担过错责任。

以湖南省地质建设工程(集团)总公司(以下简称省地建公司)、湖南志高混凝土有限公司(以下简称志高公司)买卖合同纠纷一案[(2016)湘 01 民终 5624 号]为例:省地建公司承接案外人永进合能公司开发的梅溪湖公馆二标段人工挖桩工程。为涉案工程桩基施工需要,省地建公司向志高公司采购了 C30 的商品混凝土。随后,质监站检测发现,涉案工程 10 号、11 号栋桩的混凝土抗压强度均不满足设计要求。在对混凝土试块(标养)进行取样检测时发现,10 号栋除 1 号、69 ~ 72 号、81 ~ 84 号桩外,其余桩的强度均未达到设计强度;11 号栋桩的强度均未达到设计强度。省地建公司于 2014 年 5 月 18 日起进行了补桩施工。后因补桩费用产生争议,省地建公司将志高公司诉至法院。庭审中,一审法院委托质量鉴定单位对质量进行鉴定,认为废桩原因为主要为混凝土质量不合格。最终,法院认为,预拌混凝土的检验分为出厂检验和交货检验,依据相关规定交货时,需方应指定专人及时对供方所供预拌混凝土的质量、数量进行确认,故省地建公司也存在原材料进场检验不够严格的过错,应当自担20%的责任。

3. 施工前试验桩检测及相邻关系法律服务

(1)指导建筑商在施工前按照设计文件要求进行试验桩检测,并确定单桩极限承载力,检测前应根据建设工程施工合同的约定通知监理单位或者发包人共同参与检测,试桩数量应满足设计要求,检测不合格的不应使用。

建筑商应根据地质勘测报告中关于土的特性以及其土壤层的物理力学特征的内容,对其进行相应的桩机选择;按照设计文件的要求,进行试验桩检测,从中得到的相关数据,对其具体的施工方案的参数进行有效的改进,使其施工中的桩型、桩数、承台等结构构造,符合施工的各项标准,以此来进行全面的现场施工。

《建筑桩基技术规范》(JGJ94－2008)第5.3.1条规定,"设计采用的单桩竖向极限承载力标准值应符合下列规定:1.设计等级为甲级的建筑桩基,应通过单桩静载试验确定;2.设计等级为乙级的建筑桩基,当地质条件简单时,可参照地质条件相同的试桩资料,结合静力触探等原位测试和经验参数综合确定;其余均应通过单桩静载试验确定;3.设计等级为丙级的建筑桩基,可根据原位测试和经参数确定"。

(2)若设计要求试桩检测,但发包人取消试桩,应指导建筑商对取消指令进行书面方式固定,若根据施工技术规范以及建筑商经验确需试桩检测,应按照建设工程施工合同约定,协助建筑商以书面方式向发包人提出异议以及合理化建议。

建筑商应根据设计文件编制施工组织设计;设计文件中要求试桩检测的,应严格遵守试桩规定,否则桩基出现质量问题的,建筑商应承担过错责任。

以烟台裕泰化工有限公司与烟台市中鼎建设工程有限公司(以下简称裕泰公司)、烟台市福山区基础工程处、烟台市第三建筑设计院建设工程承包合同纠纷案[(2012)福民一重字第12号]为例:裕泰公司开发的位于福海路西、泊子村北的裕泰公司综合楼项目的长螺旋钻孔钢筋砼灌注桩工程由中鼎公司施工,设计图纸中要求试桩检验,但中鼎公司提交的施工组织设计并未提出试桩要求,且得到裕泰公司批准。桩基施工结束后,经检验,桩基质量存在严重问题。质量问题的原因之一是涉案工程地质条件差,设计规定灌注桩施工前应试桩,单桩极限承载能力应通过现场载荷试验确定,但建筑商得到批准的施工组织设计中,没有提出试桩的有关要求,且在施工混凝土灌注桩前,没有按照设计要求进行试桩。建筑商抗辩,涉案工程之所以没有试桩是建设单位裕泰公司要求的。法院认为,在裕泰公司将设计图纸交付给中鼎公司后,中鼎公司承接了该工程说明中鼎公司有信心、有能力按设计图纸要求完成建设工程;设计图纸中明确有试桩的要求,而中鼎公司在组织设计中没有提出试桩的工作安排，说明中鼎公司自认为不试桩也可完成工作任务。因此，没有试桩的主要责任应在于中鼎公司，并酌情认定中鼎公司承担70%的责任。

(3)指导建筑商根据施工方案以及设计要求，落实相关隔振、减振、防挤、检测等必要措施，一旦发现可能影响相邻建筑质量的情况，应立即停止施工，通报发包人与监理单位，并会同有关单位采取措施予以处理。

《民法典》第295条规定："不动产权利人挖掘土地、建造建筑物、铺设管线以及安装设备等，不得危及相邻不动产的安全。"第238条规定："侵害物权，造成权利人损害的，权利人可以依法请求损害赔偿，也可以依法请求承担其他民事责任。"第591条规定："当事人一方违约后，对方应当采取适当措施防止损失的扩大；没有采取适当措施致使损失扩大的，不得就扩大的损失请求赔偿。当事人因防止损失扩大而支出的合理费用，由违约方负担。"

建筑商在进行打桩施工时，应履行对相邻不动产的安全保障义务，避免使相邻不动产遭受不应有的损失。若建筑商在桩基施工中造成相邻建筑物损失，应承担损害赔偿责任。

4. 分包单位管理法律服务

(1)若桩基工程存在违法分包的情况，应及时以书面方式告知建筑商法律风险。

我国采用严格的建筑施工企业资质管理制度，禁止未取得资质等级证书的企业承揽工程。但在建筑业市场中，部分建筑施工企业为追求不当利益，将承建的工程违法分包；这也直接成为建设工程质量缺陷的原因。对于该种行为，我国现行法律明确予以禁止，并于《建筑法》第29条予以明确规定。

▶ 延伸问题　如何认定违法分包行为？

结合《建筑工程施工发包与承包违法行为认定查处管理办法》，存在下列情形之一的，可以认定为违法分包：

(1)承包单位将其承包的工程分包给个人的；

(2)施工总承包单位或专业承包单位将工程分包给不具备相应资质单位的；

(3)施工总承包单位将施工总承包合同范围内工程主体结构的施工分包给其他单位的，钢结构工程除外；

(4)专业分包单位将其承包的专业工程中非劳务作业部分再分包的；

(5)专业作业承包人将其承包的劳务再分包的；

(6)专业作业承包人除计取劳务作业费用外，还计取主要建筑材料款和大中型施工机械设备、主要周转材料费用的。

(2)若桩基项目为甲方指定分包项目,应指导建筑商与指定分包单位、发包人签订三方协议,明确各方责任。

在工程分包中,存在一类特殊的分包形式,即甲方指定分包,建筑施工企业根据发包人的指令,将其承包范围内的部分专业工程分包给发包人指定的分包单位。

甲方指定分包在合同签订中也有两种形式:①由建筑施工企业与指定分包人直接签订合同;②建筑施工企业与发包人、分包单位签订三方合同。但无论何种模式,因甲方指定分包并非法定分包模式,故分包项目的政府备案合同则需要建筑施工企业与分包单位两方办理。

关于备案合同的效力问题,《民法典》第146条规定,"行为人与相对人以虚假的意思表示实施的民事法律行为无效",换言之,分包项目的政府备案合同并非双方真实意思表示,为"通谋虚伪"行为,是无效行为,应按照真实的意思表示,即实际履行的合同,来确定各方的权利义务。

(3)就甲方指定分包工程,律师应指导建筑商签订备忘录。

律师应提醒并指导建筑商,在签订上述分包合同的同时,另行与发包人、指定分包单位签订备忘录,并明确以下内容:

①明确约定该工程为甲方指定分包工程,分包单位由发包人直接选定,分包工程的工期、质量、安全、文明施工由发包人、分包单位共同承担责任,与总包单位无关。

②明确约定工程价款的支付由发包人直接支付给指定分包单位,发包人没有按照约定向分包单位及时足额支付进度款和结算款的,分包单位不得向建筑施工企业主张进度款和结算款,即进度款和结算款支付与建筑施工企业无关。

③明确约定分包单位向总包单位缴纳配合费,而非管理费,总包单位对分包单位仅承担配合义务,不承担管理责任以及付款义务。

④明确约定之前签订的分包合同仅作为政府备案使用,并非实际履行合同。

15. 建筑商如何在基坑工程施工阶段进行质量控制

一、产品的重要性、作用及适用范围

(一)重要性和作用

基坑,是指为进行建(构)筑物地下部分的施工,由地面向下开挖出的空间。

基坑工程在建筑行业内属于高风险的技术领域,全国各地基坑工程事故发生率虽然在逐年减少,但仍不断出现。不合理的设计与低劣的施工质量是造成这些基坑事故的主要原因。

基坑支护是为主体结构地下部分施工而采取的临时措施,地下结构施工完成后,基坑支护也随之完成其用途,由于支护结构的使用期短,设计时采用的荷载一般不考虑长期作用。基坑支护结构具有防止基坑的开挖危害周边环境以及保障工程自身主体结构安全的功能。

基坑项目是建设工程的高风险项目,一旦出现质量问题,建筑商除承担民事责任外,还有可能会被追究刑事责任,作为建筑商的代理律师,应提醒建筑商增强风险意识,避免重大质量、安全事故的发生。

(二)适用范围

1. 适用时间:建设工程基坑工程施工阶段。

2. 适用主体:建设工程施工合同中的建筑商。

二、产品典型案例

案例1:

上诉人(一审原告):浙江中安建设有限公司(以下简称中安公司)

上诉人(一审被告):绍兴中地房地产开发有限公司(以下简称中地公司)

(一)基本案情

工程名称:“中地·镜水湾小区”项目

工程建设规模:约67,000平方米(含地下室)

工程造价:暂定人民币壹亿贰仟万元

承包范围:工程施工图内容,方式为包工包料

工程工期:开工日期为2012年2月10日(以开工报告日期为准),竣工日期为2013年10月10日,总日历天数600天

工程质量:合格

2011年,中安公司与中地公司签订《建设工程施工合同》,约定由中地公司开发的“中地·镜水湾小区”开发项目交由中安公司负责施工,并对合同价款、工期以及质量等作出明确约定。

2012年4月21日,涉案工程开工建设。9月5日,涉案工程的基坑发生塌方,质监单位会同五方建设主体于次日开会形成《会议纪要》,相关专家的意见认为图纸设计有问题,施工过程中也存在问题。嗣后,由设计单位出具加固方案作后续处理。

2015年4月21日,该工程通过五方主体验收。

2015年8月20日,中安公司向中地公司递交决算审计资料,资料中的结算书中造价汇总为182,653,348元。中地公司对该结算造价不予认可,其中包括基坑塌方修复费用的承担问题,双方因此产生争议,中安公司将中地公司诉至法院。

(二)争议焦点

本案争议焦点之一为基坑塌方修复费用如何承担。

(三)法院审理

法院认为,经查,《会议纪要》中专家意见是:(1)图纸设计上有问题,西侧未按照要求设计,方案验证时就已提出,复合土钉墙在3号土深度超过4.5米的设计中,目前在绍兴地区基本没有成功过,塌陷是必然的。(2)施工过程中也存在问题。由此可见,中地公司作为建设单位对造成塌方的过错大于中安公司。

根据《建设工程司法解释》(已失效)第12条的规定“发包人具有下列情形之一,造成建设工程质量缺陷,应当承担过错责任:(一)提供的设计有缺陷……承包人有过错的,也应当承担相应的过错责任”,认定中地公司承担70%责任。

(四)判决结果

法院判决中地公司承担基坑塌方修复费用的70%,即949,330.2元。

(五)案例评析

因发包人提供的设计有缺陷导致基坑工程塌方的,应由发包人承担质量责任,但建筑商在施工过程中存在过错的,也需要承担过错责任。

案例2:

发包人:成都市金牛城市建设投资经营集团有限公司(以下简称金牛城投)

施工总包单位:中国五冶集团有限公司(以下简称五冶集团)

专业分包单位:四川飞亨建筑工程有限公司(以下简称飞亨建筑公司)

劳务分包单位:遂宁市鸿程建筑劳务有限公司(以下简称遂宁鸿程劳务公司)

工程监理单位:四川成化工程项目管理有限公司(以下简称成化项管公司)

(一)基本案情

工程名称:万圣新居安置工程

工程地点:成都市金牛区

承包范围:12栋15~18层高层住宅、4栋1~4层的商业楼、1栋垃圾房和1个纯地下室

工程质量:合格

2018年7月23日,万圣新居E地块项目经金牛城投公开招标,五冶集团中标。7月30日,金牛城投与五冶集团签订了《万圣家园安置房E区工程施工总承包合同》。12月17日,五冶集团与飞亨建筑公司签订了《万圣新居E地块拆迁安置房项目基坑支护工程专业分包合同》。

2019年1月20日,万圣新居项目部与遂宁鸿程劳务公司签订了《万圣家园安置房E区工程二标段建设工程施工劳务分包合同》,事发时劳务人员正在加班进行基坑墩柱钢筋绑扎及支模施工。9月26日21时10分许,金牛区天回街道万圣新居E地块4号商业楼西北侧基坑边坡突然发生局部坍塌,将正在绑扎基坑墩柱的两名工人和一名管理人员掩埋。事故共造成3人死亡。

(二)事故原因调查

1. 直接原因:4号商业楼基坑开挖放坡系数不足且未支护,基坑壁砂土在重力和外力作用下发生局部坍塌:

①设计规定放坡系数为1:0.4,建筑商编制的专项方案,确定基坑采用放坡系数为1:1,放坡系数未达到规范要求。

②基坑壁土质不良且未支护。

2. 企业原因：

(1)飞亨建筑公司。安全生产主体责任落实不到位，未按深基坑工程施工安全技术规范组织施工，是事故发生的主要原因。

(2)五冶集团一公司。深基坑专项施工技术方案与现场部分临建设施存在冲突，施工现场组织、协调、管理不到位，是事故发生的重要原因。

(3)成化项管公司。专项施工方案审查把关不严和隐患整治督促不力，是事故发生的一般原因。

(4)金牛城投。督促建筑商整改基坑放坡不足且未支护的安全隐患不力，是事故发生的一般原因。

(三)事故处理

1. 飞亨建筑公司施工技术负责人白某民以及施工现场项目经理黄某，以涉嫌重大劳动安全事故罪被追究刑事责任。

2. 其他涉案企业以及政府部门的18人被追究行政责任，飞亨建筑公司、五冶集团一公司以及成化项管公司三家单位被追究行政责任。

3. 建筑商与死者亲属达成赔偿协议，支付赔偿款500余万元。

(四)案例评析

设计规定放坡系数为1:0.4，建筑商擅自变更设计要求，将放坡系数变更为1:1，最终导致基坑塌方事故，建筑商除承担民事责任外，还被追究刑事责任以及行政责任。

产品说明书

(一)法律依据

《建筑法》第74条

《刑法》第134条、第135条、第137条

(二)实务操作要点

1. 基坑工程为建筑领域中高风险项目的，应指导建筑商加强风险意识，避免刑事风险。

2. 基坑工程施工前，应指导建筑商编制专项施工方案，特别是在深基坑工程中，专项施工方案还应按规定组织专家论证。

3. 基坑工程施工监测需要具备相应的资质，若发包人委托的第三方不具备相应资质，指导建筑商以书面方式向发包人提出，并明确拒绝该监测单位。监测单

位应按照经发包人、设计方、监理方等相关单位认可的监测方案实施监测。当监测单位通报监测数据达到监测预警值或者出现危险事故征兆时,建筑商应立即会同发包人、监理单位等进行分析,查明原因,必要时应停止施工。

4. 基坑工程发生事故时,指导建筑商第一时间参与抢险工作,在险情排除后,应与发包人或者其他参建单位以书面方式明确事故发生原因,确定各方责任。

三、产品内容

(一)法律依据

《建筑法》

第74条 建筑施工企业在施工中偷工减料的,使用不合格的建筑材料、建筑构配件和设备的,或者有其他不按照工程设计图纸或者施工技术标准施工的行为的,责令改正,处以罚款;情节严重的,责令停业整顿,降低资质等级或者吊销资质证书;造成建筑工程质量不符合规定的质量标准的,负责返工、修理,并赔偿因此造成的损失;构成犯罪的,依法追究刑事责任。

《刑法》

第134条 【重大责任事故罪】

在生产、作业中违反有关安全管理的规定,因而发生重大伤亡事故或者造成其他严重后果的,处三年以下有期徒刑或者拘役;情节特别恶劣的,处三年以上七年以下有期徒刑。强令他人违章冒险作业,因而发生重大伤亡事故或者造成其他严重后果的,处五年以下有期徒刑或者拘役;情节特别恶劣的,处五年以上有期徒刑。

第135条 【重大劳动安全事故罪】

安全生产设施或者安全生产条件不符合国家规定,因而发生重大伤亡事故或者造成其他严重后果的,对直接负责的主管人员和其他直接责任人员,处三年以下有期徒刑或者拘役;情节特别恶劣的,处三年以上七年以下有期徒刑。

第137条 【工程重大安全事故罪】

建设单位、设计单位、施工单位、工程监理单位违反国家规定,降低工程质量标准,造成重大安全事故的,对直接责任人员,处五年以下有期徒刑或者拘役,并处罚金;后果特别严重的,处五年以上十年以下有期徒刑,并处罚金。

（二）实务操作要点

1. 基坑工程为建筑领域中高风险项目的，应指导建筑商加强风险意识，避免刑事风险

在基坑塌方事故中，建筑商或者项目其他单位被追究刑事责任的，通过“威科先行法律信息库”以关键词“基坑、塌方、责任”进行检索，从2016年到2019年，一审刑事判决共计278例，涉及罪名主要包括三项：重大责任事故罪、重大劳动安全事故罪以及工程重大安全事故罪。

基坑工程作为建设工程的高风险区域，一旦出现基坑塌方事故，将会造成人员伤亡的，根据《刑法》第134条、第135条以及第137条的规定，建筑商及相关负责人将可能会被依法追究刑事责任，而且实践中建筑商因基坑工程塌方被追究刑事责任的亦不在少数，这已成为建筑商最大的法律风险，应给予高度重视。

2. 基坑工程施工前，应指导建筑商编制专项施工方案，特别是在深基坑工程中，专项施工方案还应按规定组织专家论证

结合原住房城乡建设部办公厅《关于实施〈危险性较大的分部分项工程安全管理规定〉有关问题的通知》以及《危险性较大的分部分项工程安全管理规定》的相关规定，在基坑工程专项施工方案以及深基坑工程专家论证方面，要注意以下几方面：

对于开挖深度超过3米（含3米）的基坑（槽）的土方开挖、支护、降水工程，或者开挖深度虽未超过3米，但地质条件、周围环境和地下管线复杂，或影响毗邻建、构筑物安全的基坑（槽）的土方开挖、支护、降水工程，在施工前，应编制专项施工方案，内容包括：

（1）工程概况：危大工程概况和特点、施工平面布置、施工要求和技术保证条件；

（2）编制依据：相关法律、法规、规范性文件、标准、规范及施工图设计文件、施工组织设计等；

（3）施工计划：包括施工进度计划、材料与设备计划；

（4）施工工艺技术：技术参数、工艺流程、施工方法、操作要求、检查要求等；

（5）施工安全保证措施：组织保障措施、技术措施、监测监控措施等；

（6）施工管理及作业人员配备和分工：施工管理人员、专职安全生产管理人员、特种作业人员、其他作业人员等；

(7)验收要求:验收标准、验收程序、验收内容、验收人员等;

(8)应急处置措施;

(9)计算书及相关施工图纸。

在深基坑工程[开挖深度超过5米(含5米)的基坑(槽)的土方开挖、支护、降水工程]施工前,专项施工方案还须通过专家论证,论证内容包括:

(1)专项施工方案内容是否完整、可行;

(2)专项施工方案计算书和验算依据、施工图是否符合有关标准规范;

(3)专项施工方案是否满足现场实际情况,并能够确保施工安全。

3. 基坑工程施工监测需要具备相应的资质,若发包人委托的第三方不具备相应资质,指导建筑商以书面方式向发包人提出,并明确拒绝该监测单位。监测单位应按照经发包人、设计方、监理方等相关单位认可的监测方案实施监测。当监测单位通报监测数据达到监测预警值或者出现危险事故征兆时,建筑商应立即会同发包人、监理单位等进行分析,查明原因,必要时应停止施工

基坑工程监测单位应按监测方案进行监测,基坑监测方案应综合考虑基坑工程设计方案、建设场地的岩土工程条件、周边环境条件、施工方案等因素,制订合理的监测方案,精心组织和实施监测。在基坑工程施工前,监测单位应编制监测方案,监测方案需经建设方、设计方、监理方等认可。

在实践中,基坑监测是发现基坑工程风险的有力手段,但是发生风险后更需要各参建单位,特别是建筑商采取有力措施,才能避免事故发生,否则,各方相互推诿,措施没有落实到实际,监测也将沦为形式主义。

比如,在上海七宝生态商务区18－03地块商办项目"12·29"坍塌较大事故中,2018年12月25日,基坑检测反映基坑存在塌方风险,但是之后的3天中,无论是监理单位、发包人还是建筑商都只是在微信群中发布了5号楼存在塌方风险的信息,但未采取相应的措施,最终在2018年12月29日发生基坑塌方,造成3人死亡,监理、发包人以及建筑商的主要责任人员被追究刑事责任。

4. 基坑工程发生事故时,指导建筑商第一时间参与抢险工作,在险情排除后,应与发包人或者其他参建单位以书面方式明确事故发生原因,确定各方责任

基坑工程并非永久性工程,若在后续结算中就基坑工程事故责任承担产生争议,因基坑工程事故现场早已经灭失,事故原因的确定将无法进一步查明,而且建筑商是工程质量的第一责任人,在事故原因无法查明的情况下,若涉诉,法院将倾向于判决由建筑商承担事故造成的损失。

16. 建筑商如何在主体结构的一次结构施工阶段进行质量控制

一、产品的重要性、作用及适用范围

(一)重要性和作用

建筑物的主体结构,是指在建筑物中,由若干构建连接而成的能承受作用的平面或者空间体系。主体结构要具备足够的强度、刚度、稳定性,用以承受建筑物上的各种荷载。建筑物主体结构可以由一种或者多种材料构成。建筑物的主体工程更是建筑物工程的重要组成部分。需特别说明的是,本部分中的主体结构仅指一次结构,二次结构在本书其他章节中说明。

《建筑法》第58条规定,“建筑施工企业对工程的施工质量负责。建筑施工企业必须按照工程设计图纸和施工技术标准施工,不得偷工减料。工程设计的修改由原设计单位负责,建筑施工企业不得擅自修改工程设计”。第60条第1款规定,“建筑物在合理使用寿命内,必须确保地基基础工程和主体结构的质量”。

建筑商对主体结构承担终身质量责任,而且即便竣工验收合格后,若主体结构质量出现问题,建筑商应承担相应的责任,因此,建筑商对主体结构的质量控制是十分重要的。

(二)适用范围

1. 适用时间:主体结构中一次结构施工阶段的法律服务。
2. 适用主体:建设工程施工合同中的建筑商。

二、产品典型案例

案例1:

上诉人(一审被告、反诉原告):安徽一万纺织有限公司(以下简称一万纺织公

司)

上诉人(一审原告、反诉被告):中厦建设集团有限公司(以下简称中厦建设公司)

(一)基本案情

工程名称:一万纺织公司7#车间、8#车间、办公楼新建工程及新建场区外工程

承包范围:施工图范围内土建工程、给排水工程、电气工程、弱电工程、暖通工程、场外工程(办公楼精装修除外)

合同工期:开工日期以开工报告日期为准,竣工日期以竣工报告为准,合同工期总日历天数300天合同价款:45,893,512元(暂定价)

工程质量标准:合格

经招投标,2011年9月9日,一万纺织公司(发包人)与中厦建设公司(建筑商)签订《建设工程施工合同》,由一万纺织公司将涉案7#车间、8#车间、办公楼新建工程及新建场区外工程施工项目发包给中厦建设公司承建。

合同签订后,中厦建设公司于2011年11月1日进场施工。2011年11月10日,监理公司向中厦建设公司发出《监理工程师通知单》,就涉案8#车间工程质量存在的缺陷要求中厦建设公司停工整改。12月14日,中厦建设公司向一万纺织公司出具承诺书,保证工程质量符合设计要求及施工规范相关规定,若违反上述承诺,由该公司无条件返工。12月21日,一万纺织公司(甲方)与中厦建设公司(乙方)签订一份《补充协议》。该协议载明:"由于乙方原因造成一万纺织公司二期工程厂房及办公楼工程基础部位严重质量缺陷……四、乙方承诺严格按照评估检测结果进行整改或者返工……五、付款方式修改为:1.7#、8#车间的前期付款方式作如下修改:基础完成后七天内支付厂房部分合同价的10%,一层结构板浇筑后七天内支付厂房部分合同价的10%;2.全部工程竣工验收合格后支付至合同结算总价的85%……"

2012年9月11日、21日,广德质监站连续发出两份《在建工程质量监督(巡查)意见书》,涉案工程梁施工缝预留不符合规定要求,要求进行整改。10月12日,中厦建设公司向一万纺织公司发出《停工通知》:"因一万纺织公司长期拖欠工程进度款,导致工程无法继续施工,故自即日起全面停止施工。"

后,双方委托安徽工程质量检测站进行检测,检测结论:涉案工程质量基本满足设计要求,7#车间、8#车间框架梁施工缝对主体结构在设计使用载荷作用下的安全性问题没有影响。

2013年4月8日,中厦建设公司向一万纺织公司发出《关于合同解除的通知

函》,正式解除涉案《建设工程施工合同》及其他相关协议。

后,中厦建设公司向法院起诉索要工程款,一万纺织公司就质量、工期问题提起反诉。

中厦建设公司本诉诉请为:(1)确认中厦建设公司与一万纺织公司签订的《建设工程施工合同》及相关协议于2013年4月8日解除;(2)一万纺织公司支付中厦建设公司工程欠款2651.45万元及利息(自合同解除之日起至款清之日止,按中国人民银行同期同类贷款利率计付利息);(3)一万纺织公司支付中厦建设公司工程进度款逾期利息22.39万元。

一万纺织公司反诉诉请为:要求中厦建设公司赔偿质量损失400万元,具体以司法鉴定为准。

一审期间,经一万纺织公司申请,法院委托湖南大学司法鉴定中心对涉案工程质量进行鉴定。2015年12月4日,湖南大学司法鉴定中心出具司法鉴定意见书,涉案7#车间、8#车间以及办公楼已完工程主体结构存在一定的施工质量缺陷,需要整改处理后才能满足设计图纸和施工质量验收规范的要求。

关于修复费用,2017年1月19日,湖南大学司法鉴定中心出具鉴定意见,涉案主体结构质量问题修复费用为3,166,335元。

(二)争议焦点

本案争议焦点之一是:一万纺织公司是否存在违约行为,其以工程存在质量问题作为延期支付工程进度款的抗辩能否成立。

中厦建设公司观点:一万纺织公司没有按期支付工程进度款,导致工程被迫停工,一万纺织公司应承担违约责任。

一万纺织公司观点:涉案工程存在施工质量问题,其有权行使先履行抗辩权,无须承担违约责任。

(三)法院审理

法院经审理认为,中厦建设公司自开工后未按工程设计及施工规范要求施工,在出现工程质量问题后也未完全按照监理公司的意见进行整改,湖南大学司法鉴定中心亦鉴定确认涉案工程(厂房及办公楼)主体结构质量均存在一定施工质量缺陷,尚需整改。根据《合同法》(已失效)第67条的规定,“当事人互负债务,有先后履行顺序,先履行一方未履行的后履行一方有权拒绝其履行要求。先履行一方履行债务不符合约定的,后履行一方有权拒绝其相应的履行要求”。

本案中,涉案《建设工程施工合同》及《补充协议》对于双方当事人合同义务履行顺序已有明确约定,中厦建设公司作为建筑商在未交付质量合格工程的情况下,其关于一万纺织公司拖欠工程进度款违反合同约定的主张不能成立。

(四)判决结果

一万纺织公司于判决生效之日起10日内支付中厦建设公司工程款6,215,792元,但因涉案工程质量不合格,一万纺织公司有权行使先履行抗辩权,故法院对中厦公司主张的工程进度款利息不予支持。

(五)案例评析

在建设工程施工合同法律关系中,建筑商是先履行一方,承建的工程主体结构质量不合格,且建筑商拒不按承诺予以整改的,发包人作为后履行一方,可行使先履行抗辩权,暂停支付工程进度款。

案例2:

上诉人(原审原告):徐州开易科技园发展有限公司(以下简称开易科技公司)

上诉人(原审被告):苏通建设集团有限公司(以下简称苏通建设公司)

(一)基本案情

工程名称:徐州高铁商务外包中心一期工程

合同价款:67,998,189.47元

工程质量:符合国家验收标准

2012年7月25日,开易科技公司与苏通建设公司签订建设工程施工合同,约定由苏通建设公司承建开易科技公司开发的徐州高铁商务外包中心一期工程。

苏通建设公司施工后,由于政府对业态规划的调整,涉案工程于2013年3月停工。

此后,苏通建设公司向法院提起诉讼,要求开易科技公司支付停工损失和工程价款。双方最终达成调解,苏通建设公司同意撤场。

2014年4月1日,苏通建设公司与后续建筑商,在开易科技公司见证下,签订移交协议,其中基础外墙防水由苏通按照甲方的时间要求整改处理。4月2日,苏通建设公司退场。5~9月,菲迪克监理公司(监理单位)向苏通建设公司发函,就地下室防水、外墙防水、个别楼层出现开裂漏水现象要求其整改。此后,开易科技公司发现主楼部分楼板出现开缝。2014年11月14日,设计单位柯德普设计公司对楼板裂缝问题进行了排查。

2015年2月6日,开易科技公司与苏通建设公司共同委托国家建筑工程质量监督检验中心对涉案工程的主体工程部分混凝土梁、板构件存在的裂缝进行检测并对结构安全和结构耐久性进行鉴定。

在检测单位作出检测鉴定方案后,苏通建设公司不再同意进行检测鉴定。

2015 年 3 月 26 日,开易科技公司遂向法院提起诉讼。

一审中,经法院委托,国家建筑工程质量监督检验中心对涉案工程的质量进行了鉴定,并出具了检测鉴定意见,其中主要意见为:“1. 根据以上施工质量检测结果、楼面结构承载力验算结果和楼面结构实荷试验结果综合分析,该楼的楼面结构安全性符合现行规范的要求;2. 该楼楼面结构混凝土构件有一定的碳化,部分构件存在开裂现象,开裂构件的裂缝处钢筋存在锈蚀现象,且部分梁底主筋的钢筋保护层厚度存在偏小的情况,上述问题对楼面结构构件的耐久性有一定影响,应进行处理。”

另经一审法院委托,上海离原工程咨询有限公司对涉案工程的整改维修费用进行评估鉴定。整改维修费用的评估造价为 1,140,238.99 元。

(二)争议焦点

本案争议焦点为开易科技公司要求苏通建设公司支付 1,140,238.99 元整改维修费用的诉求是否获得支持。

苏通建设公司观点:裂缝是在 2014 年 4 月 2 日苏通建设公司撤场半年以后出现的。苏通建设公司施工期间,混凝土等工程项目均是经过正常验收合格的,撤场交接时无裂缝。从裂缝形成的原因及过程看:一是自然原因。涉案工程 2014 年 3 月 18 日停工后一直长期暴露在自然环境中,混凝土等逐步氧化、碳化显然是不可避免的。这是裂缝形成的客观原因。二是人为原因。南通建设公司撤场后,开易科技公司接手工程后既未继续施工,也未进行任何施工保护,严重违反了正常施工工序和设计要求,这是裂缝产生的根本原因。因此,苏通建设无须向开易科技公司支付整改修复费用。

开易科技公司观点:开易科技公司在接收工程时即发现建设物主楼基本上所有楼层都出现裂缝,而且随着时间推移,裂缝越来越严重,双方协商无法解决,才导致此次诉讼。质量问题的原因在一审鉴定中已经明确,本案的维修整改不成是苏通建设公司拒绝修理造成的。

(三)法院审理

法院经审理认为:一审审理中,当事人共同选定的鉴定机构作出鉴定结论,认定涉案工程确实存在裂缝等质量问题。上述事实表明涉案工程的裂缝等质量问题自苏通建设公司向开易科技公司交接工程时即已存在,因苏通建设公司一直未对裂缝问题整改到位，导致裂缝的质量问题一直持续并扩大，涉案工程的裂缝等质量问题应当由苏通建设公司负责。

虽然苏通建设公司主张其可以直接整改维修，但开易科技公司已明确对苏通建设公司整改维修行为的不信任，并结合涉案工程裂缝问题自交接至诉讼中一直未整改到位的事实，开易科技公司要求苏通建设公司承担整改维修费用的主张应当得到支持。

（四）判决结果

苏通建设集团有限公司于本判决生效后10日内给付徐州开易科技园发展有限公司整改维修费用1,140,238.99元。

（五）案例评析

基于成本考虑，对于主体结构的质量问题，建筑商倾向于自行修复，但是若在诉前和诉讼中建筑商不作为，导致发包人对于建筑商整改已经丧失了信赖基础，法院更倾向于判决建筑商承担相应的修复费用。

产品说明书

（一）法律依据

《建筑法》第60条第1款

《民法典》第793条

（二）实务操作要点

1. 指导建筑商主体结构的认定范围：主体结构的认定应参照专业技术规范，即《建筑工程施工质量验收统一标准》的相关规定。

2. 建筑商主体结构一旦出现质量问题，指导建筑商立即寻找原因，研究解决方案，第一时间进行维修。

3. 指导建筑商诉讼前进行质量检测；建筑商一般处于弱势地位，与发包人签订质量检测协议时应注意法律风险。

4. 指导建筑商在发包人单方委托进行诉前检测的情况下，审查检测报告的效力。

5. 双方对工程质量发生争议，工程质量经检测合格的，鉴定期间为顺延工期期间，律师应指导建筑商以书面形式向发包人主张工期顺延以及费用索赔。

三、产品内容

(一)法律依据

《建筑法》

第60条第1款 建筑物在合理使用寿命内,必须确保地基基础工程和主体结构的质量。

《民法典》

第793条 建设工程施工合同无效,但是建设工程经验收合格的,可以参照合同关于工程价款的约定折价补偿承包人。

建设工程施工合同无效,且建设工程经验收不合格的,按照以下情形处理:

(一)修复后的建设工程经验收合格的,发包人可以请求承包人承担修复费用;

(二)修复后的建设工程经验收不合格的,承包人无权请求参照合同关于工程价款的约定折价补偿。

发包人对因建设工程不合格造成的损失有过错的,应当承担相应的责任。

(二)实务操作要点

1. 指导建筑商主体结构的认定范围:主体结构的认定应参照专业技术规范,即《建筑工程施工质量验收统一标准》的相关规定

我国现行法律中未对"主体结构"的内涵作出明确的规定,但在部门规章中对于"主体结构"有一定的界定,如《住宅室内装饰装修管理办法》第5条第2款规定,"本办法所称建筑主体,是指建筑实体的结构构造,包括屋盖、楼盖、梁、柱、支撑、墙体、连接接点和基础等"。

在司法实践中,考虑到工程的专业性,法院更倾向于通过专业技术规范来界定"主体结构",常用的界定标准为《建筑工程施工质量验收统一标准》。其附录B建筑工程的分部工程、分项工程划分中将主体结构分为七项子分部工程,包括"混凝土结构、砌体结构、钢结构、钢管混凝土结构、型钢混凝土结构、铝合金结构、木结构",并一一对组成上述子分部的分项工程作出规定。

以江西临川建筑安装工程总公司(以下简称临川建安公司)、江西益华电力设备有限责任公司(益华电力公司)建设工程施工合同纠纷案件[案号:(2017)赣10民终994号]为例,在该案中临川建安公司承建益华电力公司的钢结构厂房工程,后因质量问题产生纠纷诉至法院,质量鉴定报告认为"施工单位压型彩钢板使用了不符合要求的材料是造成屋面渗漏的原因”,本案争议点在于“压型彩钢板”是否属于主体结构工程。对此,法院认为《建筑工程施工质量验收统一标准》中主体结构子分部钢结构中明确分项工程包含“压型金属板”,故认定涉案“压型彩钢板”属于主体结构工程,建筑商承担终生质量责任。

2. 建筑商主体结构一旦出现质量问题,指导建筑商立即寻找原因,研究解决方案,第一时间进行维修

《建筑法》第 60 条第 1 款规定:“建筑物在合理使用寿命内,必须确保地基基础工程和主体结构的质量。”

也就是说,建筑商对于主体结构的质量承担终身责任,无论是竣工验收合格后还是发包人擅自使用后,建筑商对主体结构的终身责任都不会改变,一旦主体结构出现质量问题,建筑商应立即查明原因,制定解决方案,并进行维修。

3. 指导建筑商诉讼前进行质量检测;建筑商一般处于弱势地位,与发包人签订质量检测协议时应注意法律风险

(1)双方签字人员应是公司特别授权人员或者法定代表人,最好由各方盖章确认。

(2)诉前签订的质量检测协议中,明确约定双方共同委托有资质的鉴定单位对工程质量进行检测,并明确表示接受该质量检测结果约束的,若后续涉诉,该报告将会被法院采信。

(3)关于修复方案以及修复费用,若要委托鉴定单位,应双方共同委托,避免在质量检测协议中出现“若存在质量问题,修复方案及费用鉴定由发包人单方委托,建筑商无条件接受”等约定。

4. 指导建筑商在发包人单方委托进行诉前检测的情况下,审查检测报告的效力

应从以下几个方面审查诉前报告的效力:

(1)检测机构、检测人员与发包人以及涉案工程检测结果之间是否存在利害关系;

(2)检测机构、检测人员具有的检测资质资格是否存在瑕疵;

(3)检测所依据的技术资料不具有真实性,或者未经过建筑商认可,或者存在缺漏;

(4)检测过程、检测程序违法;

(5)检测取样、分析、计算等存在足以影响检测结果的错误。

若经建筑商审查,其对于该检测报告存在异议,应建议建筑商聘请有资质的质量检测单位对检测报告提出异议,据此来抗辩发包人的主张。

5. 双方对工程质量发生争议,工程质量经检测合格的,鉴定期间为顺延工期期间,律师应指导建筑商以书面形式向发包人主张工期顺延以及费用索赔

《建设工程司法解释一》第11条规定:“建设工程竣工前,当事人对工程质量发生争议,工程质量经鉴定合格的,鉴定期间为顺延工期期间。”

从工程质量问题发生的时间和阶段来看,多数争议发生在施工过程中,对于工程质量缺陷有争议的,发包人与建筑商往往会委托有资质的质量检测单位进行检测,而对于质量问题的检测则需要一定的时间,那么对于该检测时间是否可以顺延的问题,本条司法解释作出明确规定,即是否可以顺延工期要根据争议工程的质量是否合格:若检测合格,则相关工期将可顺延,建筑商也可向发包人主张相关费用索赔;但若检测不合格,则建筑商除承担质量责任外,还可能承担工期违约责任。

17. 建筑商如何在主体结构的二次结构施工阶段进行质量控制

一、产品的重要性、作用及适用范围

(一)重要性和作用

二次结构,是指一次结构施工完成后,构造柱、过梁、女儿墙、填充墙、隔墙等非承重结构、围护结构的施工活动。因此,与此相对的一次结构,是指地基与基础工程完成后对主体结构承重部分的施工。一次结构施工完成后,建筑商才能开始构造柱、过梁、女儿墙、填充墙、隔墙等二次结构施工。故二次结构属于施工工序上的概念。二次结构中最主要的为砌体结构,砌体结构在《砌体结构工程施工质量验收规范》中的定义为:由块体和砂浆砌筑而成的墙、柱作为建筑物主要受力构件的结构,是砖砌体、砌块砌体和石砌体结构的统称。二次结构常见的质量问题包括砌体强度不足、砌体裂缝、砌体渗漏、砌体几何尺寸不符合设计图纸要求等。

考虑到二次结构在工程施工中的巨大体量,一旦二次结构存在质量问题,无论是加固还是拆除重建,成本均不菲。且二次结构缺少整体性连接构件,部分塌陷、侧倒的安全风险甚至高于地基与基础工程部分的风险,其施工质量会直接对工程项目整体性质量造成一定影响。因此在二次结构工程施工环节中,质量控制措施应当得到充分的重视。

(二)适用范围

1. 适用时间:主体结构中二次结构施工阶段。
2. 适用主体:建设工程施工合同中的建筑商。

二、产品典型案例

案例1:

上诉人(原审原告、反诉被告):宿州中科云产业园投资发展有限公司(以下简称中科云投资公司)

上诉人(原审被告、反诉原告):江苏省建筑工程集团有限公司(以下简称江苏建工公司)

(一)基本案情

工程名称:中科云智慧(宿州)产业园一期I标段工程

合同价款:暂定金额4816万元,以正式施工图出图后20日内,由承包人依据15.3条款编制预算,以经发包人或发包人指定的咨询造价单位审核确认后的总价款为准,双方另行签订补充协议

工程内容:施工图纸中所示(包括土建、装饰、电气、给排水、暖通等)除协议所列发包人直接分包外的全部内容

质量要求:合格

2013年9月29日,中科云投资公司与江苏建工公司签订《建设工程施工合同》,中科云投资公司将中科云智慧(宿州)产业园一期I标段工程发包给江苏建工公司施工。2013年12月14日,江苏建工公司开始正式施工。

2014年4月9日,因施工现场高压线路等各种因素影响,致使工程不能全面展开施工,原合同工程价款支付条件无法实施,中科云投资公司与江苏建工公司签订《补充协议(1)》,对付款条款进行变更。

2014年9月17日,经监理单位及中科云投资公司巡查发现,江苏建工公司施工的A2、A3、B1、B2楼构造柱和圈梁等二次结构钢筋原材不符合设计要求,监理单位下发监理工程师通知单,要求江苏建工公司立即停工并于3日内上报整改方案,经监理单位及中科云投资公司审核通过后按方案整改;若江苏建工公司继续施工,所产生的一切责任和损失均由江苏建工公司承担。

2015年8月16日,江苏建工公司全面停工,并于2015年11月2日撤场。

2016年2月29日,中科云投资公司提起本案诉讼,诉请包括要求江苏建工公司承担未按照图纸施工使工程产生质量问题的违约金和损失。江苏建工公司随后提出反诉,要求中科云投资公司支付工程价款以及停窝工损失。

中科云投资公司的本诉请求为:(1)判令解除中科云投资公司与江苏建工公司

2013年9月29日签订的《建设工程施工合同》和2014年4月9日签订的《补充协议》，责令江苏建工公司立即撤场、移交涉案工程所有施工资料；(2)判令江苏建工公司立即返还中科云投资公司超额支付的工程价款10,187,468.07元及利息1,472,142.81元(该利息计算至2017年7月31日，以后顺延款清息止)，支付因施工质量拆除和重建损失费2,006,882.63元、违约金963,200元，因恶意停工违约金963,200元，鉴定损失费95,231元，垂直运输损失费809,568.44元，临时设施费40万元，上述费用合计16,897,692.95元；(3)由江苏建工公司承担诉讼费、鉴定费。

江苏建工公司的反诉请求为：(1)中科云投资公司支付拖欠江苏建工公司的工程价款11,991,900元；(2)中科云投资公司支付江苏建工公司窝工、停工及停工后的看护费用4,618,462.60元；(3)中科云投资公司承担本案本诉与反诉的全部诉讼费用。

中科云投资公司申请对二次结构部分不按图纸设计及规范要求施工(未对构造柱和使用钢筋规格型号与设计图纸不符等)存在安全质量隐患、需要整改加固费用进行鉴定。

2017年1月12日，国家建筑工程质量监督检验中心司法鉴定所出具鉴定检验报告书，载明："一、构造柱检测(一)构造柱布置情况检测：(1)A2#、A3#、B1#、B2#楼均有部分填充墙未在中间设置构造柱；(2)A3#、B1#、B2#楼结构标高22.8m的上人屋面层女儿墙均未设置构造柱；(3)A2#、A3#、B1#、B2#楼二层至五层外围框架柱相连的L形填充墙外侧端部均未设置构造柱；(二)构造柱钢筋配置情况检测：(1)A2#、A3#、B1#、B2#楼均发现有构造柱主筋采用了直径为10mm的钢筋，未做填充墙的A1#楼二层构造柱底部预埋主筋大部分采用了直径为10mm的钢筋，不符合构造柱竖筋为4∮12竖筋；(2)A2#、A3#、B1#、B2#楼抽检的构造柱顶部与混凝土框架梁的连接处竖筋均为后置筋锚固，A1#楼尚未浇筑的构造柱顶部均未见主体结构预埋的竖筋；二、填充墙拉结筋检测：(1)A2#、A3#、B1#、B2#楼抽检的与框架柱相连的拉结筋，以及A1#楼未砌墙的拉结筋与混凝土框架柱的锚固方式均为后置筋锚固；(2)现场共检测72片填充墙，其中49片存在钢筋少放或未全长贯通等问题；三、其他构造措施及工程做法检查：(1)A2#、A3#、B1#、B2#楼的填充墙底部均有未在设计图纸中标记的可用的砖；(2)A2#、A3#、B1#、B2#楼卫生间均有隔墙未设置混凝土墙基。鉴定机构认为江苏建工公司已完成工程的构造柱布置、钢筋配置、填充墙拉结筋检测、其他构造措施及工程做法检查中存在不符合设计要求，建议由涉案工程设计单位对二次结构不符合设计要求所造成的影响进行评估。"

2017年3月10日，中外建工程设计与顾问有限公司出具《关于中科云智慧（宿州）产业园项目工程二次结构部分整改方案》，载明：针对检测鉴定结果，经复核数据，目前施工单位做法不能满足该建筑的构造要求，并在后期使用过程中带来严重的安全与质量隐患，为确保该项目在后期使用中达到设计及使用的要求，中科云投资公司可自行拆除或要求施工单位必须拆除现有不按图纸设计施工的二次结构部分，严格按原设计施工图重新施工。

2017年6月16日，宿州市华安建设工程招标有限公司出具《工程造价鉴定报告书》，鉴定涉案A、B型及裙房工程造价合计18,416,709.24元，扣减不合格部分拆除并重建工程造价合计214,156.68元，为18,202,552.56元。

后虽双方对鉴定报告提出异议，但一审法院采纳鉴定单位意见，同时认为对国家建筑工程质量监督检验中心司法鉴定所抽检部分不合格的49道墙、局部构造柱、卫生间圈梁等二次结构的拆除和重建费用，华安公司已予鉴定，并在出具的鉴定意见中将上述费用214,156.68元扣减。经国家建筑工程质量监督检验中心司法鉴定所抽检的江苏建工公司已完工程量中含有不符合设计要求的部分，应为江苏建工公司完成的工作成果质量不符合约定的部分，且造成该部分质量不符合约定的过错，江苏建工公司不能举证证明在于中科云投资公司或者中科云投资公司存在一定的参与度，故该部分的拆除和重建费用214,156.68元应由江苏建工公司承担。

（二）争议焦点

1.江苏建工公司是否要承担二次结构质量问题导致的拆除和重建损失费。

中科云投资公司及江苏建工公司均不服一审判决，提起上诉。中科云投资公司认为本项目涉案的二次结构施工存在重大安全隐患，必须拆除现有不按图纸设计施工的二次结构部分，严格按原设计施工图重新施工；另根据鉴定报告，拆除和重建49片不合格的造价为218,527.22元，换算到每片的造价为4459.74元/片，二次结构不合格部分的拆除及重建费用为：450片×4459.74元/片=2,006,883元。

江苏建工公司认为，一审法院未能查明涉案工程中的二次结构工程存在工程质量问题原因和责任，是否需要拆除和重建也未查清。施工过程中，中科云投资公司未能及时提供正式的施工图纸，涉案工程的质量问题是否需要拆除重建在涉案鉴定报告中未予明确，并非所有相关工程均需要拆除重建。

对此，二审法院认为，中科云投资公司不能据此推断所有二次结构均不符合设计要求或质量要求，中科云投资公司请求江苏建筑公司承担二次结构不合格部分全部拆除并重建费用2,006,883元,证据不充分,二审法院不予支持,中科云投资公司可待证据充分时另行主张。而一审法院关于“不合格部分拆除并重建工程造价214,156.68元扣减后,应视为江苏建工公司已完成的工程量经验收合格”的认定确属不当,二审法院予以纠正。就二次结构存在工程质量问题的原因和责任,江苏建工公司主张是由于中科云投资公司未提供正式的施工图纸导致,不需要拆除和重建,其不应承担拆除重建费用,该主张与本案查明的事实不符,二审法院不予支持。

2. 质量问题的违约金应如何承担。

一审法院认为,中科云投资公司虽然取得了建设用地规划许可证、国有土地使用权证,作出的修建性详细规划设计方案经专家评审、宿州市人民政府专题会议讨论并给出意见、勘察设计施工图经宿州市建筑勘察设计施工图审查中心审查并出具《安徽省房屋建筑和市政基础设施工程施工图设计文件审查报告》,但是至今未取得建设工程规划许可证。根据《建设工程司法解释二》(已失效)第2条的规定,中科云投资公司与江苏建工公司针对涉案建设工程所签订的《建设工程施工合同》及《补充协议》无效。由于建设工程施工合同无效,因此对中科云投资公司主张的质量违约金不予支持。

二审法院认为,关于中科云投资公司主张的违反合同质量要求违约金963,200元,因合同无效,一审法院未予支持并无不当。

(三)判决结果

江苏建工公司应承担的不合格部分拆除并重建的费用为214,156.68元,同时由于建设工程施工合同无效无须承担质量违约金。

(四)案例评析

建筑商应当严格按图施工。发包人未按时提供施工图纸、施工过程中设计变更的,建筑商应当留存相应联系凭证。

产品说明书

(一)法律依据

《建筑法》第60条

《民法典》第511条

《建设工程司法解释一》第12条、第13条

(二)实务操作要点

1. 指导建筑商完成砌体结构施工前的各项工作,以避免由于准备不足导致后续施工错误。

2. 二次结构属于主体结构,提醒建筑商须承担终身质量责任。

3. 其他法律服务内容参照本书“16. 建筑商如何在主体结构的一次结构施工阶段进行质量控制”的法律服务产品。

三、产品内容

(一)法律依据

《建筑法》

第60条 建筑物在合理使用寿命内,必须确保地基基础工程和主体结构的质量。

建筑工程竣工时,屋顶、墙面不得留有渗漏、开裂等质量缺陷;对已发现的质量缺陷,建筑施工企业应当修复。

《民法典》

第511条 当事人就有关合同内容约定不明确,依据前条规定仍不能确定的,适用下列规定:(一)质量要求不明确的,按照强制性国家标准履行;没有强制性标准的,按照推荐性标准履行;没有推荐性标准的,按照行业标准履行;没有国家、行业标准的,按照通常标准或者符合合同目的的特定标准履行……

《建设工程司法解释一》

第12条 因承包人的原因造成建设工程质量不符合约定,承包人拒绝修理、返工或者改建,发包人请求减少支付工程价款的,应予支持。

第13条 发包人具有下列情形之一,造成建设工程质量缺陷,应当承担过错责任:(一)提供的设计有缺陷……承包人有过错的,也应当承担相应的过错责任。

(二)实务操作要点

1. 指导建筑商完成砌体结构施工前的各项工作,以避免由于准备不足导致后续施工错误

根据《砌体结构工程施工质量验收规范》第5.0.4条的规定,在砌体结构施工前,建筑商应完成以下工作:

(1)进场原材料的见证取样复试;

(2)砌筑砂浆及混凝土配合比的设计;

(3)按设计及规范要求绘制砌块砌体排块图、节点组砌图;

(4)对操作人员进行技术安全交底;

(5)完成基槽、隐蔽工程验收、上道工序验收合格;

(6)放线技术复核;

(7)皮数杆、标志板设置;

(8)施工方案要求砌筑的砌体样板已验收合格;

(9)现场所用计量器具符合检定周期规定。

2. 提醒建筑商二次结构属于法律意义上的主体结构,建筑商须承担终身质量责任

《建筑工程施工质量验收统一标准》之附表 B 将建筑工程的分部工程分为"1. 地基与基础,2. 主体结构,3. 建筑装饰装修……其中,主体结构所涵盖之子分部和分项工程如下:砌体结构:砖砌体、混凝土小型空心砌块砌体,石砌体,配筋砌体,填充墙砌体……"故二次结构应当包含在主体结构部分,建筑商须承担终身质量责任。

但目前在司法实践中,工程质量鉴定、裁判文书、当事人的代理意见以及施工合同中,存在二次结构不属于主体结构的观点,甚至存在将二次结构独立于主体结构分别出具鉴定意见的情况。如砌体结构中的填充墙砌体,根据《建筑工程施工质量验收统一标准》规定应当属于主体结构,但在山东威腾机械有限公司与华北建设集团有限公司山东分公司、华北建设集团有限公司建设工程施工合同纠纷一案[(2017)鲁 0792 民初 638 号]中,法院认为填充墙砌体不属于主体结构,涉案工程已超过 6 年,建筑商不承担维修责任;在山东鲁建工程集团有限公司与山东六福房地产开发有限公司建设工程合同纠纷一案[(2019)鲁 01 民终 10937 号]中,法院又认为填充墙砌体属于主体结构。由于目前司法实践不统一,故建议建筑商应当注重二次结构的施工质量,不要抱有侥幸心理。

3. 其他法律服务内容参照本书"16. 建筑商如何在主体结构的一次结构施工阶段进行质量控制"的法律服务产品

建筑商对二次结构承担终身质量责任,一旦二次结构出现质量问题,建筑商应当立即寻找原因,研究解决方案,第一时间进行维修。若发包人与建筑商对质量问题存在争议,在未通过诉讼途径解决纠纷前,可能存在由双方共同委托专业检测单位对质量问题进行检测,或发包人单方委托检测的情况,此时律师应当提醒建筑商对检测协议的签订、专业检测单位的选择、检测程序等予以重视,具体法律服务内容还请详见主体结构一次结构施工阶段进行质量控制的相关法律服务产品。

18. 建筑商如何在屋面工程施工阶段进行质量控制

一、产品的重要性、作用及适用范围

(一)重要性和作用

根据《建筑工程施工质量验收统一标准》的规定,屋面工程作为分部工程,其子分部工程包括基层与保护工程、保温与隔热工程、防水与密封工程、瓦面与板面工程以及细节构造。

屋面工程质量应符合设计要求以及相关技术规范要求。总体来说,屋面工程应符合下列基本要求:(1)具有良好的排水功能和阻止水侵入建筑物内的作用;(2)冬季保温减少建筑物的热损失和防止结霜;(3)夏季隔热降低建筑物对太阳辐射热的吸收;(4)适应主体结构的受力变形和温差变形;(5)承受风、雪荷载的作用不产生破坏;(6)具有阻止火势蔓延的性能;(7)满足建筑外形美观和使用的要求。

在实践中,屋面工程质量问题出现频率最多是屋面防水的问题,这也是屋面工程的通常会出现的质量问题,需要建筑商进行修复,本产品在屋面工程这一块,就是针对这一质量通病提供法律服务。

(二)适用范围

1. 适用时间:建设工程屋面工程施工阶段。
2. 适用主体:建设工程施工合同中的建筑商。

二、产品典型案例

江苏南通某某有限公司诉吴江某某房地产开发有限公司支付工程价款及被告反诉屋面渗漏质量问题建设工程施工合同纠纷案

原告、反诉被告(上诉人):江苏南通某某有限公司(建筑商)

被告、反诉原告(上诉人):吴江某某房地产开发有限公司(发包人)

(一)基本案情

工程名称:吴江某某国际广场工程

合同价款:30,079,113 元

工期:141 天

质量:合格

2004 年 10 月 15 日,建筑商与发包人依法签订建设工程施工合同,由建筑商承建发包人发包的吴江某某国际广场工程。

涉案工程于 2005 年 7 月 20 日竣工验收。

工程竣工后,发包人将其中建筑面积 22,275 平方米的房屋出租,在使用过程中,发现屋面出现严重渗漏。

经建筑商多次维修,屋面渗漏问题仍无法解决。

后因发包人未按约支付工程价款,建筑商向法院提起诉讼,发包人提出反诉,要求建筑商承担屋面防水重做的修复费用。

建筑商本诉请求为:发包人支付工程余款及逾期付款违约金,合计 16,361,364.39 元。

发包人反诉请求为:建筑商偷工减料,未按设计图纸施工,质量不合格,导致屋面广泛渗漏,该部分重作的工程报价为 3,335,092.99 元,请求判令建筑商赔偿该损失。

诉讼中,经发包人申请,法院委托天正鉴定所、东吴设计院以及认证中心分别对屋面渗漏原因、修复方案以及修复费用进行司法鉴定。

天正鉴定所认为,屋面渗漏部位主要位于伸缩缝、落水管、出屋面排气管及屋面板;建筑商实际施工部分与原设计图纸相比,屋面防水构造做法中无 50 厚粗砂隔离层、干铺无纺布一层、2.0 厚聚合物水泥基弹性防水涂料层及 20 厚水泥砂浆找平层,伸缩缝部位另缺 3.0 厚防水卷材。鉴定意见为:屋面构造做法不符合原设计要求,屋面渗漏范围包括伸缩缝、部分落水管道、出屋面排气管及局部屋面板。

东吴设计院出具修复方案,因现有屋面板构造做法与原设计不符,局部修复方案不能保证屋面渗漏问题得到有效解决(主要指局部维修施工带来其余部位的渗漏),建议将原防水层全面铲除,重做屋面防水层,并出具了全面设计方案。该全面设计方案中包括建筑商在实际施工中未按施工工序,并在原设计方案伸缩缝部位增加了翻边。

认证中心根据东吴设计院上述全面设计方案出具的鉴定价格为3,975,454元(以2009年4月27日为鉴定基准日)。

(二)争议焦点

本案争议焦点之一为关于屋面渗漏,建筑商作为施工单位应如何承担责任的问题。

建筑商观点:涉案工程已竣工验收合格。对已竣工验收合格的工程,《建设工程质量管理条例》规定施工单位仅有保修义务。屋面渗漏系原设计中楼盖板伸缩缝部位没有翻边等原因造成。且工程竣工后恒森公司的承租方在屋顶擅自打螺丝孔装灯,破坏了防水层。

发包人观点:因为屋面渗漏系建筑商擅自减少工序而导致,不全面重做已不能有效解决渗漏,建筑商理应承担全面赔偿责任。

(三)法院审理

法院经审理认为,屋面渗漏的质量问题不在于原设计而在于建筑商偷工减料,未按设计要求施工。根据《合同法》(已失效)第107条、第281条之规定,因施工方原因致使工程质量不符合约定的,施工方理应承担无偿修理、返工、改建或赔偿损失等违约责任。本案中,双方当事人对涉案屋面所做的工序进行了明确约定,建筑商在施工过程中,擅自减少多道工序,尤其是缺少对防水起重要作用的2.0厚聚合物水泥基弹性防水涂料层,其交付的屋面不符合约定要求,导致屋面渗漏,其理应对此承担违约责任。

鉴于建筑商几经局部维修仍不能彻底解决屋面渗漏,双方当事人亦失去信任的合作基础,为彻底解决双方矛盾,原审法院按照司法鉴定意见认定按全面设计方案修复,并判决由发包人自行委托第三方参照全面设计方案对屋面渗漏予以整改,建筑商承担与改建相应责任有事实和法律依据,亦属必要。

关于修复费用方面,因修复方案相比原设计,增加了施工工序,基于权利义务相一致的原则,扣减全面修复方案中相比原设计方案增加部分后,建筑商应承担的修复费用为2,877,372.30元。

(四)判决结果

建筑商赔偿发包人屋面修复费用2,877,372.30元。

(五)案例评析

建筑商应按图施工,不得擅自修改工程设计,不得偷工减料,否则,即便项目竣工验收合格后,因建筑商未按设计施工,偷工减料导致屋面渗漏问题,且无法通过局部保修彻底解决，法院倾向于采取全面修复方案，要求建筑商承担重做屋面防水层的修复费用。

产品说明书

（一）法律依据

《建设工程质量管理条例》第30条

（二）实务操作要点

1. 指导建筑商必须按照工程设计图纸和施工技术规范标准施工，不得偷工减料。

2. 屋面工程施工中发包人或者监理人发出变更指示的，建筑商应在收到发包人或者监理人书面变更指令后，方可进行施工；若涉及设计变更，应要求发包人提供设计单位出具变更后的图纸和说明。

3. 建筑商屋面防水有甲供材料的，指导建筑商做好检验义务，核查甲供材质量证明文件，检验进场材料的品格、规格等可视质量，对特殊材料进行抽样检测，并保管好检验记录或者检测报告，否则对于甲供材质量问题，建筑商将承担过错责任。

4. 指导建筑商在屋面工程施工中加强工序检查，检验合格后方可进行下道工序的施工，并保管好检验记录。

三、产品内容

（一）法律规定

《建设工程质量管理条例》

第30条　施工单位必须建立、健全施工质量的检验制度，严格工序管理，做好隐蔽工程的质量检查和记录。隐蔽工程在隐蔽前，施工单位应当通知建设单位和建设工程质量监督机构。

（二）实务操作要点

1. 指导建筑商必须按照工程设计图纸和施工技术规范标准施工，不得偷工减料

屋面工程施工前应通过图纸会审，建筑商应掌握施工图中的细部构造及有关技术要求。建筑商应编制屋面工程专项施工方案，并应经监理单位或者发包人审查确认后执行。在施工过程中，建筑商应按照图纸和规范进行施工，不得偷工减料。

2. 屋面工程施工中发包人或者监理人发出变更指示的，建筑商应在收到发包人或者监理人书面变更指令后，方可进行施工；若涉及设计变更，应要求发包人提供设计单位出具变更后的图纸和说明

工程变更是工程施工过程中由发包人提出或者由建筑商提出经发包人批准的工程的任何改变。工程变更对工程施工影响很大，若建筑商无法提供工程变更的相关证据，不仅要承担因变更导致的质量问题，还可能会在工期和造价上承担不利后果。因此针对施工中甲方变更的证据固定，是律师提供全过程法律服务的重要内容。

从变更指令的形式来看，变更指定主要分为书面指令和口头指令，在此，律师应提醒建筑商在实施变更时一定要有书面指令。

在书面指令的审核中，要特别注意变更指令下达人员的权限问题，指令下达人员应是双方合同中明确约定的人员或者发包人特别授权人员或者发包人直接盖章确认；否则，该书面指令效力将存在争议。

施工阶段，建筑商处于弱势地位，口头变更指令亦是常见情况，律师应根据合同中的约定，提醒建筑商固定口头指令的证据，否则若涉诉，建筑商将处于不利地位。

在孟某与田某、镇赉县翰林建设工程有限责任公司建设工程合同纠纷案件中，田某借用镇赉县翰林建设工程有限责任公司的资质承建孟某发包的镇赉县百货商厦接建工程，后因涉案工程屋面工程存在漏水等质量问题，孟某将田某及镇赉县翰林建设工程有限责任公司诉至法院，并申请司法鉴定，鉴定单位认为，屋面渗漏是由于女儿墙泛水卷起部分未做立砖处理，不符合设计要求；屋面水泥砂浆保护层未设置分格缝，不符合设计要求等原因。田某抗辩称未做立砖处理和未设置分格缝是经孟某和监理公司同意的，但未能提供证据佐证。最终法院判决屋面防水工程的维修费用 114,638 元，由田某和镇赉县翰林建设工程有限责任公司承担。

那么，口头变更指令应如何固定呢？

律师应提醒建筑商，口头指令的固定要根据双方合同的约定，以 1999 年版《建设工程施工合同（示范文本）》为例，其通用条款第 6.2 款明确：“工程师的指令、通知由其本人签字后，以书面形式交给项目经理，项目经理在回执上签署姓名和收到时间后生效。确有必要时，工程师可发出口头指令，并在 48 小时内给予书面确认，承包人对工程师的指令应予执行。工程师不能及时给予书面确认的，承包人应于工程师发出口头指令后7天内提出书面确认要求。工程师在承包人提出确认要求后48小时内不予答复的,视为口头指令已被确认。”

3. 建筑商屋面防水有甲供材料的,指导建筑商做好检验义务,核查甲供材质量证明文件,检验进场材料的品格、规格等可视质量,对特殊材料进行抽样检测,并保管好检验记录或者检测报告,否则对于甲供材质量问题,建筑商将承担过错责任

《建设工程司法解释一》第13条规定:“发包人具有下列情形之一,造成建设工程质量缺陷,应当承担过错责任……(二)提供或者指定购买的建筑材料、建筑构配件、设备不符合强制性标准……承包人有过错的,也应当承担相应的过错责任……”

按照国家有关规定和合同约定,由发包人提供建筑材料、建筑构配件和设备的,应当保证建筑材料、建筑构配件和设备符合设计文件和合同要求。发包人不得明示或者暗示建筑商使用不合格的建筑商材料、建筑构配件和设备。

但对于甲供材,建筑商负有检验义务,检验义务一般要做到以下几点:

(1)根据设计要求对质量证明文件核查。由于材料的规格、品种和性能繁多,首先要看进场材料的质量证明文件是否与设计要求相符,故进场验收必须对材料所附带的质量证明文件进行核验。材料证明文件主要包括出厂合格证、中文说明以及相关性能检测报告等;进口材料应按照规定进行出入境商品检验。

(2)对进场材料的品格、规格、包装、外观和尺寸等可视质量进行检查验收,并应经监理工程师或者发包人代表核准。进场验收应形成相应的记录。材料的可视质量,可以通过目视和简单尺量、称量、敲击等方法进行检查。

(3)对于进场的防水材料实施抽样检验,以验证其质量是否符合要求。

(4)对进场材料所涉的检验项目,均应达到技术标准的规定。严禁在屋面工程中使用不合格的防水、保温材料或者国家明令禁止使用的材料,以确保工程质量。

如果在上述环节发现问题,应按照合同约定和法律规定的期限和程序及时向发包人提出,并固定证据。

为了保证建筑材料和设备的质量符合设计文件及合同要求,相关合同文本中对于甲供材的提供以及建筑商的检验义务作了更进一步的规定。

2017年版《建设工程施工合同(示范文本)》第8.1款约定,“发包人供应材料与工程设备　发包人自行供应材料、工程设备的,应在签订合同时在专用合同条款的附件《发包人供应材料设备一览表》中明确材料、工程设备的品种、规格、型号、数量、单价、质量等级和送达地点。承包人应提前30天通过监理人以书面形式通知发包人供应材料与工程设备进场。承包人按照第7.2.2项[施工进度计划的修订]约定修订施工进度计划时,需同时提交经修订后的发包人供应材料与工程设备的进场计划"。第8.3.1项约定,"发包人应按《发包人供应材料设备一览表》约定的内容提供材料和工程设备,并向承包人提供产品合格证明及出厂证明,对其质量负责。发包人应提前24小时以书面形式通知承包人、监理人材料和工程设备到货时间,承包人负责材料和工程设备的清点、检验和接收。发包人提供的材料和工程设备的规格、数量或质量不符合合同约定的,或因发包人原因导致交货日期延误或交货地点变更等情况的,按照第16.1款[发包人违约]约定办理。"

4. 指导建筑商在屋面工程施工中加强工序检查,检验合格后方可进行下道工序的施工,并保管好检验记录

屋面工程施工中,各道工序之间常常因上道工序存在质量问题未解决,而被下道工序覆盖,给屋面防水等留下质量隐患。因此,必须强调按工序、层次进行检查验收,即在操作人员自检合格的基础上,进行工序的交接检验和专职质量人员的检查,检查结果应有完整的记录,然后经监理单位或者发包人进行检查验收,也就是建筑领域中俗称的"三检"制度。检验合格后方可进行下道工序的施工。

屋面工程中的隐蔽工程为后续的工序或者分项工程覆盖、包裹、遮挡的前一分项工程。如防水层的基层,密封防水处理部分,檐沟、天沟、泛水和变形缝等细部构造,应经过检查符合质量标准后方可进行隐蔽,避免因质量问题造成渗漏或不易修复而直接影响防水效果。

对于工序检查的程序,一般在施工合同中亦有相关的约定,如2017年版《建设工程施工合同(示范文本)》:"5.3.1 承包人自检 承包人应当对工程隐蔽部位进行自检,并经自检确认是否具备覆盖条件。5.3.2 检查程序 除专用合同条款另有约定外,工程隐蔽部位经承包人自检确认具备覆盖条件的,承包人应在共同检查前48小时书面通知监理人检查,通知中应载明隐蔽检查的内容、时间和地点,并应附有自检记录和必要的检查资料。监理人应按时到场并对隐蔽工程及其施工工艺、材料和工程设备进行检查。经监理人检查确认质量符合隐蔽要求,并在验收记录上签字后,承包人才能进行覆盖。经监理人检查质量不合格的,承包人应在监理人指示的时间内完成修复,并由监理人重新检查,由此增加的费用和(或)延误的工期由承包人承担。除专用合同条款另有约定外,监理人不能按时进行检查的,应在检查前24小时向承包人提交书面延期要求,但延期不能超过48小时,由此导致工期延误的,工期应予以顺延。监理人未按时进行检查,也未提出延期要求的,视为隐蔽工程检查合格，承包人可自行完成覆盖工作，并做相应记录报送监理人，监理人应签字确认。监理人事后对检查记录有疑问的，可按第 5.3.3 项[重新检查]的约定重新检查。”

19. 建筑商如何在质量保修期进行质量控制

一、产品的重要性、作用及适用范围

(一)重要性和作用

为了保证建设工程质量,我国在《建筑法》《建设工程质量管理条例》等法律法规中强制要求建设工程实行质量保修制度。建设工程办理竣工验收手续后,如在质量保修期内,建设工程质量不符合工程建设强制性标准或者存在合同约定的质量缺陷问题,建筑商应当履行保修义务。保修的期限应当由双方在合同中按照保证建筑物合理寿命年限内正常使用,维护使用者合法权益的原则进行约定。具体的保修范围、最低保修期限以及建筑商在保修期限内的责任与义务由国务院在《建设工程质量管理条例》第四章、第六章予以规定,不过发包人在施工合同中往往会对建筑商设置更长的保修期限,并赋予更高的保修义务与责任。建筑商应当按照合同约定以及法律规定履行保修义务。

(二)适用范围

1. 适用时间:质量保修阶段。
2. 适用主体:建设工程施工合同中的建筑商。

二、产品典型案例

案例 1:

上海豪都房地产开发经营有限公司与江苏省苏中建设集团股份有限公司建设工程施工合同纠纷[(2013)青民三(民)重字第 1 号]

原告(反诉被告):上海豪都房地产开发经营有限公司(以下简称豪都公司)

被告(反诉原告):江苏省苏中建设集团股份有限公司(以下简称苏中公司)

（一）基本案情

工程名称：豪都国际新城－捷克住宅小区二期

承包范围：1～10 号公寓楼及别墅 15 幢

质量标准：合格

豪都公司与苏中公司于 2007 年签订“豪都国际新城－捷克住宅小区二期”《建筑安装工程承包合同》，苏中公司承包范围包括 1～10 号公寓楼及别墅 15 幢，工程结算款的 5% 作为工程质量保修金。根据合同约定，屋面防水工程、有防水要求的卫生间、房间和外墙的防渗漏为 5 年，工程其他项目为 2 年，保修期自验收合格通过之日起算。保修期间因施工原因造成的质量问题，苏中公司需在接通知 7 天内无偿派专人专门队伍负责修复，小修必须在 24 小时之内解决，如苏中公司不能及时维修，豪都公司有权另行委托修理，所需费用在保修费中扣除，不足部分豪都公司可向苏中公司进行追索。自竣工验收合格之日起两年保修期满后无质量问题 15 天内支付工程保修金 3%；整个保修期满后无质量问题付清保修金余款 2%。

此外，苏中公司负责上海捷克小区室外总体零星工程的施工，双方签订了《二期室外总体零星建筑工程承包合同》，约定质保金为工程结算款的 5%，保修期限为 2 年，2 年期满无质量问题的付清质保金。在保修期内因施工原因造成的后果，苏中公司应在接通知后一般 24 小时内无偿派专人携带必要的材料、工具负责修复，特殊的 3 天内修复，如苏中公司不能及时维修或久修不好，豪都公司有权委托第三方修理，所需费用在保修费中扣除。

双方认可二期工程的竣工日期为 2008 年 10 月 17 日，从该日起算质保期。豪都公司于 2009 年 2 月至 2010 年 3 月多次函苏中公司，要求苏中公司对层高、净高、楼板厚度、渗漏水在内的各类涉案工程质量问题进行修复，并表示若苏中公司不及时整改维修将另行委托第三方修复。后豪都公司认为苏中公司怠于履行修复义务致讼。

判令苏中公司向豪都公司赔偿维修费用 2,294,983 元（其中 1,574,983 元系经审价确定的修复费用，其中 720,000 元是涉及 12 户楼板厚度不符合设计标准的赔偿费用，每户主张 60,000 元），这些费用由二期工程保修金 2,031,997 元全额抵扣，超出保修金的金额由苏中公司补足。

（二）争议焦点

（1）被告应履行保修修复义务还是替代赔偿修复费用。

豪都公司认为苏中公司怠于修复且久修不好，事实上无力修复存在的各项问题,故而要求苏中公司直接支付修复费用并在质保金中扣除。苏中公司认为系豪都公司恶意阻挠其履行修复义务,请求法院保护苏中公司维修的权利,且苏中公司作为有资质的单位,实际履行维修义务经济又方便。

法院认为,实际履行修复义务必然涉及如何确认工程已按要求修复完毕的依据标准,鉴于双方在诉讼前已就涉案工程质量问题的修复多次交涉及目前仍存在400余项质量问题的客观情况,在当事人对修复标准无法达成共识的前提下,双方就各自责任承担出现相互推诿情况的可能性较大,维修判决执行存在较大难度,不利于双方权利的实现。且双方在庭审中亦陈述到实际上门维修过程中发生了诸多的矛盾和争执,双方之间已不存在相互配合的信任基础,故法院认为由苏中公司承担质量问题的修复费用更有利于本案纠纷的彻底解决。

(2)税金、利润是否应从维修费用中予以扣除。

苏中公司认为,法律给予苏中公司实际履行维修的权利和义务,但豪都公司或没有及时报修或阻拦维修施工致尚有多处需要施工,是豪都公司之故扩大了损失。若苏中公司作为有资质的建筑商自行维修,就不存在这些税金和利润费用,且留下的2,031,997元质保金中,苏中公司已经缴纳过税金,因此要求将利润、税金在维修费用中予以扣除,由豪都公司自行承担。

豪都公司认为,修复的义务是苏中公司的,现苏中公司不能也不适合履行修复义务就应当赔付修复费用。豪都公司委托其他有资质的建筑商施工时,产生的维修费用中就是包括税金、利润等在内的全部费用,因此扣除没有依据。

法院认为:税金、利润等是按照定额计算的,是豪都公司今后委托第三方进行维修施工时必然发生的、合理的费用,苏中公司以自行施工不产生这些费用为由要求抵扣,没有法律依据,法院不予支持。

(三)判决结果

判决苏中公司承担豪都的维修费用1,574,983元,此款依法从保修金人民币2,089,860元中予以直接抵扣。

(四)案例评析

质保期内建筑商应当根据发包人要求及时履行维修义务。若由于建筑商质保期内怠于履行维修义务而导致发包人提起诉讼,建筑商存在败诉的风险。

案例2:

上海华戎经济发展有限公司与恒元建设控股集团有限公司建设工程施工合同纠纷二审民事判决书[(2013)沪二中民二(民)终字第2612号]

上诉人(原审被告、反诉原告):上海华戎经济发展有限公司(以下简称华戎公司)

被上诉人(原审原告、反诉被告):恒元建设控股集团有限公司(以下简称恒元公司)

(一)基本案情

工程名称:曹杨新苑(三期)2#标土建、安装工程

承包范围:曹杨新苑(三期)2#标(含5号、6号、7号、8号楼)土建、安装工程、装饰工程

质量标准:合格

2002年12月29日,恒元公司与华戎公司签订《曹杨新苑(三期)2#标工程建设工程施工合同》,约定由恒元公司承包施工曹杨新苑(三期)2#标(含5号、6号、7号、8号楼)土建、安装工程。2003年9月16日,恒元公司与华戎公司签订补充协议,明确工程总量55,722平方米,其中第3条第9款约定:在保修期内,恒元公司安排专业人员留守小区服务,如恒元公司在接到华戎公司书面通知之日起3天不履行保修义务,由华戎公司代为保修时,其保修费用应在保修金内扣除。

恒元公司按约施工后,于2005年12月8日与华戎公司办理了工程竣工技术资料移交手续。2007年9月27日,华戎公司完成审价工作,审价金额为人民币94,307,331元。

另外,恒元公司还承建了曹杨新苑三期9#房装饰工程,2008年1月3日,工程审价为2,827,857元,双方约定按2,800,000元结算。双方确认前述几项工程造价为97,107,331元。

2007年3月10日,申湖公司向恒元公司出具担保证明,表示愿意为华戎公司上述工程价款承担担保责任。

2003年4月11日,申湖公司、林正公司及案外人彭某某签订《股权转让协议》,约定申湖公司向林正公司转让其在华戎公司30%的股权,林正公司向申湖公司注入资金,三方合作开发曹杨新苑项目。按协议约定,林正公司负责该项目2号楼、6号楼、8号楼的建设,相关建设费用由林正公司承担并由其以华戎公司名义与恒元公司结算,预留工程总造价4%作为保修金,土建保修金期满一个月内退还总保修金的70%,安装保修期满一个月退还保修金的20%,其余10%保修金待屋面保修期满一个月内退还。

2007年11月30日,恒元公司、华戎公司、申湖公司及上海五月天物业管理有

限公司为系争工程存在的施工质量问题进行协调后达成一致意见并签署会议纪要,主要内容为:“1.对现物业根据业主已提出的问题由恒元公司统一检查和维修一次,今后再出现问题由物业承担;2.对室外道路、公共部位由物业提出,恒元公司负责检查维修;3.对未进户的业主,由恒元公司对排污、下水统一检查一次,并负责保证畅通,今后不再负责未进户业主的检查维修;4.具体的见物业提出附表附会议纪要背后备案,以上由恒元公司负责一次性检查维修好后交物业,维修好物业接收后,今后再出现一切质量问题,由物业负责维修;5.9#房室内装修质量问题由物业在2007年12月8日前书面提出,过后恒元公司不再认可。2007年12月8日前的由物业提出书面意见给恒元公司,经恒元公司及华戎公司认可,费用由恒元公司负责。”

2010年12月,涉案工程保修期届满后,恒元公司向法院提起诉讼,请求判令华戎公司支付保修金29,321.99元及利息,华戎公司抗辩由于恒元公司不予保修导致的第三方维修费用应在保修金中予以扣除。

恒元公司诉请要求判令华戎公司支付保修金291,321.99元及该款自2011年1月29日至判决生效之日止的利息,并由申湖公司承担连带清偿责任,由林正公司承担补充赔偿责任。

(二)争议焦点

恒元公司委托其他单位代为维修而产生的修复费用是否可在保修金中扣除。

华戎公司认为,恒元公司在保修期内未正常履行保修义务,华戎公司只得代为先行保修,已产生费用8万余元,应由恒元公司承担。

恒元公司认为,华戎公司要求保修的内容是其指定分包单位施工的,由此造成的质量缺陷应由华戎公司自行负责。即使华戎公司所述的质量问题存在,且属于恒元公司施工范围,根据2007年11月30日会议纪要的约定,保修义务由上海五月天物业管理有限公司承担,与恒元公司无关。华戎公司在2010年发现的渗漏及8号楼深坑问题,均发生在会议纪要之后。且恒元公司事实上派驻人员留守小区,施水荣自工程竣工后一直在小区内办公和居住至今,华戎公司随时可以联系,但在2008年1月至2011年1月,双方为系争工程诉讼和执行的过程中,华戎公司从未提出质量和维修事宜。

一审法院认为,根据双方签订的补充协议及各方于2007年11月30日签署的会议纪要,属恒元公司保修范围的维修,华戎公司应以书面方式通知,经恒元公司确认后维修。本案中华戎公司未能提供证据证明其曾以书面或其他方式通知恒元公司进行维修,再分析华戎公司提供的相关证据,可看出维修大部分发生于2007年左右，且多为卫生间及窗部位的渗漏和防水，而安装及装饰装修部分并非恒元公司施工范畴。加之2008年至2011年，双方为系争工程诉讼和执行，其间华戎公司也从未提及工程质量及保修的相应事宜。综合上述事实，说明华戎公司当时也自认上述保修义务并非恒元公司履行范畴，且即使恒元公司应负有保修义务，在华戎公司不履行通知义务的情况下，其自行委托他人维修的费用恒元公司无须承担。现华戎公司在恒元公司就本案提起诉讼后才以质量问题作为辩解，并不能成为其拒付工程价款的抗辩理由。恒元公司要求华戎公司支付上述工程价款及相应的利息，应予支持。屋面漏水的质量问题，根据合同约定及相关法律规定，在五年保修期内即2010年12月8日前应由恒元公司负责，但华戎公司在保修期内并未向恒元公司提出质量问题及保修，保修期届满后恒元公司无须再承担保修义务。

（三）判决结果

判决华戎公司支付恒元公司工程价款291,321.99元及利息。

（四）案例评析

施工合同中应明确约定质保期内维修的事先通知前置程序。对于发包人未事先通知建筑商而自行维修或委托第三方维修所产生的维修费用，建筑商应当以法律规定及合同约定的通知前置程序来进行抗辩。

产品说明书

（一）法律依据

《建筑法》第62条

《建设工程质量管理条例》第40条、第41条

《房屋建筑工程质量保修办法》第9条、第11条、第12条

《建设工程司法解释一》第9条、第17条

（二）实务操作要点

1. 指导建筑商在合同签订时就质量保修条款以及质保金进行约定。
2. 指导建筑商在合同履行过程中确定竣工日期。
3. 指导建筑商在保修期限和保修范围内积极履行保修义务。
4. 提醒建筑商发生紧急抢修事故时及时进行抢修。
5. 指导建筑商处理发包人擅自委托第三人维修的法律关系。
6. 指导建筑商处理分包单位保修范围内的质量问题。
7. 指导建筑商按合同约定及时向发包人要求返还建设工程质量保证金。

三、产品内容

(一)法律依据

《建筑法》

第62条 建筑工程实行质量保修制度。

建筑工程的保修范围应当包括地基基础工程、主体结构工程、屋面防水工程和其他土建工程,以及电气管线、上下水管线的安装工程,供热、供冷系统工程等项目;保修的期限应当按照保证建筑物合理寿命年限内正常使用,维护使用者合法权益的原则确定。具体的保修范围和最低保修期限由国务院规定。

《建设工程质量管理条例》

第40条 在正常使用条件下,建设工程的最低保修期限为:

(一)基础设施工程、房屋建筑的地基基础工程和主体结构工程,为设计文件规定的该工程的合理使用年限;

(二)屋面防水工程、有防水要求的卫生间、房间和外墙面的防渗漏,为5年;

(三)供热与供冷系统,为2个采暖期、供冷期;

(四)电气管线、给排水管道、设备安装和装修工程,为2年。

其他项目的保修期限由发包方与承包方约定。

建设工程的保修期,自竣工验收合格之日起计算。

第41条 建设工程在保修范围和保修期限内发生质量问题的,施工单位应当履行保修义务,并对造成的损失承担赔偿责任。

《房屋建筑工程质量保修办法》

第9条 房屋建筑工程在保修期限内出现质量缺陷,建设单位或者房屋建筑所有人应当向施工单位发出保修通知。施工单位接到保修通知后,应当到现场核查情况,在保修书约定的时间内予以保修。发生涉及结构安全或者严重影响使用功能的紧急抢修事故,施工单位接到保修通知后,应当立即到达现场抢修。

第11条 保修完成后,由建设单位或者房屋建筑所有人组织验收。涉及结构安全的,应当报当地建设行政主管部门备案。

第12条 施工单位不按工程质量保修书约定保修的,建设单位可以另行委托其他单位保修,由原施工单位承担相应责任。

《建设工程司法解释一》

第9条 当事人对建设工程实际竣工日期有争议的,人民法院应当分别按照以下情形予以认定：

（一）建设工程经竣工验收合格的，以竣工验收合格之日为竣工日期；

（二）承包人已经提交竣工验收报告，发包人拖延验收的，以承包人提交验收报告之日为竣工日期；

（三）建设工程未经竣工验收，发包人擅自使用的，以转移占有建设工程之日为竣工日期。

第 17 条 有下列情形之一，承包人请求发包人返还工程质量保证金的，人民法院应予支持：

（一）当事人约定的工程质量保证金返还期限届满；

（二）当事人未约定工程质量保证金返还期限的，自建设工程通过竣工验收之日起满二年；

（三）因发包人原因建设工程未按约定期限进行竣工验收的，自承包人提交工程竣工验收报告九十日后当事人约定的工程质量保证金返还期限届满；当事人未约定工程质量保证金返还期限的，自承包人提交工程竣工验收报告九十日后起满二年。

发包人返还工程质量保证金后，不影响承包人根据合同约定或者法律规定履行工程保修义务。

（二）实务操作要点

1. 指导建筑商在合同签订时就质量保修条款以及质保金进行约定

（1）指导建筑商在签订合同时如何约定质量保修期限。

首先，确定质量保修期关键在于确定其起算时间，建议在施工合同中将竣工验收合格之日作为质保期起算日。根据《建设工程质量管理条例》第 40 条的规定，建设工程的保修期，自竣工验收合格之日起计算。竣工验收合格之日，是指发包人在收到建筑商提交的建设工程竣工报告后，组织设计、施工、工程监理等有关单位进行竣工验收，验收合格并经各方签收竣工验收单的日期。根据《商品房销售管理管理办法》的规定，房地产开发企业对小业主所售的商品房承担质量保修责任，保修期从交付之日起算，而商品住宅的保修期不得低于建筑商向建设单位出具的质量保修书约定保修期的存续期。因此存在发包人为转移其对小业主的质保责任，将建筑商质保期起算时间约定为整体工程竣工验收合格且完成竣工备案并移交给发包人，且发包人移交给小业主之日。对此建筑商应当特别予以注意，建议在施工合同中坚持将竣工验收合格之日作为质保期起算日。

其次，建议质量保修期限按照最低保修期进行约定。根据《建设工程质量管理条例》第40条的规定，不同工程的最低保修期限不同。“在正常使用条件下，建设工程的最低保修期限为：（一）基础设施工程、房屋建筑的地基基础工程和主体结构工程，为设计文件规定的该工程的合理使用年限；（二）屋面防水工程、有防水要求的卫生间、房间和外墙面的防渗漏，为5年；（三）供热与供冷系统，为2个采暖期、供冷期；（四）电气管线、给排水管道、设备安装和装修工程，为2年。其他项目的保修期限由发包方与承包方约定。”其中地基基础和主体结构实行质量终身保修制度，即设计文件规定的合理使用年限，根据《民用建筑设计通则》的规定，以主体结构确定的建筑耐久年限分下列四级：一级耐久年限100年以上适用于重要的建筑和高层建筑；二级耐久年限50年至100年适用于一般性建筑；三级耐久年限25年至50年适用于次要的建筑；四级耐久年限15年以下适用于临时性建筑。实践中存在发包人为转移质量保修维修费用的风险，对建筑商设置更长的保修期限的情况，如国内某些开发商会将频繁发生质量问题的防水防渗漏工程、管线给排水工程约定质保期长达8年，保温工程质保期长达5年。对此，建议建筑商在签订建设工程施工合同中予以注意，尽量缩短质保期。

施工合同约定工程保修期限低于法定最低期限的条款是否有效？根据国务院发布的《〈建设工程质量管理条例〉释义》，对于《建设工程质量管理条例》第40条，“本条所规定的最低保修期限应理解为根据《建筑法》第六十二条中规定的‘保证建筑物合理寿命年限内正常使用，维护使用者的权益’原则确定的最起码的期限。国务院根据《建筑法》的授权在《条例》中对最低保修期作了明确的规定：……建设单位、施工单位、勘察设计单位必须严格执行。如建设单位和施工承包单位另有保修约定合同，其合同中保修期限可以长于所规定的最低保修期限，但不应低于本条所列的最低年限，否则视作无效”。根据《民法典》第153条的规定，“违反法律、行政法规的强制性规定的民事法律行为无效。但是，该强制性规定不导致该民事法律行为无效的除外”。可见，《建设工程质量管理条例》第40条属于行政法规的效力性强制性规定。而承发包双方在合同中关于低于保修期的约定应认定为无效。

司法实践中，《北京高院解答》规定：“建设工程施工合同中约定正常使用条件工程的保修期限低于法律、行政法规规定的最低期限的，该约定无效。”《江苏高院意见》第6条规定：“建设工程施工合同中约定的正常使用条件下工程的保修期限低于法律、行政法规规定的最低期限，当事人要求确认该约定无效的，人民法院应予支持。"《四川高院解答》关于如何认定当事人约定的保修期限的效力指出:"建设工程施工合同中约定的正常使用条件下工程的保修期限低于国家和省相关主管部门规定的最低期限的,该约定认定无效。"上述法院意见为:当事人在建设工程施工合同约定正常使用条件下工程的保修期限低于法律、行政法规规定的最低保修期限的,该约定无效。

因此,建筑商在设置质量保修期时应设置得尽量短,但如果确实约定质保期低于《建设工程质量管理条例》的最低保修期,建议按该最低保修期履行维修义务。

(2)指导建筑商在签订合同时如何约定质量保修程序。

首先,明确约定发包人的通知义务以及举证责任。为避免建筑商因未及时履行保修义务而承担过重的责任,有必要在施工合同中对发包人的通知义务进行约定。双方可约定,发包人应提前一定期限通知保修人履行保修义务,发包人怠于通知,导致建筑物毁损或者造成人身、财产损害的,相关责任由发包人承担。建筑商只对自身原因所致质量问题负责,若保修期内发生的工程质量问题是由其他方原因造成的,则不属于建筑商保修的范围。因此,在施工合同中有必要对发包人就工程质量问题的举证责任进行约定,即发包人通知施工企业履行保修义务时,应同时提交工程存在质量问题、质量问题属于施工企业的保修范围、质量的责任方为施工企业等方面的初步证据;若发包人未提交上述证据,则应视为工程不存在缺陷,建筑商有权拒绝按保修通知履行等。

其次,明确约定发包人可委托第三方维修的前提条件及举证责任。第三方维修质量问题所产生的费用明显高于建筑商自行维修费用,因此要提高发包人委托第三方维修的前提条件,如约定发包人二次通知后建筑商仍不维修的,发包人才可委托第三方进行维修,且委托前应当事先通知建筑商。同时,对于发包人要求建筑商承担的第三方维修费用,可设置发包人的证明义务,维修完毕后发包人应当向建筑商提供相应维修凭证、结算清单及付款凭证等。

最后,注意建筑商维修响应时间及维修期限的合理性。质量保修书中会明确要求建筑商在一定时间内回应或者维修完毕,对此期限建议建筑商结合具体项目、自身维修能力等因素予以综合考虑,以与发包人协商确定合理期限,当然期限越长对建筑商越有利。

(3)指导建筑商在签订合同时如何约定质保金的提供方式及返还时间。

针对质保金的提供方式,根据 2017 年版《建设工程施工合同(示范文本)》第 15.3.1 项,建筑商提供质量保证金有以下三种方式:①质量保证金保函;②相应比例的工程款;③双方约定的其他方式。除专用合同条款另有约定外,质量保证金原则上采用上述第1种方式。《建设工程质量保证金管理办法》第5条规定,推行银行保函制度,建筑商可以银行保函替代预留保证金。住房和城乡建设部等部门《关于加快推进房屋建筑和市政基础设施工程实行工程担保制度的指导意见》规定,工程担保是转移、分担、防范和化解工程风险的重要措施,是市场信用体系的主要支撑,是保障工程质量安全的有效手段。强化工程质量保证银行保函应用,以银行保函替代工程质量保证金。可见,建设行政主管部门推荐银行保函作为质量保证金的预留方式,建议建筑商可与建设单位协商以银行保函取代质保金,也能够减少建筑商的资金占用。

针对质保金的扣留比例,根据2017年版《建设工程施工合同(示范文本)》第15.3.2项,发包人累计扣留的质量保证金不得超过工程价款结算总额的3%。《建设工程质量保证金管理办法》第7条规定,发包人应按照合同约定方式预留保证金,保证金总预留比例不得高于工程价款结算总额的3%。合同约定由承包人以银行保函替代保证金的,保函金额不得高于工程价款结算总额的3%。但上述规定仅为部门规章,且并未设置相应的行政处罚责任,故实践中保证金的留存比例仍取决于双方当事人的约定。因此建议建筑商按实际资金需求在质保金比例上进行争取。

针对质保金的返还时间,由于建筑商的施工范围可能包含不同项目工程,应当尽量避免如"质保期满返还质保金"的表述。如基础设施工程、房屋建筑的地基基础工程和主体结构工程,为设计文件规定的该工程的合理使用年限,而该住宅的设计年限一般为50年,如果约定保修期满返还,就要在50年后返还保修金,对建筑商不利,故保修金的返还时间应在专用条款中明确约定为竣工验收合格后2年内。

2. 指导建筑商在合同履行过程中确定竣工日期

竣工日期的确定关系到质量保修期的计算。建筑商应在工程完工后及时提交竣工验收申请报告及全套竣工资料,同时保证施工质量,争取一次性验收合格。针对发包人拖延验收的情形,建筑商应及时发函催告发包人验收并做好向发包人提交竣工验收申请及全套竣工资料的记录。如果采取现场递交的,应由合同约定的发包人代表签收;如发包人代表拒绝签收的,可采用挂号信方式邮寄或公证邮寄方式寄给发包人法定代表人或合同约定的发包人代表。针对发包人擅自使用工程的情形,建筑商应当采取证据保全措施固定发包人占有使用未经验收的建设工程的证据。如利用拍照、摄像等固定影像资料、形成会议记录、往来函件等书面资料,必要时也可委托公证机构进行公证。如果发包人强制要求建筑商移交工程,建筑商应当保留工程移交使用的相关证据,包括建设工程移交确认书、承包人向发包人交钥匙的收条(必须是有权签收的人签收)等相关书面材料、影像资料。

若建设工程未经过竣工验收合格,质保期如何起算?根据《建设工程司法解释一》第 9 条的规定,如因发包人拖延验收而导致未经竣工验收合格,以建筑商提交竣工验收报告之日开始起算质保期;如发包人擅自使用建设工程,以转移占有使用建设工程之日开始起算质保期。针对此种情况,律师应提醒建筑商在移交建设工程时,要与发包人办理工程项目的移交手续。若无法办理移交手续,建筑商也要以其他方式来固定发包人擅自使用的证据,如拍照证明发包人使用的事实、发包人开业的证据等,以利于在后期可能的诉讼中能够证明发包人擅自使用的事实。

3. 指导建筑商在保修期限和保修范围内积极履行保修义务

质量问题尚处质保期内,一旦发包人通知维修,根据《建设工程质量管理条例》第 41 条及《房屋建筑工程质量保修办法》第 9 条的规定,建筑商接到保修通知后,应当到现场核查情况,如确属于其施工所造成的,在保修书约定的时间内予以修复。这就需要建筑商委派专业施工人员对质量问题所涉部位进行现场勘查,以判断质量问题的发生原因;律师必要时予以陪同,协助对质量问题、施工人员的勘察等情况进行证据固定。若建筑商有证据证明该质量问题并非由其施工原因导致,可以不履行保修义务,并及时向发包人提出异议。由于建筑商施工原因产生的质量缺陷问题自然由建筑商承担维修责任,并由其自行承担由此产生的维修费用。

同时需要注意的是建筑商应当在保修书约定的维修时间响应并维修完毕,否则发包人有权委托第三方进行维修。如 2017 年版《建设工程施工合同(示范文本)》附件 3 工程质量保修书约定:“属于保修范围、内容的项目,承包人应当在接到保修通知之日起 7 天内派人保修。承包人不在约定期限内派人保修的,发包人可以委托他人修理。”

建筑商维修完毕后,应当及时通知发包人、物业单位以及小业主共同进行确认,签署书面确认单进行留存,避免后续纠纷时无法证明其已经履行维修义务。

4. 提醒建筑商发生紧急抢修事故时及时进行抢修

在保修范围和保修期限内发生涉及结构安全或者严重影响使用功能的紧急抢修事故的,根据《房屋建筑工程质量保修办法》第 9 条的规定,建筑商接到保修通知后,应当立即到达现场抢修。此外,发包人或者房屋所有人还需按照第 10 条的规定履行报告义务,即发生涉及结构安全的质量缺陷,发包人或者房屋所有人应当立即向当地建设行政主管部门报告,由原设计单位或者具有相应资质等级的设计单位提出抢修方案,建筑商实施抢修,原工程质量监督机构负责监督。

5.指导建筑商处理发包人擅自委托第三人维修的法律关系

律师应先协助判断发包人是否履行通知义务。发包人通知建筑商保修应当是保修方案的必要程序。基于种种原因,发包人有时在未通知建筑商维修情况下,直接委托第三方对质量问题进行维修,后要求建筑商承担该部分维修费用。该修复费用是否应当由建筑商承担?

发包人的通知义务是法定义务,一般也是合同义务,因此如发包人未履行通知义务,则应当承担相应责任,但是对于责任承担的大小即建筑商和发包人如何分担修复费用,司法实践观点并不完全一致。如《北京高院解答》关于发包人以工程质量不符合合同约定为由,要求承包人承担修复费用的,如何处理,指出,“因承包人原因致使工程质量不符合合同约定,承包人拒绝修复、在合理期限内不能修复或者发包人有正当理由拒绝承包人修复,发包人另行委托他人修复后要求承包人承担合理修复费用的,应予支持。发包人未通知承包人或无正当理由拒绝由承包人修复,并另行委托他人修复的,承包人承担的修复费用以由其自行修复所需的合理费用为限”。《四川高院解答》关于如何处理发包人提出的工程质量问题指出,“因承包人原因致使工程质量不符合合同约定,发包人要求承包人承担保修责任或者赔偿修复费用等实际损失的,按保修的相关规定处理。承包人拒绝修复、在合理期限内不能修复或者发包人有正当理由拒绝承包人修复,发包人另行委托他人修复后要求承包人承担合理修复费用的,应予支持。发包人未通知承包人或无正当理由拒绝由承包人修复而另请他人修复的,所发生的修复费用由发包人自行承担”。

建设工程施工合同为承揽合同,承揽合同的本质特点要求合同建立在对承揽人的工作能力信任的基础上,承揽人应当以自己的设备、技术和劳动力完成承揽的主要工作。故原则上,建筑商应当自行完成保修义务。在发包人未履行保修通知的情况下,自行委托第三方修复,该行为违反了承揽合同的信任基础,且有关质量缺陷是否存在、相关责任归属、第三方维修费用以及相关质量问题的维修方案等事实均无法明确,故该修复费用原则上应由发包人自行承担。

而发包人在建筑商拒绝支付的情况下,会提起诉讼要求建筑商予以承担第三方费用。此时应当由发包人承担举证责任,证明该质量问题的确属于建筑商原因造成。由于该质量问题已被修复,通过工程表面已无法判断,需进行质量鉴定。如确实属于建筑商原因的,则应当由建筑商承担维修责任,但建筑商仅应当以其自行修复所需的合理费用为限，而无须对发包人所对外支出的所有费用负责；若均无法确定质量缺陷的责任主体，则需明确该无法查清是由谁造成的，如果建筑商对此亦存在过错，则一般也需要承担一定责任。

故协助建筑商对发包人主张扣除的第三方维修费用进行甄别。如该维修费用是因建筑商怠于履行维修义务而产生的且发包人已履行通知义务，则由此产生的合理维修费用可从中予以扣除，但应当注意发包人所主张的费用是否存在畸高情形；若系发包人在未履行通知义务或未给予建筑商合理维修时间情况下自行委托第三方，则协助建筑商根据发包人提供的证明材料以及现场情况确定质量问题的责任主体；若确属于建筑商责任，确定由此产生的维修费用时应当考虑发包人未适当履行通知义务应当承担的责任，并基于此与发包人进行友好协商；若不属于建筑商责任，则可拒绝承担相应费用。

6. 指导建筑商处理分包单位保修范围内的质量问题

《民法典》第 791 条规定："总承包人或者勘察、设计、施工承包人经发包人同意，可以将自己承包的部分工作交由第三人完成。第三人就其完成的工作成果与总承包人或者勘察、设计、施工承包人向发包人承担连带责任。"第三人即专业分包单位应当就该部分专业工程项目对总承包人承担质量保修责任，同时该专业工程项目仍属于总承包人的施工范围，第三人应当就此对发包人承担质量保修责任。

建筑商作施工总承包单位的，在发生工程质量问题时则须判断该质量问题属于自身施工造成的还是专业分包单位施工造成的。若工程质量属于专业分包单位施工造成的，则应当及时通知专业分包单位进行维修，并在专业分包施工合同中对通知程序进行明确约定。

7. 指导建筑商按合同约定及时向发包人要求返还质量保证金

《建设工程司法解释一》第 17 条对质量保证金的返还期限进行了明确规定，故如双方当事人已约定质量保证金的返还期限，则发包人应当在该约定期限内予以返还；在双方未约定返还期限或返还期限约定不明时，应当在建设工程通过竣工验收之日起满 2 年返还。该期限即为质量缺陷期，主要考虑到质量保证金是保证建筑商在质量缺陷期内对质量缺陷进行维修的资金，因此如约定不明则应当以质量缺陷期满作为返还节点。在实务中，保修金返还期限届满的，应提醒建筑商以书面方式及时向发包人主张。

20. 建筑商如何在《保障农民工工资支付条例》下进行劳动用工合规化管理*

一、产品重要性、作用及适用范围

（一）产品重要性和作用

《保障农民工工资支付条例》于 2019 年 12 月 4 日通过，自 2020 年 5 月 1 日起施行。该条例的施行，从法律位阶上看，属于行政法规，其目的是解决建设工程领域乱象，保障农民工劳有所得。该条例聚焦农民工欠薪突出的建设工程领域，以解决欠薪问题为直接目标，为农民工设计的制度亮点包括用工实名制、专款专用账户制度、工资代付制、总包单位无条件付款责任、劳动合同与社会保险等。该条例施行 1 年，各地农民工维权中心及法院农民工讨薪现象频发，讨薪合理性有待商榷。这对总包单位、劳务分包单位来说，无疑是巨大挑战。

劳动用工合规化管理的首要目标是在保障农民工工资支付的同时，避免施工单位尤其是总包单位因未签订劳动合同被行政处罚、分包单位未支付农民工工资时的无条件支付责任等遭受损失；其次是为工期索赔中的人工费计算奠定一定基础。

（二）产品适用范围

1. 适用内容：建设工程领域的劳动用工。

2. 适用主体：主要是总包单位。

二、产品典型案例

原告：李某

被告一：门某（以下简称班组长）

* 本章内容由盈科沈阳分所的陈思远律师个人负责。

被告二：中国某某公司（以下简称总包单位）

（一）基本案情

总包单位承建某路段，并将该路段11标段分包给班组长。2019年年底，11标段班组人员因拖欠工资问题前往维权中心维权，维权中心与总包单位、11标段班组人员及班组长共同召开协调会，并就班组人员劳务情况进行汇总，签订结算协议。总包单位将工程款直接支付至各班组人员账户。

2020年，李某前往公安局报案，控告班组长、总包单位拖欠工资。公安局组织班组长及总包单位询问。此后，李某将班组长、总包单位等诉至法院。

另，工程于2019年年中已经完工，总包单位已经将工程款支付至李某。

（二）非诉阶段服务

笔者团队在接受委托后，通过事中介入提供非诉法律服务解决了该工程存在的其他问题，并配合总包单位对各班组工程款进行统计，形成结算报告，并保留相关证据。

（三）诉讼服务

笔者团队在诉讼过程中明确向法院提出：

1. 总包单位与班组长已经结算，且已经将结算款全部支付。

2. 李某与班组长所谓的结算，并未经过总包单位盖章确认，且工程已经完工，并无可能产生新的用工情况。

（四）判决结果

法院经审理认为，李某与班组长形成合同关系，总包单位无须承担责任。

产品说明书

（一）法律依据

《保障农民工工资支付条例》第11～15条、第24～28条、第30～34条

各省、直辖市、自治区关于农民工工资相关问题的意见或办法

（二）实务操作要点

1. 施工合同条款设计。

2. 分包合同条款设计。

3. 农民工劳动合同的签订。

4. 专款账户的设立。

5. 农民工工资结构设计。

6. 工资保证金制度。

7. 施工现场的管理与维护。

8. 劳资专管员的权责设计。

三、产品内容

(一)施工合同条款设计

1. 法律规定

《保障农民工工资支付条例》

第 11 条 农民工工资应当以货币形式,通过银行转账或者现金支付给农民工本人,不得以实物或者有价证券等其他形式替代。

第 12 条 用人单位应当按照与农民工书面约定或者依法制定的规章制度规定的工资支付周期和具体支付日期足额支付工资。

第 13 条 实行月、周、日、小时工资制的,按照月、周、日、小时为周期支付工资;实行计件工资制的,工资支付周期由双方依法约定。

第 14 条 用人单位与农民工书面约定或者依法制定的规章制度规定的具体支付日期,可以在农民工提供劳动的当期或者次期。具体支付日期遇法定节假日或者休息日的,应当在法定节假日或者休息日前支付。

用人单位因不可抗力未能在支付日期支付工资的,应当在不可抗力消除后及时支付。

第 24 条 建设单位应当向施工单位提供工程款支付担保。

建设单位与施工总承包单位依法订立书面工程施工合同,应当约定工程款计量周期、工程款进度结算办法以及人工费用拨付周期,并按照保障农民工工资按时足额支付的要求约定人工费用。人工费用拨付周期不得超过 1 个月。

建设单位与施工总承包单位应当将工程施工合同保存备查。

《江苏省工程建设领域农民工工资支付管理办法》

第 10 条 建设单位应按建设工程施工合同约定向工资专户存入不低于进度款 20% 的资金;应发工资高于进度款 20% 的,则按照实际工资数额存入工资专户。

浙江省《关于做好全省公路水运建设工程人工工资专用账户管理工作的通知》

建设单位和施工总承包企业应当在工程合同中对人工费用予以约定,并根据工程内容确定人工费用合理比例(参考比例数值见附件)。工资性工程款 = 合同造价×合理比例。工资性工程进度款=工资性工程款÷合同工期(月),工程实际进度明显低于或高于时间进度时,可按实际完成工程量控制工资性工程进度款的拨付。附件:公路水运工程人工费用参考比例:路基18%,桥梁15%,隧道18%,路面5%,房建15%,港口码头12%;航道6%;交安机电6%。

《四川省解决企业拖欠工资问题联席会议关于在工程建设领域全面落实农民工工资专用账户制度的通知》

工程项目开工建设后,建设单位须于每月10日前按应付工程款不少于15%的比例将人工费单独拨付到施工总承包企业开设的农民工工资专用账户。各地、各建设行业主管部门可根据实际,确定人工费在应付工程款中的具体占比或数额,但额度必须保证工资能够按月足额支付给农民工。

黑龙江省住房和城乡建设厅《关于进一步加强施工现场信息化管理落实治欠保支制度的通知》

农民工工资和工程款项实行分账管理,建设单位应按约定及时足额向农民工工资专用账户拨付工程款中的人工费用,人工费用拨付周期不得超过1个月,每月7日前建设单位应将不低于上月工程产值25%的工程款拨付至农民工工资专用账户,未按约定及时足额拨付的,由住建部门责令限期改正;逾期不改正的,责令项目停工,依法依规予以处罚,并列入建筑市场不良信用信息。

宁夏回族自治区人民政府办公厅《关于全面治理拖欠农民工工资问题的意见》

所有建设项目,建设单位每月按不低于工程进度款22%的比例将资金拨付到工资专用账户,专项用于支付农民工工资,与工程款分账管理,并向属地行业监管部门和人力资源社会保障部门备案。

《厦门市房屋建筑和市政基础设施工程农民工工资专用账户管理办法》

本办法所指的月平均人工费是指工程价款中人工费总额除以合同工期(月)的金额。人工费总额应按照工程承包合同约定的比例或总承包企业提供人工费用数额确定,且不得低于施工合同总价的20%,其中独立发包的市政工程(含城市轨道交通工程)人工费总额不得低于施工合同总价的17%。上述人工费总额占施工合同总价的比例的最低限额如有变化,由市建设工程造价管理站另行公布。工程开工建设后,建设单位每月10日前应将月平均人工费拨付到总承包企业工资专户。

《大连市建设领域农民工工资支付分账管理实施细则》

建设单位应当按时足额将工程款中的人工费用或农民工工资暂付款单独拨付到施工总承包企业开立的工资专户……每月农民工工资暂付款基数一般应按照当

月完成合同价款的30%（交通和港口口岸建设项目按照当月完成合同价款总额的8%）确定，用于支付农民工工资。

2. 实务操作要点

（1）施工合同中明确工资性工程款比例及支付周期。

因农民工工资需支付至专用账户，且支付周期不得超过1个月，建设单位与施工单位或施工单位与劳务分包单位之间应当在合同中对人工费占工程款比例及支付时间进行约定。人工费按月支付毋庸置疑，那么人工费占比应如何确定呢？我们从各省市现有实践进行分析。江苏省规定专户资金不得低于进度款20%，应发工资高于进度款20%的，则按照实际工资数额存入。浙江省则规定了公路水运工程中工资性工程款的计算方式及比例。四川提出每月10日前应付工程款不少于15%，黑龙江规定每月7日前应付工程款不低于上月工程产值25%，宁夏约定了22%。《广州市建设领域工人工资支付分账管理实施细则》规定依法必须进行招标的工程项目，工程进度款中的工人工资款比例参照施工招标的《中标通知书》中单列的人工费金额除以中标金额计算；其他工程项目的工程进度款中的工人工资款参照比例为15%～20%；并明确因工程变更引起工程量增加，建设单位与施工单位未对新增工程量中的工人工资比例进行约定的，按原合同约定的工人工资比例执行。厦门规定不低于20%，其中独立发包的市政工程不低于17%。大连认为当月完成合同价的30%，交通和港口口岸建设项目按照当月完成合同价款的8%。结合造价机构对人工费的测算及以上省市规定可见，人工费标准在30%左右比较合理。

（2）施工合同中约定工程款支付方式包括以物抵债的处理。

《保障农民工工资支付条例》规定，支付给农民工的工资必须是货币形式。因此如果建设单位与施工单位之间合同约定的工程款支付方式包括以物抵债，那么除在工程造价后就房屋、车辆等达成明确的协议外，以物抵债部分对应的不宜是农民工工资，农民工工资仍应按月以货币形式支付。

（3）施工合同中需约定建设单位向施工单位提供工程款支付担保。

笔者倾向于建议施工单位要求建设单位采用独立保函的形式提供担保，且这种担保需为全额担保。结合其“见索即付”的特点，当建设单位拖欠施工单位工程款时，施工单位可以向银行要求付款。

（二）分包合同条款设计

1. 法律规定

《保障农民工工资支付条例》

第 25 条 施工总承包单位与分包单位依法订立书面分包合同，应当约定工程款计量周期、工程款进度结算办法。

第 30 条 分包单位对所招用农民工的实名制管理和工资支付负直接责任。

施工总承包单位对分包单位劳动用工和工资发放等情况进行监督。

分包单位拖欠农民工工资的，由施工总承包单位先行清偿，再依法进行追偿。

工程建设项目转包，拖欠农民工工资的，由施工总承包单位先行清偿，再依法进行追偿。

第 31 条 工程建设领域推行分包单位农民工工资委托施工总承包单位代发制度。

分包单位应当按月考核农民工工作量并编制工资支付表，经农民工本人签字确认后，与当月工程进度等情况一并交施工总承包单位。

施工总承包单位根据分包单位编制的工资支付表，通过农民工工资专用账户直接将工资支付到农民工本人的银行账户，并向分包单位提供代发工资凭证。

用于支付农民工工资的银行账户所绑定的农民工本人社会保障卡或者银行卡，用人单位或者其他人员不得以任何理由扣押或者变相扣押。

2. 实务操作要点

（1）分包合同的付款需要与施工合同相对应。

《保障农民工工资支付条例》第 25 条规定，分包单位应当约定工程款计量周期、工程款进度结算办法。此时，分包合同尤其是劳务分包合同中，工程款的计量周期与结算办法应与施工合同相一致。

（2）分包合同中的“背靠背”条款。

总包单位在与分包单位签订合同时，会就非行政、刑事责任的工程款支付、质量质保、安全责任设计一定的“背靠背”条款。本条例施行后，对于工资性工程款的“背靠背”条款是否有效，笔者认为，在没有其他细则出台的情况下，不宜就工资性工程款约定设置“背靠背”条款。

（3）分包合同中的违约条款设计。

总包单位应在与分包单位的合同中至少应包含以下违约条款：

①分包单位未按期支付农民工工资时的违约责任；

②分包单位扣押或变相扣押农民工工资卡的违约责任；

③分包单位按月提交的农民工工资表不真实时的违约责任。

(4)对于甲方指定分包项目的特殊约定。

由于甲方指定分包项目仍使用工资代付，因此，总包单位可以考虑在分包合同中约定收取一定的管理费用。

(三)农民工劳动合同的签订

1. 法律规定

《保障农民工工资支付条例》

第28条 施工总承包单位或者分包单位应当依法与所招用的农民工订立劳动合同并进行用工实名登记，具备条件的行业应当通过相应的管理服务信息平台进行用工实名登记、管理。未与施工总承包单位或者分包单位订立劳动合同并进行用工实名登记的人员，不得进入项目现场施工。

施工总承包单位应当在工程项目部配备劳资专管员，对分包单位劳动用工实施监督管理，掌握施工现场用工、考勤、工资支付等情况，审核分包单位编制的农民工工资支付表，分包单位应当予以配合。

施工总承包单位、分包单位应当建立用工管理台账，并保存至工程完工且工资全部结清后至少3年。

《辽宁省人民政府办公厅关于全面治理拖欠农民工工资问题的实施意见》

二、依法规范使用农民工的劳动用工管理

(一)加强劳动合同管理。各类企业应与农民工依法签订、履行劳动合同，建立职工名册并办理劳动用工备案。在工程建设领域，施工企业(包括施工总承包企业、专业承包企业和分包企业，下同)要严格落实与农民工先签订劳动合同后进场施工制度，大力推行简易劳动合同文本。加强对施工企业、非公有制企业特别是小微企业经营者的劳动合同法律和政策培训。(省人力资源社会保障厅牵头，省住房城乡建设厅、省交通厅、省水利厅、省国资委、省总工会配合)

(二)实行工程建设领域实名制用工管理。施工企业招用农民工必须实行实名制管理。施工总承包企业(包括直接承包建设单位发包工程的专业承包企业，下同)对所承包工程项目施工现场农民工的实名制管理负总责，在工程项目部配备劳资专管员，编制施工现场所有劳务人员(包括直接招用和分包企业招用人员)用工手册，记录进场施工农民工身份、劳动考勤和工资支付等信息。施工总承包企业要加强对分包企业劳动用工和工资发放的监督管理，实时掌握施工现场劳动用工和工资发放情况。对建设单位单独发包的专项工程项目，由专业承包企业负责施工现场实名制管理。专业承包和劳务分包企业要积极配合项目发包企业，做好施工现场农民工实名制管理。住房城乡建设、交通、水利等行业主管部门要抓紧制定完善本行业工程建设项目用工实名制管理办法，逐步实现信息化实名制管理。（省住房城乡建设厅、省交通厅、省水利厅负责）

2. 实务操作要点

（1）总包单位可通过劳务分包形式避免与农民工形成劳动关系，从而避免未签订劳动合同、违法解除劳动合同等其他农民工基于劳动关系起诉的情况。

（2）总包单位的农民工队伍设计。对于总包单位的农民工队伍应统一签订劳动合同，并对社会保险等内容进行设计。

（3）培养属于总包单位的劳务队伍。

（四）专款账户的设立

1. 法律规定

《保障农民工工资支付条例》

第 26 条　施工总承包单位应当按照有关规定开设农民工工资专用账户，专项用于支付该工程建设项目农民工工资。

开设、使用农民工工资专用账户有关资料应当由施工总承包单位妥善保存备查。

第 27 条　金融机构应当优化农民工工资专用账户开设服务流程，做好农民工工资专用账户的日常管理工作；发现资金未按约定拨付等情况的，及时通知施工总承包单位，由施工总承包单位报告人力资源社会保障行政部门和相关行业工程建设主管部门，并纳入欠薪预警系统。

工程完工且未拖欠农民工工资的，施工总承包单位公示 30 日后，可以申请注销农民工工资专用账户，账户内余额归施工总承包单位所有。

第 33 条　除法律另有规定外，农民工工资专用账户资金和工资保证金不得因支付为本项目提供劳动的农民工工资之外的原因被查封、冻结或者划拨。

2. 实务操作要点

总承包单位系农民工工资专用账户的开户主体。该账户不因本项目提供劳动的农民工工资之外的原因被查封、冻结或者划拨。

(五)农民工工资结构设计

1. 法律规定

《保障农民工工资支付条例》

第11条 农民工工资应当以货币形式,通过银行转账或者现金支付给农民工本人,不得以实物或者有价证券等其他形式替代。

第12条 用人单位应当按照与农民工书面约定或者依法制定的规章制度规定的工资支付周期和具体支付日期足额支付工资。

第13条 实行月、周、日、小时工资制的,按照月、周、日、小时为周期支付工资;实行计件工资制的,工资支付周期由双方依法约定。

第14条 用人单位与农民工书面约定或者依法制定的规章制度规定的具体支付日期,可以在农民工提供劳动的当期或者次期。具体支付日期遇法定节假日或者休息日的,应当在法定节假日或者休息日前支付。

用人单位因不可抗力未能在支付日期支付工资的,应当在不可抗力消除后及时支付。

第15条 用人单位应当按照工资支付周期编制书面工资支付台账,并至少保存3年。

书面工资支付台账应当包括用人单位名称,支付周期,支付日期,支付对象姓名、身份证号码、联系方式,工作时间,应发工资项目及数额,代扣、代缴、扣除项目和数额,实发工资数额,银行代发工资凭证或者农民工签字等内容。

用人单位向农民工支付工资时,应当提供农民工本人的工资清单。

2. 实务操作要点

基于建工领域特殊性,务农和冬歇等情况,农民工工资标准不能机械采用基本工资+绩效工资的方式,而需要为务农、冬歇或其他情况进行设计。

(六)工资保证金制度

1. 法律规定

《保障农民工工资支付条例》

第32条 施工总承包单位应当按照有关规定存储工资保证金,专项用于支付为所承包工程提供劳动的农民工被拖欠的工资。

工资保证金实行差异化存储办法,对一定时期内未发生工资拖欠的单位实行减免措施，对发生工资拖欠的单位适当提高存储比例。工资保证金可以用金融机构保函替代。

工资保证金的存储比例、存储形式、减免措施等具体办法，由国务院人力资源社会保障行政部门会同有关部门制定。

2. 实务操作要点

（1）总包单位需按时向有关机构存储工资保证金或采用独立保函方式代替。

（2）考虑由总包投保农民工工资支付保证保险。

农民工工资支付保证保险是工程保证保险的重要组成部分，是以用工单位为投保人，当建设单位或者施工单位因流动性资金不足、破产清算等原因无法及时支付农民工工资时，由保险机构在保险金额范围内进行赔付。该手段依托保险机构的保障能力，为投保人提供及时代偿服务，通过先行赔付机制，有效保障农民工的合法权益，同时将建设单位或施工单位由此产生的损失和负担降至最低。

（七）施工现场的管理与维护

1. 法律规定

《保障农民工工资支付条例》

第 28 条 施工总承包单位或者分包单位应当依法与所招用的农民工订立劳动合同并进行用工实名登记，具备条件的行业应当通过相应的管理服务信息平台进行用工实名登记、管理。未与施工总承包单位或者分包单位订立劳动合同并进行用工实名登记的人员，不得进入项目现场施工。

施工总承包单位、分包单位应当建立用工管理台账，并保存至工程完工且工资全部结清后至少 3 年。

第 34 条 施工总承包单位应当在施工现场醒目位置设立维权信息告示牌，明示下列事项：

（一）建设单位、施工总承包单位及所在项目部、分包单位、相关行业工程建设主管部门、劳资专管员等基本信息；

（二）当地最低工资标准、工资支付日期等基本信息；

（三）相关行业工程建设主管部门和劳动保障监察投诉举报电话、劳动争议调解仲裁申请渠道、法律援助申请渠道、公共法律服务热线等信息。

2. 实务操作要点

（1）工资实名制与工期索赔的衔接。《保障农民工工资支付条例》下，实名制能够清晰确定工程现场的农民工情况，尤其是在停工情况下，这将使总包工期索赔时更为容易。

（2）施工现场设置维权信息板。

（八）劳资专管员的权责设计

1. 法律规定

《保障农民工工资支付条例》

第28条 施工总承包单位应当在工程项目部配备劳资专管员，对分包单位劳动用工实施监督管理，掌握施工现场用工、考勤、工资支付等情况，审核分包单位编制的农民工工资支付表，分包单位应当予以配合。

2. 实务操作要点

劳资专管员应是集施工经验、造价经验、人力资源于一身的人，其职权范围至少应当包括：

（1）对分包单位用工的监督管理。

①对分包单位实名制用工、考勤情况的监督管理。

②审核分包单位工资支付表的编制与督促工资发放的情况。

③留存对分包单位进行监督管理的过程资料。

（2）对施工总承包单位农民工的管理。

①对施工总承包单位用工实名制、用工管理台账的管理。

②编制工资支付台账和工资清单，并向农民工提供工资清单。

③农民工工资专用账户的开设、管理与注销。

④对分包单位农民工工资委托施工总承包单位代发的管理。

⑤为施工总承包单位办理存储工资保证金或金融机构保函担保。

⑥施工总承包单位维权信息告示牌的设立和管理。

⑦过程文件的归档与保存。

⑧防范因工作不到位而引发的法律风险。

四、风险提示

1. 分包单位未足额支付农民工工资时，总包单位需代为支付。

2. 劳资专管员滥用职权、徇私舞弊给总包单位造成损失。

3. 农民工工资支付不及时，未按《保障农民工工资支付条例》履行职责，可能导致建筑商面临被限制承接新工程、降低资质等级、吊销资质证书等行政处罚。

附录一

《民法典》第三编第十八章

第十八章　建设工程合同

第七百八十八条　建设工程合同是承包人进行工程建设，发包人支付价款的合同。

建设工程合同包括工程勘察、设计、施工合同。

第七百八十九条　建设工程合同应当采用书面形式。

第七百九十条　建设工程的招标投标活动，应当依照有关法律的规定公开、公平、公正进行。

第七百九十一条　发包人可以与总承包人订立建设工程合同，也可以分别与勘察人、设计人、施工人订立勘察、设计、施工承包合同。发包人不得将应当由一个承包人完成的建设工程支解成若干部分发包给数个承包人。

总承包人或者勘察、设计、施工承包人经发包人同意，可以将自己承包的部分工作交由第三人完成。第三人就其完成的工作成果与总承包人或者勘察、设计、施工承包人向发包人承担连带责任。承包人不得将其承包的全部建设工程转包给第三人或者将其承包的全部建设工程支解以后以分包的名义分别转包给第三人。

禁止承包人将工程分包给不具备相应资质条件的单位。禁止分包单位将其承包的工程再分包。建设工程主体结构的施工必须由承包人自行完成。

第七百九十二条　国家重大建设工程合同，应当按照国家规定的程序和国家批准的投资计划、可行性研究报告等文件订立。

第七百九十三条　建设工程施工合同无效，但是建设工程经验收合格的，可以参照合同关于工程价款的约定折价补偿承包人。

建设工程施工合同无效，且建设工程经验收不合格的，按照以下情形处理：

（一）修复后的建设工程经验收合格的，发包人可以请求承包人承担修复费用；

（二）修复后的建设工程经验收不合格的，承包人无权请求参照合同关于工程价款的约定折价补偿。

发包人对因建设工程不合格造成的损失有过错的,应当承担相应的责任。

第七百九十四条 勘察、设计合同的内容一般包括提交有关基础资料和概预算等文件的期限、质量要求、费用以及其他协作条件等条款。

第七百九十五条 施工合同的内容一般包括工程范围、建设工期、中间交工工程的开工和竣工时间、工程质量、工程造价、技术资料交付时间、材料和设备供应责任、拨款和结算、竣工验收、质量保修范围和质量保证期、相互协作等条款。

第七百九十六条 建设工程实行监理的,发包人应当与监理人采用书面形式订立委托监理合同。发包人与监理人的权利和义务以及法律责任,应当依照本编委托合同以及其他有关法律、行政法规的规定。

第七百九十七条 发包人在不妨碍承包人正常作业的情况下,可以随时对作业进度、质量进行检查。

第七百九十八条 隐蔽工程在隐蔽以前,承包人应当通知发包人检查。发包人没有及时检查的,承包人可以顺延工程日期,并有权请求赔偿停工、窝工等损失。

第七百九十九条 建设工程竣工后,发包人应当根据施工图纸及说明书、国家颁发的施工验收规范和质量检验标准及时进行验收。验收合格的,发包人应当按照约定支付价款,并接收该建设工程。

建设工程竣工经验收合格后,方可交付使用;未经验收或者验收不合格的,不得交付使用。

第八百条 勘察、设计的质量不符合要求或者未按照期限提交勘察、设计文件拖延工期,造成发包人损失的,勘察人、设计人应当继续完善勘察、设计,减收或者免收勘察、设计费并赔偿损失。

第八百零一条 因施工人的原因致使建设工程质量不符合约定的,发包人有权请求施工人在合理期限内无偿修理或者返工、改建。经过修理或者返工、改建后,造成逾期交付的,施工人应当承担违约责任。

第八百零二条 因承包人的原因致使建设工程在合理使用期限内造成人身损害和财产损失的,承包人应当承担赔偿责任。

第八百零三条 发包人未按照约定的时间和要求提供原材料、设备、场地、资金、技术资料的,承包人可以顺延工程日期,并有权请求赔偿停工、窝工等损失。

第八百零四条 因发包人的原因致使工程中途停建、缓建的,发包人应当采取措施弥补或者减少损失,赔偿承包人因此造成的停工、窝工、倒运、机械设备调迁、材料和构件积压等损失和实际费用。

第八百零五条 因发包人变更计划，提供的资料不准确，或者未按照期限提供必需的勘察、设计工作条件而造成勘察、设计的返工、停工或者修改设计，发包人应当按照勘察人、设计人实际消耗的工作量增付费用。

第八百零六条 承包人将建设工程转包、违法分包的，发包人可以解除合同。

发包人提供的主要建筑材料、建筑构配件和设备不符合强制性标准或者不履行协助义务，致使承包人无法施工，经催告后在合理期限内仍未履行相应义务的，承包人可以解除合同。

合同解除后，已经完成的建设工程质量合格的，发包人应当按照约定支付相应的工程价款；已经完成的建设工程质量不合格的，参照本法第七百九十三条的规定处理。

第八百零七条 发包人未按照约定支付价款的，承包人可以催告发包人在合理期限内支付价款。发包人逾期不支付的，除根据建设工程的性质不宜折价、拍卖外，承包人可以与发包人协议将该工程折价，也可以请求人民法院将该工程依法拍卖。建设工程的价款就该工程折价或者拍卖的价款优先受偿。

第八百零八条 本章没有规定的，适用承揽合同的有关规定。

附录二

最高人民法院关于审理建设工程施工合同纠纷案件适用法律问题的解释(一)

(2020年12月25日最高人民法院审判委员会第1825次会议通过,自2021年1月1日起施行,法释〔2020〕25号)

为正确审理建设工程施工合同纠纷案件,依法保护当事人合法权益,维护建筑市场秩序,促进建筑市场健康发展,根据《中华人民共和国民法典》《中华人民共和国建筑法》《中华人民共和国招标投标法》《中华人民共和国民事诉讼法》等相关法律规定,结合审判实践,制定本解释。

第一条 建设工程施工合同具有下列情形之一的,应当依据民法典第一百五十三条第一款的规定,认定无效:

(一)承包人未取得建筑业企业资质或者超越资质等级的;

(二)没有资质的实际施工人借用有资质的建筑施工企业名义的;

(三)建设工程必须进行招标而未招标或者中标无效的。

承包人因转包、违法分包建设工程与他人签订的建设工程施工合同,应当依据民法典第一百五十三条第一款及第七百九十一条第二款、第三款的规定,认定无效。

第二条 招标人和中标人另行签订的建设工程施工合同约定的工程范围、建设工期、工程质量、工程价款等实质性内容,与中标合同不一致,一方当事人请求按照中标合同确定权利义务的,人民法院应予支持。

招标人和中标人在中标合同之外就明显高于市场价格购买承建房产、无偿建设住房配套设施、让利、向建设单位捐赠财物等另行签订合同,变相降低工程价款,一方当事人以该合同背离中标合同实质性内容为由请求确认无效的,人民法院应予支持。

第三条 当事人以发包人未取得建设工程规划许可证等规划审批手续为由,请求确认建设工程施工合同无效的,人民法院应予支持,但发包人在起诉前取得建设工程规划许可证等规划审批手续的除外。

发包人能够办理审批手续而未办理，并以未办理审批手续为由请求确认建设工程施工合同无效的，人民法院不予支持。

第四条 承包人超越资质等级许可的业务范围签订建设工程施工合同，在建设工程竣工前取得相应资质等级，当事人请求按照无效合同处理的，人民法院不予支持。

第五条 具有劳务作业法定资质的承包人与总承包人、分包人签订的劳务分包合同，当事人请求确认无效的，人民法院依法不予支持。

第六条 建设工程施工合同无效，一方当事人请求对方赔偿损失的，应当就对方过错、损失大小、过错与损失之间的因果关系承担举证责任。

损失大小无法确定，一方当事人请求参照合同约定的质量标准、建设工期、工程价款支付时间等内容确定损失大小的，人民法院可以结合双方过错程度、过错与损失之间的因果关系等因素作出裁判。

第七条 缺乏资质的单位或者个人借用有资质的建筑施工企业名义签订建设工程施工合同，发包人请求出借方与借用方对建设工程质量不合格等因出借资质造成的损失承担连带赔偿责任的，人民法院应予支持。

第八条 当事人对建设工程开工日期有争议的，人民法院应当分别按照以下情形予以认定：

(一)开工日期为发包人或者监理人发出的开工通知载明的开工日期；开工通知发出后，尚不具备开工条件的，以开工条件具备的时间为开工日期；因承包人原因导致开工时间推迟的，以开工通知载明的时间为开工日期。

(二)承包人经发包人同意已经实际进场施工的，以实际进场施工时间为开工日期。

(三)发包人或者监理人未发出开工通知，亦无相关证据证明实际开工日期的，应当综合考虑开工报告、合同、施工许可证、竣工验收报告或者竣工验收备案表等载明的时间，并结合是否具备开工条件的事实，认定开工日期。

第九条 当事人对建设工程实际竣工日期有争议的，人民法院应当分别按照以下情形予以认定：

(一)建设工程经竣工验收合格的，以竣工验收合格之日为竣工日期；

(二)承包人已经提交竣工验收报告，发包人拖延验收的，以承包人提交验收报告之日为竣工日期；

（三）建设工程未经竣工验收，发包人擅自使用的，以转移占有建设工程之日为竣工日期。

第十条 当事人约定顺延工期应当经发包人或者监理人签证等方式确认，承包人虽未取得工期顺延的确认，但能够证明在合同约定的期限内向发包人或者监理人申请过工期顺延且顺延事由符合合同约定，承包人以此为由主张工期顺延的，人民法院应予支持。

当事人约定承包人未在约定期限内提出工期顺延申请视为工期不顺延的，按照约定处理，但发包人在约定期限后同意工期顺延或者承包人提出合理抗辩的除外。

第十一条 建设工程竣工前，当事人对工程质量发生争议，工程质量经鉴定合格的，鉴定期间为顺延工期期间。

第十二条 因承包人的原因造成建设工程质量不符合约定，承包人拒绝修理、返工或者改建，发包人请求减少支付工程价款的，人民法院应予支持。

第十三条 发包人具有下列情形之一，造成建设工程质量缺陷，应当承担过错责任：

（一）提供的设计有缺陷；

（二）提供或者指定购买的建筑材料、建筑构配件、设备不符合强制性标准；

（三）直接指定分包人分包专业工程。

承包人有过错的，也应当承担相应的过错责任。

第十四条 建设工程未经竣工验收，发包人擅自使用后，又以使用部分质量不符合约定为由主张权利的，人民法院不予支持；但是承包人应当在建设工程的合理使用寿命内对地基基础工程和主体结构质量承担民事责任。

第十五条 因建设工程质量发生争议的，发包人可以以总承包人、分包人和实际施工人为共同被告提起诉讼。

第十六条 发包人在承包人提起的建设工程施工合同纠纷案件中，以建设工程质量不符合合同约定或者法律规定为由，就承包人支付违约金或者赔偿修理、返工、改建的合理费用等损失提出反诉的，人民法院可以合并审理。

第十七条 有下列情形之一，承包人请求发包人返还工程质量保证金的，人民法院应予支持：

（一）当事人约定的工程质量保证金返还期限届满；

（二）当事人未约定工程质量保证金返还期限的，自建设工程通过竣工验收之

日起满二年;

(三)因发包人原因建设工程未按约定期限进行竣工验收的,自承包人提交工程竣工验收报告九十日后当事人约定的工程质量保证金返还期限届满;当事人未约定工程质量保证金返还期限的,自承包人提交工程竣工验收报告九十日后起满二年。

发包人返还工程质量保证金后,不影响承包人根据合同约定或者法律规定履行工程保修义务。

第十八条　因保修人未及时履行保修义务,导致建筑物毁损或者造成人身损害、财产损失的,保修人应当承担赔偿责任。

保修人与建筑物所有人或者发包人对建筑物毁损均有过错的,各自承担相应的责任。

第十九条　当事人对建设工程的计价标准或者计价方法有约定的,按照约定结算工程价款。

因设计变更导致建设工程的工程量或者质量标准发生变化,当事人对该部分工程价款不能协商一致的,可以参照签订建设工程施工合同时当地建设行政主管部门发布的计价方法或者计价标准结算工程价款。

建设工程施工合同有效,但建设工程经竣工验收不合格的,依照民法典第五百七十七条规定处理。

第二十条　当事人对工程量有争议的,按照施工过程中形成的签证等书面文件确认。承包人能够证明发包人同意其施工,但未能提供签证文件证明工程量发生的,可以按照当事人提供的其他证据确认实际发生的工程量。

第二十一条　当事人约定,发包人收到竣工结算文件后,在约定期限内不予答复,视为认可竣工结算文件的,按照约定处理。承包人请求按照竣工结算文件结算工程价款的,人民法院应予支持。

第二十二条　当事人签订的建设工程施工合同与招标文件、投标文件、中标通知书载明的工程范围、建设工期、工程质量、工程价款不一致,一方当事人请求将招标文件、投标文件、中标通知书作为结算工程价款的依据的,人民法院应予支持。

第二十三条　发包人将依法不属于必须招标的建设工程进行招标后,与承包人另行订立的建设工程施工合同背离中标合同的实质性内容,当事人请求以中标合同作为结算建设工程价款依据的,人民法院应予支持,但发包人与承包人因客观情况发生了在招标投标时难以预见的变化而另行订立建设工程施工合同的除外。

第二十四条 当事人就同一建设工程订立的数份建设工程施工合同均无效，但建设工程质量合格，一方当事人请求参照实际履行的合同关于工程价款的约定折价补偿承包人的，人民法院应予支持。

实际履行的合同难以确定，当事人请求参照最后签订的合同关于工程价款的约定折价补偿承包人的，人民法院应予支持。

第二十五条 当事人对垫资和垫资利息有约定，承包人请求按照约定返还垫资及其利息的，人民法院应予支持，但是约定的利息计算标准高于垫资时的同类贷款利率或者同期贷款市场报价利率的部分除外。

当事人对垫资没有约定的，按照工程欠款处理。

当事人对垫资利息没有约定，承包人请求支付利息的，人民法院不予支持。

第二十六条 当事人对欠付工程价款利息计付标准有约定的，按照约定处理。没有约定的，按照同期同类贷款利率或者同期贷款市场报价利率计息。

第二十七条 利息从应付工程价款之日开始计付。当事人对付款时间没有约定或者约定不明的，下列时间视为应付款时间：

（一）建设工程已实际交付的，为交付之日；

（二）建设工程没有交付的，为提交竣工结算文件之日；

（三）建设工程未交付，工程价款也未结算的，为当事人起诉之日。

第二十八条 当事人约定按照固定价结算工程价款，一方当事人请求对建设工程造价进行鉴定的，人民法院不予支持。

第二十九条 当事人在诉讼前已经对建设工程价款结算达成协议，诉讼中一方当事人申请对工程造价进行鉴定的，人民法院不予准许。

第三十条 当事人在诉讼前共同委托有关机构、人员对建设工程造价出具咨询意见，诉讼中一方当事人不认可该咨询意见申请鉴定的，人民法院应予准许，但双方当事人明确表示受该咨询意见约束的除外。

第三十一条 当事人对部分案件事实有争议的，仅对有争议的事实进行鉴定，但争议事实范围不能确定，或者双方当事人请求对全部事实鉴定的除外。

第三十二条 当事人对工程造价、质量、修复费用等专门性问题有争议，人民法院认为需要鉴定的，应当向负有举证责任的当事人释明。当事人经释明未申请鉴定，虽申请鉴定但未支付鉴定费用或者拒不提供相关材料的，应当承担举证不能的法律后果。

一审诉讼中负有举证责任的当事人未申请鉴定，虽申请鉴定但未支付鉴定费用或者拒不提供相关材料,二审诉讼中申请鉴定,人民法院认为确有必要的,应当依照民事诉讼法第一百七十条第一款第三项的规定处理。

第三十三条 人民法院准许当事人的鉴定申请后,应当根据当事人申请及查明案件事实的需要,确定委托鉴定的事项、范围、鉴定期限等,并组织当事人对争议的鉴定材料进行质证。

第三十四条 人民法院应当组织当事人对鉴定意见进行质证。鉴定人将当事人有争议且未经质证的材料作为鉴定依据的,人民法院应当组织当事人就该部分材料进行质证。经质证认为不能作为鉴定依据的,根据该材料作出的鉴定意见不得作为认定案件事实的依据。

第三十五条 与发包人订立建设工程施工合同的承包人,依据民法典第八百零七条的规定请求其承建工程的价款就工程折价或者拍卖的价款优先受偿的,人民法院应予支持。

第三十六条 承包人根据民法典第八百零七条规定享有的建设工程价款优先受偿权优于抵押权和其他债权。

第三十七条 装饰装修工程具备折价或者拍卖条件,装饰装修工程的承包人请求工程价款就该装饰装修工程折价或者拍卖的价款优先受偿的,人民法院应予支持。

第三十八条 建设工程质量合格,承包人请求其承建工程的价款就工程折价或者拍卖的价款优先受偿的,人民法院应予支持。

第三十九条 未竣工的建设工程质量合格,承包人请求其承建工程的价款就其承建工程部分折价或者拍卖的价款优先受偿的,人民法院应予支持。

第四十条 承包人建设工程价款优先受偿的范围依照国务院有关行政主管部门关于建设工程价款范围的规定确定。

承包人就逾期支付建设工程价款的利息、违约金、损害赔偿金等主张优先受偿的,人民法院不予支持。

第四十一条 承包人应当在合理期限内行使建设工程价款优先受偿权,但最长不得超过十八个月,自发包人应当给付建设工程价款之日起算。

第四十二条 发包人与承包人约定放弃或者限制建设工程价款优先受偿权,损害建筑工人利益,发包人根据该约定主张承包人不享有建设工程价款优先受偿权的,人民法院不予支持。

第四十三条 实际施工人以转包人、违法分包人为被告起诉的,人民法院应当依法受理。

实际施工人以发包人为被告主张权利的，人民法院应当追加转包人或者违法分包人为本案第三人，在查明发包人欠付转包人或者违法分包人建设工程价款的数额后，判决发包人在欠付建设工程价款范围内对实际施工人承担责任。

第四十四条 实际施工人依据民法典第五百三十五条规定，以转包人或者违法分包人怠于向发包人行使到期债权或者与该债权有关的从权利，影响其到期债权实现，提起代位权诉讼的，人民法院应予支持。

第四十五条 本解释自2021年1月1日起施行。

附录三

本书缩略语表

全称及相关信息	简称
《中华人民共和国民法典》(2020年5月28日通过,自2021年1月1日起施行)	《民法典》
《中华人民共和国招标投标法》(1999年8月30日通过,2017年12月27日修正,自2017年12月29日起施行)	《招标投标法》
《中华人民共和国建筑法》(1997年11月1日通过,2011年4月22日第一次修正,2019年4月23日第二次修正)	《建筑法》
《中华人民共和国刑法》(1979年7月1日通过,1997年3月14日修订,根据1998年12月29日《全国人民代表大会常务委员会关于惩治骗购外汇、逃汇和非法买卖外汇犯罪的决定》、1999年12月25日《中华人民共和国刑法修正案》、2001年8月31日《中华人民共和国刑法修正案(二)》、2001年12月29日《中华人民共和国刑法修正案(三)》、2002年12月28日《中华人民共和国刑法修正案(四)》、2005年2月28日《中华人民共和国刑法修正案(五)》、2006年6月29日《中华人民共和国刑法修正案(六)》、2009年2月28日《中华人民共和国刑法修正案(七)》、2009年8月27日《全国人民代表大会常务委员会关于修改部分法律的决定》、2011年2月25日《中华人民共和国刑法修正案(八)》、2015年8月29日《中华人民共和国刑法修正案(九)》、2017年11月4日《中华人民共和国刑法修正案(十)》、2020年12月26日《中华人民共和国刑法修正案(十一)》修正,自2021年3月1日起施行)	《刑法》
《中华人民共和国民事诉讼法》(1991年4月9日通过,2007年10月28日第一次修正,2012年8月31日第二次修正,2017年6月27日第三次修正,自2017年7月1日起施行)	《民事诉讼法》
《中华人民共和国审计法》(1994年8月31日通过,2006年2月28日修正)	《审计法》

续表

全称及相关信息	简称
《中华人民共和国合同法》(1999 年 3 月 15 日通过,自 1999 年 10 月 1 日起施行,自 2021 年 1 月 1 日起失效)	《合同法》(已失效)
《中华人民共和国招标投标法实施条例》(2011 年 12 月 20 日公布,2017 年 3 月 1 日第一次修订,2018 年 3 月 19 日第二次修订,2019 年 3 月 2 日第三次修订,自 2019 年 3 月 2 日起施行)	《招标投标法实施条例》
最高人民法院《关于审理建设工程施工合同纠纷案件适用法律问题的解释(一)》(法释〔2020〕25 号,2020 年 12 月 25 日,自 2021 年 1 月 1 日起施行)	《建设工程司法解释一》
最高人民法院《关于审理建设工程施工合同纠纷案件适用法律问题的解释》(法释〔2004〕14 号,2004 年 9 月 29 日通过,自 2005 年 1 月 1 日起施行,自 2021 年 1 月 1 日起失效)	《建设工程司法解释》(已失效)
最高人民法院《关于审理建设工程施工合同纠纷案件适用法律问题的解释(二)》(法释〔2018〕20 号,2018 年 10 月 29 日通过,自 2019 年 2 月 1 日起施行,自 2021 年 1 月 1 日起失效)	《建设工程司法解释二》(已失效)
《建设工程施工合同(示范文本)》(GF—1999 - 0201)	1999 年版《建设工程施工合同(示范文本)》
《建设工程施工合同(示范文本)》(GF—2013 - 0201)	2013 年版《建设工程施工合同(示范文本)》
《建设工程施工合同(示范文本)》(GF—2017 - 0201)	2017 年版《建设工程施工合同(示范文本)》
《建设项目工程总承包合同示范文本(试行)》(GF—2011 - 0216)	2011 年版《建设项目工程总承包合同(示范文本)》
《建设项目工程总承包合同(示范文本)》(GF—2020 - 0216)	2020 年版《建设项目工程总承包合同(示范文本)》
国家计划委员会、财政部、中国人民建设银行《关于改革国营施工企业经营机制的若干规定》(计施〔1987〕1806 号,1987 年 10 月 10 日通过,自 1987 年 10 月 10 日起施行)	《关于改革国营施工企业经营机制的若干规定》
《建设工程工程量清单计价规范》(GB 50500—2013,2013 年 7 月 1 日中华人民共和国住房和城乡建设部颁发)	《建设工程工程量清单计价规范》

续表

全称及相关信息	简称
《建筑工程施工质量验收统一标准》(GB 50300—2013,2013 年 11 月 1 日中华人民共和国住房和城乡建设部、中华人民共和国国家质量监督检验检疫总局联合发布)	《建筑工程施工质量验收统一标准》
《砌体结构工程施工质量验收规范》(GB 50203—2011,2011 年 2 月 18 日中华人民共和国住房和城乡建设部发布)	《砌体结构工程施工质量验收规范》
《民用建筑设计通则》(GB 50352—2005,中华人民共和国建设部 2005 年 5 月 9 日发布)	《民用建筑设计通则》
江苏省高级人民法院《建设工程施工合同案件审理指南》(2010 年)	《江苏高院指南》
江苏省高级人民法院《关于审理建设工程施工合同纠纷案件若干问题的意见》(2008 年 12 月 17 日通过)	《江苏高院意见》
江苏省高级人民法院《关于审理建设工程施工合同纠纷案件若干问题的解答》(2018 年 6 月 26 日发布)	《江苏高院解答》
四川省高级人民法院《关于审理建设工程施工合同纠纷案件若干疑难问题的解答》(2015 年 3 月 16 日发布)	《四川高院解答》
浙江省高级人民法院民事审判第一庭《关于审理建设工程施工合同纠纷案件若干疑难问题的解答》(2012 年)	《浙江高院解答》
北京市高级人民法院《关于审理建设工程施工合同纠纷案件若干疑难问题的解答》(京高法发〔2012〕245 号,2012 年 8 月 6 日发布)	《北京高院解答》
安徽省高级人民法院《关于审理建设工程施工合同纠纷案件适用法律问题的指导意见(二)》(2013 年 12 月 23 日发布)	《安徽高院意见二》
山东省高级人民法院《关于印发全省民事审判工作会议纪要的通知》(鲁高法〔2011〕297 号,2011 年 11 月 30 日通过)	《山东高院纪要》
盐城市中级人民法院《关于审理建设工程施工合同纠纷案件若干问题的指导意见》(2010 年 7 月 15 日通过)	《盐城中院意见》
1999 年国际咨询工程师联合会《设计采购施工(EPC)/交钥匙工程条件》	FIDIC《设计采购施工合同条件》
1999 年国际咨询工程师联合会《施工合同条件》	FIDIC《施工合同条件》

图书在版编目(CIP)数据

建设工程法律服务产品：典型问题解决之道／林镥海，郦煜超，曹红光主编；盈科律师事务所编. -- 北京：法律出版社，2021
ISBN 978 -7 -5197 -5637 -6

Ⅰ. ①建… Ⅱ. ①林… ②郦… ③曹… ④盈… Ⅲ. ①建筑法－研究－中国 Ⅳ. ①D922.297.4

中国版本图书馆 CIP 数据核字(2021)第 095185 号

建设工程法律服务产品
——典型问题解决之道
JIANSHE GONGCHENG FALÜ FUWU CHANPIN
—DIANXING WENTI JIEJUE ZHI DAO

林镥海 郦煜超 曹红光 主编
盈科律师事务所 编

策划编辑 林 蕊
责任编辑 周 洁 林 蕊
装帧设计 汪奇峰

出版发行 法律出版社
编辑统筹 司法实务出版分社
责任校对 晁明慧 王 皓
责任印制 胡晓雅
经　　销 新华书店

开本 710 毫米×1000 毫米 1/16
印张 20 **字数** 345 千
版本 2021 年 8 月第 1 版
印次 2021 年 8 月第 1 次印刷
印刷 固安华明印业有限公司

地址：北京市丰台区莲花池西里 7 号(100073)
网址：www.lawpress.com.cn
投稿邮箱：info@lawpress.com.cn
举报盗版邮箱：jbwq@lawpress.com.cn

销售电话：010－83938349
客服电话：010－83938350
咨询电话：010－63939796

书号：ISBN 978－7－5197－5637－6
定价：76.00 元